热风之外

周建人的生平与志业

周慧梅 著

北京师范大学教育学部惠妍国际学院国际联合研究项目（ICER202102）

中国出版集团
研究出版社

图书在版编目（CIP）数据

热风之外：周建人的生平与志业 / 周慧梅著. --北京：研究出版社，2024.1
　　ISBN 978-7-5199-1600-8

Ⅰ. ①热… Ⅱ. ①周… Ⅲ. ①周建人（1888-1984）—生平事迹 Ⅳ. ① K827=7

中国国家版本馆 CIP 数据核字 (2023) 第 240265 号

出 品 人：赵卜慧
出版统筹：丁　波
策划编辑：安玉霞
责任编辑：安玉霞

热风之外：周建人的生平与志业
REFENG ZHIWAI: ZHOUJIANREN DE SHENGPING YU ZHIYE

周慧梅　著

研究出版社　出版发行

（100006　北京市东城区灯市口大街 100 号华腾商务楼）
北京隆昌伟业印刷有限公司印刷　　新华书店经销
2024 年 1 月第 1 版　　2024 年 1 月第 1 次印刷
开本：880 毫米 ×1230 毫米　1/32　印张：10
字数：250 千字
ISBN 978-7-5199-1600-8　定价：69.00 元
电话（010）64217619　64217652（发行部）

版权所有·侵权必究
凡购买本社图书，如有印制质量问题，我社负责调换。

目 录

第一章　汝南周家：绍兴新台门兴房的"三阿官" / 001
　　一、台门内外的童年岁月 / 003
　　二、翰林祖父介孚公的影响 / 011
　　三、求学搁浅后的家乡谋职与自修 / 024
　　四、两位兄长归国带来的改变 / 029

第二章　北上南下：《妇女杂志》的"帮同编辑" / 043
　　一、初到北京的乔风 / 043
　　二、入职商务印书馆 / 051
　　三、用"新知"建构中国女性话语 / 068
　　四、"新性道德号"闯了大祸 / 078

第三章　因祸得福：出任《自然界》主编及编教科书 / 090
　　一、杜亚泉"中西文化调和论"与《自然界》创刊 / 092
　　二、《自然界》主编与科学中国化运动 / 103
　　三、复职"周折"及自然博物教科书"大编辑" / 112

热风之外：周建人的生平与志业

第四章　伯埙仲篪：卷入"妇女问题"的笔战 / 130
　　一、与北大教授陈百年：三兄弟齐上阵 / 131
　　二、与张竞生：《性史》书评与二哥助战 / 140
　　三、读者擂台赛：一个人就是千军万马 / 165

第五章　另辟蹊径：科学小品及"克士"的科学世界 / 178
　　一、《太白》创刊与科学小品 / 179
　　二、克士与"浙东帮"科普作家群 / 186
　　三、花鸟虫鱼及其他 / 191

第六章　书生从政：三弟的荣耀与无奈 / 200
　　一、花甲之年受重用 / 201
　　二、身不由己的言说 / 216
　　三、三弟坚守的缄默 / 223

结　语　拂去尘埃：寻找周建人 / 233
　　一、众里寻他：层出不穷的笔名及巨量的著译作品 / 234
　　二、灯火阑珊处：甄选辨认中的重重迷雾 / 235
　　三、社会文化史意义上的周建人 / 247

附　录　周建人著述年谱 / 254

后　记 / 307

第一章
汝南周家：绍兴新台门兴房的"三阿官"

光绪十四年（1888）十月初九日，绍兴城内周家智房派下兴房的第三个男孩呱呱坠地，大名松寿，乳名阿嵩①。

松寿的两位兄长"生有瑞兆"，颇具几分传奇色彩。大哥樟寿出生在农历八月初三（1881年9月25日），是灶司菩萨的生日，又是蓑衣包（大约是指婴儿的胞胎质地薄，像蓑衣的样子）。许多老人讲，和菩萨同生日的孩子，又是蓑衣包，是非常罕见的。这样的孩子，将来一定有出息。二哥櫆寿出生（1885年1月1日）当夜，有位堂叔出去夜游，半夜里回来，走进内堂的门时，恍然看见一个白须老人站在那里，但转瞬不见。到下半夜，鲁瑞生下第二个男孩。许多老人议论纷纷，说这男孩是老和尚投胎转世的，相对于初次做人的头世人的不大懂得人情世故，老和尚转世自然深谙人情世故，是值得高兴的事情。对于这个传奇色彩的"转世"说法，周作人也是认可的。1934年1月，周作人五十岁，他写下

---

① 周建人出生于新历1888年11月12日，阿嵩这个名字是在京做官的祖父所起，周建人回忆："我的小名叫阿嵩，也是因为收到家信时，有一位带有嵩字的旗人来访的缘故。"周建人：《回忆鲁迅片段》，《北京师范大学学报》（社会科学版），1979（3）。

热风之外：周建人的生平与志业

两首打油诗来表达自己"知天命"之年的心境。① 与两位兄长相比，这位被长妈妈称为"三阿官"②的阿嵩显得普通，一如他留给世人的印象，在两位光芒万丈的兄长映衬下，三弟常常是作为兄长们的影子存在的。

在松寿出生前，母亲鲁瑞已当了家。外祖父曾任户部司员，鲁瑞作为家中幺女虽不曾上过学堂，但能识字断字。她嫁过来后周伯宜很快就中了秀才，周家三台门公认她有"帮夫运"，是多子多福的"红人"太太，无论哪家娶媳妇，她都被请去接新妇。多年后二哥作人曾这样回忆母亲："先母性和易，但有时也很强毅。虽然家里也很窘迫，但到底要比别房略为好些，以是有些为难的本家时常走来乞借，总肯予以通融周济，可是遇见不讲道理的人，却也要坚强的反抗。"③ 松寿从小体弱多病，放心不下的母亲总是将他寸步不离地带在身边。从童稚到而立，周建人陪着母亲在家乡绍兴生活了三十一年之久，既有温馨快乐，也有变故丛生，经历了曾祖

---

① 第一首开篇便是"前世出家今在家，不将袍子换袈裟"，第二首"半是儒家半释家，光头更不着袈裟"。此诗被林语堂命名为"五秩自寿诗"，登载在1934年4月出版的《人世间》第一期杂志上，配发了蔡元培、胡适、钱玄同、林语堂等群起唱和诗，刊登了周作人的大幅照片，这件事遭到不少左翼作家的抨击，掀起一场论战。大哥鲁迅在给友人的信中，专门谈起这件事，表达了自己的看法："周作人自寿诗，诚有讽世之意，然此种微辞，已为今之青年所不惯，群公相和，则多近于肉麻，于是火上添油，遂成众矢之的，而不作此等攻击文字，此外近日亦无可言。此亦'古已有之'，文人美女，必负亡国之责，近似亦有人觉国之将亡，已在卸责于清流或舆论矣。"鲁迅：《致曹聚仁》，《鲁迅全集》第13卷，第87页，人民文学出版社，1981年。

② 鲁瑞曾在1887年生一女，名瑞姑，可惜未满周岁夭折。长妈妈按照男孩出生次序称呼周建人为"三阿官"。

③ 周作人：《知堂回想录》，第759页，南京：江苏人民出版社，2018。

第一章　汝南周家：绍兴新台门兴房的"三阿官"

母去世、祖父下狱、四弟椿寿夭折、父亲去世、祖母去世、祖父去世……目睹了三台门古老周氏家族中的愁云惨雾，诸如妇姑勃谿，妯娌争吵，婆媳不和，夫妻反目；今天这个上吊，明天那个投河，彼吞金子，此吃鸦片……然而，留在他记忆深处的，却不是这些日日所见的被疾病贫困、鸦片等折磨的同宗同族，而是"台门货"①晚上外出时所点的大灯笼，荧荧的烛光把淡黄色灯壳上"汝南周"三个黑色的大字照得异常醒目。这个日渐破败家族的辉煌历史留下的印迹，像极那劈开黑暗夜色的灯笼之光，虽影影绰绰，但足以照亮脚下的路。

一、台门内外的童年岁月

绍兴周家是个有着古老历史的大家族，周福清（号介孚）同治十年中翰林是兴房的高光时刻②。据周福清会试履历所称，绍兴周家始祖为濂溪先生周敦颐："宋封汝南伯，元封道国公"，从祀文庙，

---

① 台门一词源于 2000 多年前的《礼记·礼器》，本意是指诸侯宫门、禁城门、外城门及府第宅院之门。清代翟灏的《通俗编·居处》中记载："凡高大之门，时俗漫呼之曰台门，虽未尝有筑土为基之实。而其名偕矣。"台门成为对有身份的人、士大夫住宅的尊称。

② 周建人耄耋之年的回忆录中，绘声绘色地描述了"祖父点翰林的往事"："在我出世以后，记得家里人或台门里的人，总是津津乐道我祖父周福清点翰林的往事。那是同治十年。那一年的春天，从府里来了六个报子，每人手里各拿着一面大锣，边走边敲着。"这种极具画面感的回忆中，还有曾祖母九老太太是如何悲喜交加看待独了福清中了功名的场面。因周福清被"点了翰林"，三个台门的门斗里，各挂着一块蓝底的大匾，上面有两个大大的金字"翰林"和两行泥金小楷，上款写着"巡抚浙江等处地方提督军务节制水陆各镇兼管两浙盐政杨昌浚为"，下款写着"钦点翰林庶吉士周福清立"。这三块金光闪闪的翰林匾，给周家三台门增加了光彩。

热风之外：周建人的生平与志业

周家灯笼上的"汝南"二字即是周敦颐的爵位。有着八百多年历史的绍兴周家，祖先买下大量田地和祭田，砌了高大宽敞的祖屋，供子孙世代聚居，衣食无忧。介孚公曾在《恒训》中叙述家史说："予族明万历时，家已小康，累世耕读。至乾隆年分老七房、小七房，合有田万余亩，当铺十余所，称大族焉。逮嘉道时，族中多效奢侈，遂失其产。"到了八世祖寅宾，生有三儿，分为致、中、和三房，分居新台门、过桥台门和老台门，这三台门家族统称为覆盆桥周家。致房九世祖佩玄又生三子，分为智、仁、勇三房，智房生三子，再分为兴、立、诚三房。松寿出生时，周家在此累积十四世，三台门中健在的，有15个曾祖辈，28个祖辈，30多个叔伯辈和数不清的兄弟辈，人丁兴旺，家族庞大。

致房聚居的新台门的公共空间分三进：第一进为大门和仪门，大门是六扇黑漆木头门，外面钉一层竹签，竹签上有一排排的钉牙齿，仪门四扇，中间两扇可以开；第二进是大厅，供喜庆祝福之用；第三进为大堂（也称神堂），是挂致房祖先像、祭祖和停灵用的，平时只当作通道走。大厅西南还有公用的大书房，供本族子弟读书用。致房按房族分配住房，兴房住的是第三进四楼四底，其中一间小堂前悬挂兴房祖先画像，小堂前东一是祖母和二哥住，楼上是姑母省亲归宁时住；东二前半间曾祖母住，后半间吃饭；小堂前西一楼下是父母住，楼上是长妈妈带大哥住。小堂前和曾祖母楼上堆放杂物，连同大厅旁的七间厅房，都归兴房所有。住屋前面有廊厦，廊厦外面是桂花明堂，廊厦东头偏南有一扇黄漆的门，黄门一闩上，兴房就成为一个独立小天地。此时，祖父远在京师做官，家里人口不多，"我们家里有不少空闲的房间，曾祖母、祖母、小堂前的楼上都空着，有时候，大姑母或小姑母回娘家来住几天，平时

第一章　汝南周家：绍兴新台门兴房的"三阿官"

童年松寿和母亲（右）合影（藏于绍兴鲁迅纪念馆）

没有人住"，① 很是宽敞。

　　松寿出生后，曾祖母健在，祖父在京做官，四世同堂，家里氛围温馨。年近八旬的曾祖母已分不清三个曾孙子的名字（遂统称为"阿宝"），作为合台门最年长的长辈，她房间里的描花彩瓶、柜子里装有的各种零食（特别是祖父从京城寄来的特色小吃）是孩子们的最爱。年幼的松寿跑进她的房间叫一声"太娘娘"，她就眉开眼笑，让女仆宝姑快点去取零食给"阿宝吃"；松寿三餐饭坐在曾祖母座位旁边专门的儿童高脚太师椅（大哥、二哥均坐过），母亲夹给曾祖母的好菜，常被转移到年幼的松寿碗里。沉默寡言的父亲，对体弱多病的三子松寿却是慈爱可亲，即便被革除功名

---

① 周建人口述，周晔整理：《鲁迅故家的败落》，第56页。

后，沉郁的父亲并不严厉，允许孩子们到房间里来玩："我们的心是欢乐的，只顾着玩，没有注意到，当然也不会注意到父母亲的心情"。① 天真烂漫的松寿，还用自己的压岁钱入伙，与两个兄长一起买闲书，并讲给父亲听，惹来大哥"不快"，给他起了"馋人"的外号：

我们三兄弟商量好，把压岁钱凑在一起，合买了一本《海仙画谱》。我的哥哥们爱看花书，也引起了我对花书的兴趣。买来以后，我就把这件事讲给我父亲听了。

我父亲躺在他的小床上正抽鸦片烟，便叫拿给他看看，大哥便拿给父亲看了。他翻看了一会，似乎也颇有兴趣的样子，不作一声地还给大哥了。

以后，我大哥便叫我馋人，我想我不是的。我把我们做的事，跟父亲讲讲有什么关系呢？再说，这一类花书，我大哥早在看，早在描了，父亲也早知道，这有什么向父亲保守秘密的必要？不过我心里明白，嘴里还讲不透彻，所以我也就不为自己辩解了。他叫了我几次，见我没有什么表示，以为我还不懂"馋人"的意思，就不再叫了，其实我虽没有正式上学，但字已认识了不少，意思却是明白的。大哥以为我不懂，又叫我"十足犯贱"，他这么叫我，是因为祖父送我一双白竹筷，这种筷上方下圆，在一支筷上面刻了"十品"，另一支筷上刻了"万钱"，一双筷合成"十品万钱"，祖父告诉我，这是吃一顿饭，十种菜，要耗费万钱。祖父送给大哥的一双筷，刻着"竹青木香"，给二哥的刻有"射鹿刺虎"，字刻好后涂青

---

① 周建人口述，周晔整理：《鲁迅故家的败落》，第56页。

第一章　汝南周家：绍兴新台门兴房的"三阿官"

绿色颜料，手工比较精致。"十足犯贱"是通俗的，当然懂，但我不睬他，他也不叫了。①

面对大哥尖刻、不饶人地取绰号，松寿淡然处之。对于这件事，二哥也曾有回忆："还有一回在正月里，小孩们得到了一点压岁钱，想要买点什么玩意儿，其实每人所得至多不过二三百文大钱，也没有东西可以买得。这一回除别的零碎东西外还合买了一册《海仙画谱》，后来知道是日本刻本，内容是海仙十八描法，画了些罗汉，衣纹各别，有什么枣核描，鼠尾描，钉头描，倒也颇有意思。……小孩买书当时不知道为什么缘故还是秘密的，这册十八描法藏在楼梯底下，因了偶然的机会为伯宜公所发见，我们怕他或者要骂，因为照老规矩'花书'也不是正经书，但是他翻看了一回，似乎也颇有兴趣，不则一声的还了我们了。"② 与二哥"因了偶然的机会"被父亲察觉的描述相比照，实际情况是三弟对父亲直接讲了这件事，由此可见作为兴房"三阿官"的松寿，与父亲有着比两位兄长更为亲密的相处模式。即便父亲被革除功名后性情沉郁，常生闷气摔碗掷箸，松寿听到瓷器摔在石板上的清脆声音，还赶过去看看，发现父亲在掷这些东西的时候，脸色是那样的阴沉、忧郁、压抑和悲伤，对于"似乎已看透了人生，但他不责备任何人，似乎只怨恨自己"的痛苦父亲，松寿敏锐感觉到了他的"病痛和烦恼"——祖父在监狱里候斩，没有谋生本领的父亲不得不承担着一家之主的名头。与二哥回忆父亲"寡言笑，小孩少去亲近，除吃酒

---

① 周建人口述，周晔整理：《鲁迅故家的败落》，第 91 页。
② 周作人：《鲁迅的故家》，第 54 页，江苏人民出版社，2018。

讲故事外,后来记得的事不很多"①相比,耄耋之年的松寿却兴致勃勃讲述了诸多当年父子"谈谈笑笑"相处的情景:"遇到他兴致还好,我们四兄弟就多坐一会,他把下酒的水果分一点给我们吃,我们总是吃得津津有味。他这时就讲起故事来了。我们边吃边听着。他讲的故事好听极了,我们时而高兴,时而害怕,时而紧张,时而兴奋。我母亲一边手里做着活,一边也在听,脸上露出微笑。这也许是她幸福的时刻。父亲兴致好,她也高兴了。"②父子相亲的温馨画面,暂时冲淡了这个家族被巨大阴影笼罩的沉闷。

台门里的人多财匮,各种怪事层出不穷,年幼的松寿由长妈妈带着,风风火火地跑去围观。在小松寿的印象中,最热闹的莫过于隔壁的子京公公掘地三尺挖银子、十五曾叔祖家因儿子体弱多病常有道士或巫师捉鬼等场景。跟在两位兄长后面,到台门里各房去看花草藏书更是经常事。大哥经常去看义房的玉田公公的藏书,松寿紧跟过去,但他并不关心大哥和玉田公公说些什么或在看什么书,兴趣却在玉田公公明堂花架上好看的花(珠兰、建兰、茉莉,还有一种从北方带来的马缨花)以及玉田公公养的金鱼、油蛉等。而祭

---

① 周作人:《鲁迅的故家》,第63页;同书第56页,周作人还在另一处回忆到父亲讲的故事,"他所讲的故事以《聊斋》为多,好听的过后就忘了,只有一则'野猪狗'却一直记得,这与后来自己从《夜谈随录》看来的带骷髅的女鬼,至今想起来还觉得可怕",依旧没有什么美好的印象。
② 周建人口述,周晔整理:《鲁迅故家的败落》,第104页。

第一章 汝南周家：绍兴新台门兴房的"三阿官"

祀、拜祭日必须去的老台门，因为有十五曾叔祖①、熊三叔祖②等一群"纨绔子弟"养的花鸟虫鱼，在小松寿眼中俨然成了"一个很吸引人的地方"，"真是有趣极了"。③台门里的生活是轻松自在的。

台门外面是另一番景象，对于松寿来说更是新鲜。东昌坊口多是些小店小铺小摊，带他出去的长妈妈和这些店家都很熟，这家谈几句，那里坐一坐，松寿和这些人间烟火气息强烈的店铺和各种各样的人慢慢熟悉起来。摇船为生的丁十六，起早贪黑方能维持辛苦生活；十字路东南角卖散酒、茴香豆、炒花生、豆腐干的谢德兴酒店仅有一间门面，傍晚时分常有几人坐在那里一面呷酒一面高谈阔论；十字路口东北角的水果摊店主连生的东邻是四一剃头店、王锦昌扎肉店。谢德兴酒店对过，是高全盛的油烛店、司徒泉开设兼看风水的泰山堂药店、只有一乘轿子的"做不杀"的荣生④开的轿行、傅澄记米店、咸亨酒店、卖"金不换"毛笔的老胡子文具杂货店、爱听宣卷的屠宝林太娘开的没字号小店专卖炒豆炒花生、粽子糖、梨膏糖，这一排店还包括王咬脐锡箔店、陈福蔡柴炭店、鲁生泥水

---

① 和房的十五曾叔祖为松寿曾祖苓年公的幼弟，过继给和房做继承人。和房有四五百多亩地，在各房族中最富有，所以十五曾叔祖一辈子没有做过任何营生，热衷抽鸦片、喜欢弹琴唱曲、爱好虫鱼花草："地上是春兰秋菊，夏天是并蒂莲，四时的月季，一年四季鲜花不断；池中游着各式金鱼；空中挂的鸟笼里有鹦鹉、八哥、百灵各种鸟类，常常发出清脆悦耳的叫声，还有蟋蟀、油蛉等虫类和松鼠等小动物。"
② 熊三叔祖养了一百多盆不同态势的罗汉松，其他奇花异草亦多。
③ 周建人口述，周晔整理：《鲁迅故家的败落》，第 25—27 页。
④ 荣生从天不亮就起床，到天黑睡觉，一刻不停，样样生沽都做，而且都是重活，就叫做不杀。比如有人来租轿，他马上和他弟弟两人抬轿，抬完轿，马上去贩水果，挑了担沿街叫卖；谁家死了人，他赶去入殓抬棺；他店里的墙上，挂着一件操衣，衣背上有一个"勇"字，还挂着盾牌和刀，一到秋天他就到大操场去操练；有火灾时他还忙着救火。

热风之外：周建人的生平与志业

作、鞋店、箍桶店等。各色人等每日忙碌，热气腾腾的生活场景成为幼年松寿最早接触的外部世界。

  东昌坊这条街并不闹，我跟着长妈妈一出台门，就看见这些小商小贩、摇船的、剃头的、抬轿的、做木作的、做泥水作的，清早起来，就都在忙碌。如果有一天闲着，他们反而要发愁了。一到黄昏，他们在暮色苍茫中吃着晚饭，连油灯都舍不得点，摸黑把碗筷收拾好，便休息了。我长大后，有时夜里提着灯笼回来，只见这些破败的陋屋沉浸在夜幕里，只有十字路口向西的地方，高高悬挂着一盏长方形玻璃灯，玻璃上写着四个大字："清水洋烟"，这是一个鸦片烟馆，这盏灯整夜不灭，傲视着它周围的小屋，使这小街显得更加凄凉破败了。[①]

  不同于成年后感受到的"凄凉破败"，对年幼的松寿来说，台门外不仅有人间烟火的喧闹，更有老台门外空地上引人入胜的市井娱乐，诸如变戏法、七月的目连戏、夏秋之间的迎神会、秋天的年规戏等。年规戏由覆盆桥周家发起，请戏班子来演戏，分高调文班和乱弹武班，来听戏的观众需自己带板凳来。松寿最爱看武戏中"跌打油二脸"薛金扮演的和尚："当扮演武松的武生把刀在他眼前撩，他的头跟随着刀晃，能晃很长时间，也不怕头晕目眩；等刀法稍有懈怠，他抓住间隙，向台下装一个鬼脸，好像胆战心惊的样子，说：'这刀是真的呵！'这时，观众都给他逗乐了，哈哈大笑起来，我也高兴得手舞足蹈。他是我最喜爱的演员了。"[②] 喜欢热闹

[①] 周建人口述，周晔整理：《鲁迅故家的败落》，第38—39页。

[②] 周建人口述，周晔整理：《鲁迅故家的败落》，第39页。

第一章 汝南周家：绍兴新台门兴房的"三阿官"

的三弟松寿，度过了一个无忧无虑的童年时光。

二、翰林祖父介孚公的影响

不同于大哥回避、二哥痛苦的态度，"三阿官"松寿对于"爱骂人"①的祖父印象颇佳，祖父介孚公也特别喜欢这个在身边待的时间最长的孙子，并亲昵地叫他"阿松"。在周建人印象中，祖父是个带有几分威严、上进、思想并不保守的慈爱老人，就连那场导致周家元气大伤的滔天大祸的科场案，也只是祖父背了运所致。祖父对他的一生影响是巨大的。

六岁的松寿才第一次见到传说中的祖父，机缘竟是曾祖母九老太太去世。光绪十八年（1892年），家族的"佩公祭"②轮到兴房担任祭祀值年，父亲秋后就请了常来帮工的庆叔，庆叔还带来儿子运水（鲁迅笔下的闰土）看守"古铜大五事"③。父母在忙着做过年的准备，却不料除夕当天（1893年2月16日）曾祖母九老太太去

---

① 二哥周作人曾在杭州陪同祖父数年，多年后忆起："介孚公爱骂人，自然是家里的人最感痛苦，虽然一般人听了也不愉快，因为不但骂的话没有什么好听，有时话里也会有刺，听的人疑心是在指桑骂槐，那就更有点难受了。"详见周作人：《鲁迅的故家》，第125页。
② 佩公祭属于致房的祖先祭祀，由致房下智、仁和勇三房轮值，九年轮到一回。祖上留下祭田160亩，由各房轮流收租，轮流办理上坟祭扫和做忌日等事情，被称为祭祀值年。值年房秋后收了租，要做的事从年底算起，除夕悬神像设祭，新年供养18日，三次墓祭（像拜坟岁、清明上坟、十月送寒衣），还包括春秋两季在大宗族祠堂祭祀、冬至夏至和七月半做祭祀及相关忌日。事情繁多，值年房需要及早规划计算，既要办得体面，又要节省开支，方能使收下的田租略有盈余，不至于贴钱进去。
③ 古铜大五事放置在佩公神像前，即香炉、烛台和花瓶，铜水浇筑，厚重高大，价值不菲。

世。曾祖母是合台门最年长的长辈,丧事要隆重,家里忙得不可开交。让幼年的松寿奇怪的是,百忙中大人们还赶着调整房间,父母原来住的一楼一底被腾了出来,特别放置了一张大铁梨木床,据说要给返乡丁忧守制的祖父居住。松寿听说祖父要回来的消息,心里很是高兴:"因为我对祖父的印象是和杏脯、蜜枣连在一起的,也是和人们的羡慕、尊敬连在一起的。"在众人的期盼中,差不多一个月后,祖父带着六只红漆黄铜包角的皮箱、潘庶祖母和12岁的庶叔凤升,风尘仆仆从水路赶回绍兴,到家里在小堂前坐下,接受儿孙们的作揖跪拜。祖父留给松寿的第一印象,和他想象中有几分距离:

> 原来祖父是这样子的!他身材高大魁梧,似乎比我父亲结实,脸型是长方形的,这种脸型可能是做官的脸型。听说人有四种脸型:"同"、"田"、"贯"、"日"字型,我祖父是"同"字型的脸,是富贵的象征,最好;……我祖父不折不扣是"同"字脸。祖父的模样,使我觉得他陌生,又觉得他威严,难以接近。[1]

换上白布麻衣、颈项挂麻绳的祖父,的确是个威严的大家长。他一声令下就让正在穿孝的佣人们除了孝,看不惯五七当天未能早起的家人,走到祖母房里用力敲床大发雷霆,用"迷死豸"咒骂这些"懈怠"的子孙,还因櫆寿与凤升叔侄吵架而责备长子,伯宜第一次动手教训了次子。按照惯制,时年57岁的祖父要在籍丁忧三年,丁忧期满已是花甲之年,补缺做官希望渺茫,而面对一群

---

[1] 周建人口述,周晔整理:《鲁迅故家的败落》,第68页。

第一章　汝南周家：绍兴新台门兴房的"三阿官"

台门里靠吃祖产的子弟，心情更添郁闷。如此，祖父不仅在家里立威风，还对家族中抽烟片不思进取的子弟大加呵斥，当面骂四七①为"败家子""不孝子孙"，手持八角铜锤在大厅追打他，对于不成器的五十、衡廷也是看到就骂。很有意思的是，这位做官"办事颠顸"、居家"脾气古怪"惹得台门里不太平的周福清，却对阿松和蔼可亲，并亲自为其开蒙：

他见了我，问我父亲："阿松认字了吗？"

我父亲回答："还没开蒙哩！不过随便拿起书来看看，不懂问问他哥哥！"

"我来教他认几个字吧！"

以后，他就隔一天教我认一两个字，也没有课本，是他亲笔写在一张纸上，字写的很好，就像字帖里的一样。在纸上，今天写"白菜"，明天要我读给他听，后天就写"萝卜"，等我会了，他又写"芹菜"、"韭菜"、"葱"……几乎把所有的蔬菜都写遍了。这些蔬菜天天在吃的，容易记，我很感兴趣，也学得快，记得住。②

该年6月，鲁瑞生下第四子，全家都很高兴，祖父为他取名椿寿。不料这种其乐融融的生活只维持到10月，因祖父卷入科场舞弊案成为"犯官"而戛然而止，祖父被下了狱。为了给祖父减刑，家里卖地典物，疏通关节，子传公公曾腰缠五百银圆到衙门奔

---

① 周福清在江西做官时，曾带四七同去，予以重点培养，后因四七不成器送回原籍，但感情还在，爱之深恨之切。相对于台门里其他游手好闲、抽大烟、吃老酒的子弟，周福清独独对四七特别痛恨。
② 周建人口述，周晔整理：《鲁迅故家的败落》，第73-74页。

热风之外：周建人的生平与志业

走①，父亲和两位兄长被送到舅父家避难，过年都没有回来。年后，消息传来，祖父的科考案经光绪皇帝亲自过问，被从重判了"斩监候"，等待秋审后问斩，父亲的"秀才"身份亦因此而被褫革，彻底断了科考之路。开春后归家的父亲，本来就不大有笑脸的，此后更加沉郁，身体一天天衰弱下去。"祖父在监狱里候斩，父亲便是一家之主，尽管他没有谋生的本领，但家里却缺他不得。我的祖母和长妈妈带领、照管好四个孩子，宝姑也把一切杂务都担当起来，让我母亲有更多的时间照顾父亲。"②要给父亲治病，家里开始东当西典，寻求各种偏方，经济更加拮据。折腾数年，却未能挽留住父亲的命，父亲伯宜于光绪二十二年九月初六（1896年10月12日）去世，刚过36岁，留下四个未成年的孩子，最小的椿寿刚四岁。在杭州狱中的周福清得知长子病逝，写下这样一副挽联："世间最苦孤儿，谁料你遽抛妻孥，顿成大觉；地下若逢尔母，为道我不能教养，深负遗言。"寥寥数语，心痛悲苦内疚淋漓尽致。

在杭州侍父的升叔，没有回家来奔他兄长的丧，他遵照祖父的安排进了江南水师学堂读书。"人都说我祖父脑子里稀奇古怪的事情多，自己坐牢等杀头不说，还把儿子的灵魂卖给洋鬼子了"③，随侍空缺由二哥櫆寿填补。年后二哥赴杭州陪侍祖父，大哥仍旧在三味书屋读书，松寿正式进入会稽县学堂上学。狱中的祖父挂念瘦弱多病的松寿，专门让二哥写信来告诉偏方治疗，并从狱中寄来亲手写的各种字帖。作为与祖父亲近的松寿，这一张张的字帖成为他常

---

① 子传公公腰里缠着五百银圆，"白天不便，就夜里去。……关节没有打通，因为据说周福清是钦犯，没有谁能够援手，就拒绝了他"。详见周建人口述，周晔整理：《鲁迅故家的败落》，第78页。
② 周建人口述，周晔整理：《鲁迅故家的败落》，第105页。
③ 周建人口述，周晔整理：《鲁迅故家的败落》，第112页。

第一章　汝南周家：绍兴新台门兴房的"三阿官"

看和临摹的样本，聊以度过"多少恢复一点平静"[1]的台门生活。

1901年4月9日，一直等待杀头、被关了8年的祖父居然从监狱中平安走出。除去头发花白，出狱后的祖父音容没大改变。大难不死的祖父，回到家里脾气依旧，除继续咒骂不争气子弟外，还增加了肆无忌惮咒骂"昏太后、呆皇帝"的愤世嫉俗。但对于松寿，他却是表扬引导为多，不仅不反对他在浪漫春光中玩放鹞游戏，认为对其身体恢复有好处，还赞扬鼓励风筝裱糊得漂亮，并在明堂亲自为孙子"戏棍"示范；赞同松寿去新式学堂读书，认为读"四书""五经"很花工夫且用处不大，并指导孙子去看诸如《西游记》之类的小说涵养文气，以便写文做对能文理通顺。此时，科举考试尚未废除，这些话从科举正途出身的祖父口中讲出，加上祖父对次子以及两个孙子投考新式学堂（不反对长孙樟寿去日本留学）的态度，对松寿来讲是极为震撼的。

祖父还乡，随侍的二哥7月29日离绍兴去南京求学，留守的松寿更为忙碌。"我只要不生病，便从早到晚忙个不停，除了上街买菜、买东西、打杂以外，还多了一件事情，就是代祖父和母亲写信给我在南京读书的两个哥哥。通常是我写了以后，读给母亲听（或给她看）又给祖父看过，才发出。"祖父看过几封信后，还专门对儿媳夸奖读书不多的"阿松"写的信件通顺，"我母亲后来把我祖父夸奖我的话，告诉了我，她也很高兴，她还说：'到底是自己的大人，看到小人有长进，看他的样子，心里是十分欢喜的呢！'

---

[1] 周建人晚年回忆：幼年的自己并不了解这段时间大哥过得艰难。父亲已逝，族里有什么事情，总是会找兴房长子，大哥独立承担着这一切，不会告知年幼的三弟。在三弟眼中，原本纷乱的日子在逐渐恢复平静。

我听了母亲的话,也很高兴。"①含饴弄孙,其乐融融的画面,完全不同于二哥对"介孚公出狱回家"②的回忆。

很有意思的是,尽管祖父时常咒骂皇帝太后,但心中对于帝制时期的象征仍是"意难平"。表现在行为上:一是在祠堂、拜祭日和上坟的时候,都郑重其事地穿上补服、顶戴,并用自我解嘲的语气向惊奇的松寿解释原因——官职虽被革,但翰林未斥,明堂大厅正梁两头悬挂的一幅诰命仍在,出身和品级依然保留,如此穿戴并未违规;第二,重视特定场合的礼节,得知松寿要代表周家赴二姨丈郦拜卿的后事"开吊",祖父不仅专门提前教会松寿"官拜"礼节,并事无巨细叮嘱拜祭时应注意的礼节。

> 郦家的丧事很隆重,不但做七,还要开吊。我祖父是长辈,长辈是不去吊的,代表我们家去吊的,只有我了。
>
> 到这样的场合去,礼节是很重要的,我祖父就先教我官拜,让我演习。我体会到官拜和普通的跪拜不同之处,是跪下去的时候,左手要按住前胸。我问祖父:"为什么要按住?"
>
> 我祖父说:"因为官员的头颈里都是挂着朝珠的,朝珠很长,

---

① 周建人口述,周晔整理:《鲁迅故家的败落》,第161页。
② "介孚公回家之后,还是一贯的作风,对于家人咬了指甲恶骂诅咒,鲁迅于戊戌离家,我也于辛丑秋天往南京,留在家里的几个人在这四年中间真是够受的了。""介孚公平常所称引的只有曾祖苓年公一个人,此外上自昏太后呆皇帝,下至本家子侄辈的五十四七,无不痛骂,那老同年薛允升也被批评为胡涂人,其所不骂的就只潘姨太太和小儿子,说他本来笨可原谅,如鲁迅在学堂考试第二,便被斥为不用功,所以考不到第一,伯升考了倒数第二,却说尚知努力,没有做了背榜,这虽说是例,乃是实在的事。"详见周作人:《鲁迅的故家》,第68页。

第一章　汝南周家：绍兴新台门兴房的"三阿官"

跪下去的时候，所以要左手按住，不让朝珠在胸前晃晃荡荡，后来，不做官的人也官拜，虽然不挂朝珠，仍按照官员的手势，在胸前按住。"

待我学会了官拜，祖父又说："要注意礼节，当你的轿一抬到门口，郫宅必然要放三铳，你听了不要吓，这是表示对客人的敬意。轿抬到轿厅停下，掀开轿帘，必然有一个身穿素袍套，头戴蓝顶帽的人，到你轿前来打千，你可千万不能回礼，这人是家丁。你只要出轿来，把片子交给他，他有一块替板，擎着你的片子在前走，你就跟着他走。如果这时灵前空着，他会直接把你领到灵前。如果这时灵前有其他吊客，他就把你领到花厅，你就在花厅坐着等待。等灵前空了，他又前来，对你说：'请'，这就是要你起身跟他到灵前。到了灵前，听得'当'的敲一声，这是通知里面，有人来吊了，里面女人哭起来，你就在灵前，有人给你三支点燃的香，你就上香叩拜。孝子在左边跪着，如果和你是同辈，那么，你在灵前拜过，不即起立，移向孝子，孝子本来跪着，他只要低头，就作为答礼了。如果孝子比你低一辈，你在灵前拜后，只要对他作一个揖，低一低头。这样做了以后，你向后退两步，然后转身，走出灵堂，又有'当'的一声，里面孝眷止哀，有人引你到花厅，送茶进点，盛一碗豆腐，你上桥，出门又放三铳，就算送客。你都明白了吗？"

我说："听明白了。"于是，我向他复述一遍，又演习了一遍。这足足花了我大半天时间。

祖父又对我说："如果失礼的话，就要给人笑话，人就会看轻你。这比做错事、坏事还要失面子呢！你得认真对待才好呀！"

我就牢记在心上，到郫宅去吊的时候，果真都和祖父说的一

· 017 ·

热风之外：周建人的生平与志业

样，我也不敢懈怠，一步一步都按祖父吩咐的做了。①

由此可见，周福清对传统社会礼节的娴熟以及年轻人对繁文缛节的陌生，科举时代的传统文人生活空间日渐逼仄。

介孚公于甲辰年夏天去世，享年六十八岁。祖父出狱到去世，四年的乡居生活很是落寞。他出狱后虽依旧受到族人的尊重，但此时长子伯宜已去世两年，次子凤升（此时已更名文治）和仲孙櫆寿在南京读书，长孙樟寿在日本留学，长期随侍身边的唯有松寿。"我祖父也许没有人和他谈天，感到寂寞，所以常常和我谈天，讲朝里的故事给我听，这些故事是他在北京做官的时候听来的。"介孚公还将他的几串朝珠拿出来给松寿看，和他讲官场应酬的智慧，"祖父和我讲过很多故事，好像和朋友谈心一样，所以我并不觉得他怎么严厉，而觉得他有话便说，倒是好相处的呢！"② 与松寿之间的温情互动，或许是周福清凄凉晚年生活的一抹亮色。周建人曾多次谈起他对祖父的印象：

祖父是封建家庭的家长，但是和别的同时代的家长相比，他比较民主些。那时一般的读书方法是叫小孩子念四书五经，依次念下去。他却主张小孩子先念一点历史，以便使他们对历史有一个简单的概念。然后他主张叫小孩子读《西游记》，他说《西游记》容易懂，小孩是喜欢看的，所以可先看。读了《西游记》以后，就可以念《诗经》，《诗经》也比较易懂。以后再读别的。如果要念诗，他认为最好先念白居易的诗，然后再念李白、杜甫的诗。他的这种思

---

① 《鲁迅故家的败落》，第 167–168 页。
② 《鲁迅故家的败落》，第 191–192 页。

第一章　汝南周家：绍兴新台门兴房的"三阿官"

想，在当时来说，是比较进步的。[1]

与周建人这段回忆相印证，北京鲁迅纪念馆里保存着一张周福清写给"樟寿诸孙"的字条，上面记载着他对数家流派诗词的见解："初学先诵白居易诗，取其明白易晓，味淡而永。再诵陆游诗，志高词壮，且多越事。再诵苏诗，笔力雄健，辞足达意。再诵李白诗，思致清逸。如杜之艰深，韩之奇崛，不能学亦不必学也。示樟寿诸孙。"[2] 足见周福清颇具几分才气和真性情。

松寿对爱骂人、说话刻薄的祖父，多是从理解的角度来体悟。大哥第一次回国的暑假，二哥也从南京赶回绍兴，久别重逢的三兄弟黄昏时分站在桂花明堂聊得火热，"祖父从房中走出，站在阶沿上，笑嘻嘻地对我们说：'乌大菱壳佘到一起来了[3]！'……我们都明白祖父又在骂人了，骂我们是废物。我的两个哥哥恨恨地看他一眼，但祖父浑然不觉，又转身回房里去了。我们三兄弟给他这一骂，兴趣索然，三人分头走散。"相对于两个哥哥的气愤，松寿脑子想的却是祖父骂的是否有道理：

我在想，我们三兄弟是"乌大菱壳"吗？

大哥已在日本留学，二哥在南京读书，虽说都是官费，但却要自己下苦功夫的，这能算乌大菱壳吗？至于我呢，我只要不生病，

---

[1] 周建人、矛盾等：《我心中的鲁迅》，第2页，湖南人民出版社，1979。
[2] 藏于北京鲁迅纪念馆。
[3] 江南水乡河港里多种菱角，人们吃了菱角后，往往将菱壳倒回河港里，这菱壳就漂浮在水面上，日子一久就发黑，因此，"乌大菱壳"便是垃圾或废物的代称。乌大菱壳倒下去是分散的，可是常常顺着同一个风向漂浮，后来就集中在一起，即"佘在一起来了"。祖父借此骂人。

热风之外：周建人的生平与志业

几乎一天忙到晚，上街买菜买东西，给祖母到百草园摘桑叶饲蚕，替母亲写信、干杂活，代表我们家出去参加婚丧喜事的应酬，还要自己读书写字做功课，没有一刻是闲空的，这能算是乌大菱壳吗？

我祖父确实好骂人，但他不是通常骂"娘杀""逃生""贱胎"这一类粗话、脏话，除了"昏太后，呆皇帝"以外，他骂人的话都是些比喻、典故，文质彬彬，然而相当刻薄。不过有几次我觉得他的骂人，似乎有些道理，听的时候也许不舒服，过后想想是该骂。如他的骂昏太后、呆皇帝，起初很反感，不习惯，到后来觉得他是对的。所以，他这次骂我们"乌大菱壳"，我也得想想，我们到底是不是乌大菱壳。开始认为我们不是的，他骂错了；再一想，现在不是的，将来呢？他骂台门里的子侄辈不成才，他也许当时是有感而发的，像我们这样的大家族的人，要成为乌大菱壳是太容易了。①

介孚公身体一向强健，却不想在1904年5月间生了病，看样子好像感冒，发热，有点气急，人倒似乎还有精神。鲁瑞鉴于他年近七旬，便请来当地专门医治伤寒感冒杂症的名医何廉臣前来诊治。医生来的时候，介孚公还能从床上坐起来，伸手请他把脉。不想何医生把了脉，看了舌苔，想了一想，直接说不需开方拿药，而是"你可以准备后事"了。面对家人要再请医生诊治的建议，介孚公却极为旷达，吩咐阿松请来熊三公公，极为平静地安排后事："我想，医生一般不肯这么说，他既这么直说，肯定是有把握。人总是要死的，我年68，不算短寿，也可以了，如今家境不太好，办后事量力而为吧！总要为活人着想，丧事从简。"并交代熊三公公

---

① 周建人口述，周晔整理：《鲁迅故家的败落》，第184—185页。

第一章　汝南周家：绍兴新台门兴房的"三阿官"

族里的事情已无能为力，并请他多费心。接下来几日，家里请来的裁缝在廊厦的桌子上铺开做寿衣，松寿则不再去上学，陪着祖父。"我眼看他早上起来，打开墨盒，我给他磨好墨，他就记日记。他的日记簿是红条的直行纸，线装的，很整齐。写好日记，他就躺下了。我为即将发生的事情担心，心神不定，没有想到要去看看他写的是什么。在他生命的最后几天，他还有什么话要留下呢？"这样过了几天，松寿甚至认为祖父只要静心休养，也许会好起来。不料想到了7月13日早上，他对随侍在侧的孙子讲："阿松，我起不来了。"① 当晚就溘然而逝。

对于祖父的去世，松寿是没有精神准备的。刚好撞回家的二哥及稍后赶回的升叔承担了孝子之责，代替原本要落到他头上的事情。虽有祖父丧事从简的交代，但仅仅不开吊而已，一切习俗照旧。家里请来和尚道士念经拜忏，亲朋故旧来礼吊，闹哄哄的，但他却感觉丧礼极为冷清。晚年的周建人这样回忆："家里没有了祖父，虽说有些寂寞，没有人再和我讲故事了，也没有人像他那样喋喋不休地批评指摘别人了，他的死，也没有引起多大的变化与悲痛。因为他本来很少在家，和家里每一个人，关系都不是很密切，并非少了他不可的。"这段看似凉薄的话语，后面却跟着很大一段自己与大哥的对话，记述对祖父亲笔提写的挽联的看法。

大概是在二哥回南京参加江南水师学堂的期终考试以后，家里清闲下来。我去清理祖父的书籍时，发现他留下了一副挽联，是他亲笔写的：

---

① 周建人口述，周晔整理：《鲁迅故家的败落》，第194-195页。

热风之外：周建人的生平与志业

死若有知，地下相逢多骨肉。

生原无补，世间何时立纲常！

从语气看来，是在医生告诉他病已不治之后写的，但字还写得很好。我反复读这副挽对，觉得他似乎有些什么意思。

后来，大哥回国来时，我拿出这副挽对来给他看，我说："可惜我早没有看到，不然的话，在丧事中可以在灵堂里挂一挂。"

大哥看了以后说："这是在骂人。"

我祖父生前是喜欢骂人，也挖苦过我们，但是他知道自己已不久于人世的时候，是否还想骂人呢？我问大哥，怎么知道是在骂人。

大哥说："上联'死若有知，地下相逢多骨肉'，这是说，曾祖父苓年公、祖母孙夫人、父亲伯宜公，都已先他而去了，这都是他的骨肉。那么，他的意思是在说，活着的人，和他并不亲热。下联'生原无补，世间何时立纲常'，这纲常是三纲五常的简称，三纲是'君为臣纲，父为子纲，夫为妻纲'，纲是提网的总绳，为纲，是居于主要或支配地位的意思。五常指仁、义、礼、智、信，配合三纲。他认为人世间的纲常已紊乱了，活着也没有什么用处。这不也在骂人吗？"

我听了大哥的解释，觉得有道理，可是又觉得我们也许没有真正弄懂他的意思。[1]

这段对大哥解释有所保留的话语，对于晚年的周建人来讲是极为罕见的。与此可以相互参照的，是他对迁居北京之前大哥一把

---

[1] 周建人口述，周晔整理：《鲁迅故家的败落》，第197—198页。

第一章 汝南周家：绍兴新台门兴房的"三阿官"

火烧了祖父日记的复杂心情。"烧到我祖父的日记时，我有点犹豫了。我没有看过祖父的日记，他写了些什么，我一点也不知道，只看到是用红条十行纸写的，线装得很好，放在地上，有桌子般高的两大叠，字迹娟秀。"面对大哥"我这次回来翻了翻，好像没有多大意思，写了买姨太太呀，姨太太之间吵架呀，有什么意思"的说法，心中不大认同，"我想总不至于都写姨太太吧，想起祖父临终前发高烧的时候，还在记日记，就告诉大哥说，'他一直记到临终前一天'"。面对作为一家之长的大哥"东西太多，带不走，还是烧了吧"的决定，周建人只记述了这样一句话，"这两大叠日记本，就足足烧了两天"。①几分无可奈何的伤感，从纸背隙缝中悄然流露。

相对于二哥"爷爷糊涂"科场案的评价，与祖父感情笃厚的周建人晚年曾借写纪念鲁迅百年诞辰的文章，隐晦地为祖父"翻案"："说起祖父的科场舞弊案，大清档案中有这一件公案，为了考试的请托，祖父竟犯了死罪，后来虽减了刑，这给人的印象，似乎清朝皇廷是十分清廉严正的了。考试时的请托，也就是现在所谓的走后门，在清朝本来是不以为奇的事，为什么犯死罪了呢？说起来，情况是比较复杂的。只有湖南人民出版社出版的朱正著《鲁迅回忆录正误》中的一节，《错怪了介孚公》对介孚公有比较准确的评价。"他认为这次牢狱之灾，是因为介孚公思想较为开明，且想做清官招致上级不满、同级倾轧以及下级怨恨，科场舞弊不过是授人以柄而已。他专门提及祖父出狱后经常愤世嫉俗地骂"昏太后、呆皇帝"，这种行为比科场舞弊要严重得多，因家里人无人告发，祖父得以寿

---

① 周建人口述，周晔整理：《鲁迅故家的败落》，第 11–12 页。

终正寝。周建人说"朱正同志虽然我不认识,似乎不一定会知道我家中古老年代的事情,根据材料分析出来的结论却是科学的,符合实际的"。①周建人专门提及朱正的《错怪了介孚公》主要是纠正许广平《鲁迅回忆录》中的一段错误②,用详细的考证指出周福清不可能让鲁迅去抄写这样一份奏折,认为辨析清楚这一点,"不仅涉及怎样实事求是地评价介孚公的问题,而且对于弄清楚鲁迅幼年从家庭所受的影响这一问题也是重要的"③。选《错怪了介孚公》的原因,似很大程度上是为祖父缓颊。

三、求学搁浅后的家乡谋职与自修

松寿第一次见到"升叔",是祖父丁忧返乡之时。一口京撇子、12岁的凤升身材高大魁梧,颇有语言天赋,到绍兴不久便能讲一口道地的本地话,与年龄相近的樾寿最为亲密,很快融入这个大家庭。周福清因科举案获罪,被光绪皇帝判了"斩监候",虚岁13岁的凤升要求替斩,稍后便和庶继母一起去杭州服侍父亲。1896年

---

① 周建人:《一个世纪 三个时代》,《鲁迅研究年刊》,1979年。
② 许广平回忆如下:"我记得他曾经对我说过这样一件事情:他的祖父在很早的时候,就让他抄写许应骙驳康梁变法的奏折。康梁变法在我们现在看来,那不过是毫不触犯统治阶级根本利益的'维新'运动,但许应骙即使对这个'君主立宪'的改良运动都要反对,可见其思想之保守与反动之甚了。而鲁迅的祖父又拿这个奏折来让他抄写,想以家庭的专制,来束缚鲁迅的思想,这不是要从小制服这个在他们眼中桀骜不驯的人吗?"详见:许广平:《鲁迅回忆录》,中国文史出版社,1961年,第4页。
③ 朱正著:《鲁迅回忆正误》,湖南人民出版社,1979年,第24页。

第一章 汝南周家：绍兴新台门兴房的"三阿官"

9月凤升更名文治[①]，进入江南水师学堂学习，学制9年。1902年年底，二哥、升叔和庆蕃叔祖从南京回来过年，此时松寿虚岁16，在县学堂里断断续续地读了6年书，准备仿效两位兄长去南京读书，这个想法得到了庆蕃叔祖和升叔的支持，升叔开始帮侄子补习英文。没想到的是，当松寿提出要去南京读书时，不仅母亲坚决不同意三子离家[②]，而且暑假回国度假、力劝二弟赴日留学的大哥，同样不支持三弟的南京求学：

> 我听他们在讲读书的事，也就对他们说，我很想到南京去读书，他们两人都默不作声了。我估计是和母亲商量好了的。后来，他们说，你可不可以在家里，照料家务，陪伴母亲，一面自学。这样，母亲放心一点，我们在外面的，也放心一点。将来我们学成回国，赚一个钱，都是大家合用，这样好不好呀？
>
> 这话他们平时倒也经常在讲，说我们兄弟很友爱，将来永远生活在一起，不要分家。对这些，我只简单地回答说："我不要你们

[①] 在江南水师学堂做管轮堂监督和教汉文的庆蕃公公，觉得进洋学堂用谱名不好，便给升叔改名为文治。

[②] 多年后，鲁瑞被问到这段往事，说出自己当年反对的原因："其实依我看，他们三兄弟都聪明懂事的，读书都读得出山的。你要晓得我如果没有他们的安慰，早已不想做人了。他们都很争气，小时候没有一个给我淘气的；而且三兄弟十分友爱，他们曾经不止一次当着我的面说，将来他们三兄弟永不分家。你们大先生、二先生出去读书，三先生因自幼身体瘦弱多病，我也不放心他离开我，而且那时家里也确实没有钱。于是，你们大先生、二先生商量决定，他们出去读书，让你们二先生留在绍兴，一面照料家务，一面可以陪伴我；再在绍兴找点工作做，一面自学。将来他们学成回国，工作以后，收到薪金大家合用。这就是你们三先生没有出去留学的主要原因。"详见俞芳：《我记忆中的鲁迅先生》，第100-101页，浙江人民出版社，1981年。

养活。"

大哥说:"莫非你不相信我的话吗?我是说话算数的。"

我想,和你们讲不通,也不必讲了,所以我不作声。[①]

南京求学因母亲和两位兄长的不支持而搁浅。在暑假即将结束时,大哥与二哥商量,要给三弟改个名字,因为他们已更名为树人和作人,三弟的名字要和他们保持一致,要有一个"人"字好。两位兄长引经据典、咬文嚼字半天,最后选定"侃"字,取其刚直、和平及从容不迫之意,叫了一天"侃人"后,大哥认为这二字读起来有点拗口,不如改为"建人"。很有趣的是,作为当事人的三弟"对于自己叫什么名字,倒也不在乎",叫松寿可以,叫侃人也行,改成建人也好。就这样,禀过祖父、母亲,松寿正式更名建人。

1905年暑假,在江南水师学堂读了9年的升叔毕业回绍兴,休假半年,在东湖学堂兼职去教英文、体操和地理。据周建人回忆,从1902年暑假开始,升叔每次回家,"总是教我英文,对我很有帮助,只是苦于时间太短,这次能有半年时间,我十分高兴。他对语言有天才,不但北京话讲得好,还会绍兴、南京等地的方言,后来来到海军,同事是福建人居多,他又会讲一口道地的福建话,他的英文的发音,也是比较准确的"[②]。从东湖学堂回来的升叔,业余辅

[①] 周建人口述,周晔整理:《鲁迅故家的败落》,第184页。
[②] 周建人口述,周晔整理:《鲁迅故家的败落》,第202—203页。

第一章 汝南周家：绍兴新台门兴房的"三阿官"

导建人学英文，专门介绍纳斯菲尔特①编写的一本英文文法，供自修文法时用。建人按照升叔的教导去自修，受益匪浅，为其后看懂英文书籍、从事翻译打下了良好的基础。

远在日本的大哥，也适时对三弟自修提出了宝贵建议。他希望建人坚持自学，并提出两个自学目标，一是自己感兴趣，二是容易得到的，问三弟是否对植物学感兴趣，如果愿意在植物学方面自学，他会从日本寄来这方面的书籍。升叔亦鼓励建人自修植物学，把英文当作工具。1905年底，报考府中学堂的建人因迟到而无缘考试，错失了继续升学的机会。过了年，升叔到兵船上工作去了，临别前，升叔承诺以后他每到一个码头，一定去书店找寻是否有植物方面的书籍，不久就寄来了从上海买到的《植物学初步》。留在家里的建人，列下了一个详细的自学计划，按照自己定下来的计划，每天学习升叔留给他的英文法，生字查字典，不明白的地方记下来写信问升叔。恰在这时，会稽学堂的同窗来询，说僧教育会②打算在塔子桥下的唐将军庙做校舍，办所小学堂，问赋闲在家的建人是否愿意去做校长。不想在家里吃闲饭的建人应了下来。由此，从县学堂高小毕业，年龄刚过17周岁的周建人，便成了塔子桥僧立小

---

① 纳斯菲尔特在印度做过传教士，教过印度学生学英文，很了解一个外国人学英文有哪些地方不容易弄清楚，而本国人却是习惯成自然不会搞错，因而忽略。升叔认为这本专门给外国人学英文的书很好："你如果能自修这本文法，对英文的句法结构，就明白了，以后无论看什么英文书籍，也容易理解和掌握。"详见周建人口述、周晔整理：《鲁迅故家的败落》，第203页。

② 僧教育会属于僧人组织。绍兴佛寺遍及城乡，庙产动辄有几百亩、上千亩，而香火旺盛，和尚念经拜忏做水陆，都有不菲收入，他们准备拿出一笔钱来办小学堂，经官府批准后，既有好的社会声誉，寺庙又比较独立，一举双得。

· 027 ·

学堂校长。

做了小学堂校长的建人,第一件事就是带领两名教师一名校工整理校舍,将泥塑的唐将军挪至墙边,庙堂就成了教室,另外清理了两间堆放杂物的小间作为教师办公室兼宿舍,又在大门口挂上学校牌子,开门招生,来报名的学生都是周围住户家的男孩,家长多数是镴箔司务,少数是小商小贩,大多不识字,一学期学费四角至六角,极短时间招到二三十个学生,便正式开学,知县参加了开学典礼。小学堂课程有修身、国文、算术、知识、体操和唱歌,建人作为校长,负责排课、管总务、记账等工作外,还兼修身教员,并管自修课、习字课,放学后护送学生出校。尽管塔子桥离新台头很近,建人却选择住在学校,一腔热情想把学校办好,甚至连假日也住在学堂里。

小学校长薪水每月 8 块大洋,当时米价二三元一石(150 斤),完全可以养活全家人了。但鲁瑞没有收下建人的薪水,除建议他隔个把月给祖母一点零用外,其他都让他自己留下买书自修。

我有了钱,并不乱买书,如果这本书对我确实有用,我倒也不惜工本地把它买来。升叔告诉我,上海有一家美国伊文思图书公司,他寄书目来,我便向这家书店邮购我所需要的书,在我离开绍兴时,我自己花钱购买的书,也有满满的一小书柜了。[1]

这种自修生活伴随青年建人度过了绍兴故里时光。6 年的小学堂校长历练,让他彻底放弃去考府中学堂,安安心心地教书,做一

---

[1] 周建人口述,周晔整理:《鲁迅故家的败落》,第 216 页。

些很琐碎繁杂的行政事务，假日里自修植物学和英文，在日本留学的大哥先后寄来植物学方面的英文版书籍，诸如司脱拉司·蒲克的《植物学》、杰克逊的《植物学词典》以及《野花时节》《植物的故事》，建人凭借升叔之前教的英文底子加上字典的帮助，逐步把书里内容搞明白，而绍兴附近塔山、稽山等处的繁茂植被，为建人四处漫游采集植物标本提供了极大便利，积累下了不少实践经验，对植物学的兴趣逐渐晕染上几分专业的探索。

四、两位兄长归国带来的改变

"虽然我在经济上已经独立了，吃、穿、住、用都不靠家里。但我母亲不愿，事实上也不可能，由我来养家。大哥结婚后，家里添了人，另外，升叔已经二十五六岁，不得不代他定亲。家里的开支增大了。我母亲很希望大哥能回国来，找一点事情做做，来挑起家庭的担子。"[1]在母亲的期盼下，1909年暑期，在日本留学七年半、时年29岁的大哥回国[2]。尽管街坊和族人对大哥的奇怪态度让建人感到气愤、难受，但家里氛围却为之一变："我很高兴，因为大哥将不再远离我们，可以和他朝夕相处，研究学问，谈谈思想

---

[1] 周建人口述，周晔整理：《鲁迅故家的败落》，第241页。
[2] 鲁迅1934年曾在一份简略的自传中提及，"我的母亲无法生活，这才回国，在杭州师范学校做助教"；许寿裳也曾谈及鲁迅回国，1919年初春，因留欧学生监督蒯礼卿辞职，许氏学费无着落，只好临时中止欧游计划，回国担任浙江两级师范学堂的教务长。鲁迅说他也必须回国谋事，托许氏设法。"我四月间归国就职，招生延师，筹备开学，其时新任监督是沈衡山先生，对于鲁迅一荐成功，于是鲁迅就在六月间回国来了。"详见鲁迅：《集外集·自传》，《鲁迅全集》（第8卷），第401页；许寿裳：《亡友鲁迅印象记》，第30页，长江文艺出版社，2019年。

了。"建人和母亲很兴奋地给重回绍兴生活的大哥讲他们的生活、周围的人和事。暑假的两个月,弟兄俩往往从吃过夜饭谈到夜深人静,"他那改造世界的火焰般的热情把我的心也点燃起来了。我对社会也不满,但看到想到的问题远不如他深刻,也没有像他那样,在实际生活中看到一点一滴不公平、不合理的事,积极地行动。在他身上,没有一点懈怠、偷安的痕迹,而是奋发向上,朝黑暗、腐朽的势力进击。"[1]暑假过后,大哥赴杭州担任浙江两级师范学堂初级化学和优级生理学教员,建人仍在塔子桥僧立小学堂教书。

大哥回到家乡后,与绍兴乡土社会有不少的隔阂,"他一回国来,对所有的传统、礼教,这也看不惯,那也有意见",特别是1910年春祖母去世的事情,愈发呈现一种"孤独者"的状态,弟兄三个都有记述。与大哥通过小说《孤独者》言怀、二哥根据大哥小说还原不同[2],"在现场"的建人的感触更为直观:祖母生病的最初症状像是感冒,不想吃了几服中药后,病体沉疴,给祖父看过病的名医何廉臣下了尽快"准备后事"的判断,建人担任陪夜重任,"那几天夜里,我几乎没有合眼,听着窗外的春雨淅淅沥沥,不禁

---

[1] 周建人口述,周晔整理:《鲁迅故家的败落》,第251页。
[2] 鲁迅1926年发表的《孤独者》一文,借主人公魏连殳这个"吃洋教的新党"来诉述祖母去世时他的情感经历。周作人曾专门讲过:"祖母蒋老太太于辛亥前一年去世,鲁迅正在杭州两级师范学堂做教员,所有丧葬的事都由他经理,我没有能够回来,凤升改名文治,在江南水师的什么兵轮上当二管轮吧,大概是后来奔丧去的。那时的事情本来我不知道,在场的人差不多已死光了,可是碰巧在鲁迅的小说里记录有一点,在《彷徨》里所收的一篇《孤独者》中间。这里的主人公魏连殳不知道指的是什么人,但其中这一件事确是写他自己的。连殳的祖母病故,族长、近房、祖母的母家的亲丁,闲人聚集了一屋子,筹画怎样对付这承重孙,因为逆料他关于一切丧葬仪式是一定要改变新花样的。"详见周作人:《鲁迅的故家》,第91页。

第一章 汝南周家：绍兴新台门兴房的"三阿官"

想起自己的幼年时代，躺在桂花树下的小板凳上，听祖母讲故事。"农历四月初五，祖母去世，在杭州谋职的大哥接电报回家奔丧，面对的第一关，就是祖母娘家和周家族长齐聚花厅，摆出一副"对付承重孙"的严厉谈判阵势——黑压压的一屋子人商定出大哥必须照办的三大条件："一是穿白，二是跪拜，三是请和尚道士做法事。"总之是全都照旧，不想这套组合拳，大哥仅仅用"都可以的"四字回应，没有派上用场。树人作为承重孙，穿上了十三件殓衣，两手交叉放在腹前，两旁由人扶着，一人手中张伞，一人则行鼓乐导孝子至张马河边买水，扔铜钱铁钉各一，打起半桶水，买水回来给祖母胸前揩抹三次，然后把殓衣一件件套在竹竿里，理顺整齐给祖母穿进去，做得井井有条，仿佛是一个大殓的专家，使得观礼的人为之叹服。而面对祖母娘家亲丁的例行挑剔，树人神色自若，遇到怎么挑剔就怎么改，直到钉好了棺盖。大殓便在这惊异和不满的空气里完毕。沉静了一瞬间，人们怏怏地走散。面对坐在草荐上陷入沉思的大哥，建人如此写道："族长、近房的长辈这样对待他，也许大哥内心曾想长嚎、号啕，想呼喊出这人世间的不平和颠倒，但事实上，他却始终极为冷静和镇定，也许他长嚎、号啕过，但我没有看见，丧事完毕，他回杭州去了。"[①]三弟眼中的大哥，在沉默中完成了承重孙送别祖母的传统仪式。

暑假的时候，大哥从杭州辞职回绍兴谋职，建人有了更深入了解大哥所思所想的机会。台门比大哥离家前更为破败，族人们虽然还穿大衫，但不是油污，就是破洞，族中长辈被台门里的子孙"饿杀哉！饿杀哉"哀嚎喊得心烦意乱，族长决定卖掉祭田，台门各房

---

① 周建人口述，周晔整理：《鲁迅故家的败落》，第259-260页。

族为讨论怎么样卖怎样分而热火朝天地反复开会。在这种纷攘中，建人和大哥却超然世外，利用寒假、春假、星期日，悠然自得地带了帮工鹤招，背着植物箱，拿着铜锸，去过兰亭、禹陵、南镇庙和香炉峰，东湖，樊江的吼山、鉴湖、环翠塔、三江闸……足迹遍及绍兴城周围的山山水水，名胜古迹，每到一处，采集标本，拓印碑帖。"大哥对采集植物的兴趣，真不亚于我。我们一离开古老的台门，到了野外，就都兴高采烈，说说笑笑，跑跑跳跳，仿佛回到我们的童年和少年时代了。"① 有了大哥的陪伴，建人卸去心头重担，恢复了几分昔日"三阿官"的轻松活泼。

实际上，与建人笔下轻松快乐的描述相左，大哥给故友许寿裳的信中，充斥诸如"中学事难财绌""越中棘地不可居""它处又无可设法"等语，满是"困守绍兴"的苦闷及亟待脱离的期盼；对二弟拟继续留在日本"略习法文"的想法，大哥以"法文不能变米肉"予以答复，直言家里已无力维持他在日本昂贵的生活费用。但在三弟面前，大哥却习惯性地张开了护佑羽翼，不诉生活的艰辛。在大哥亲自赴日劝说下，1911年9月，二哥作人携妻子羽太信子回国，三兄弟再次聚首绍兴。

1911年10月10日，武昌起义的炮声，同样震动了绍兴古城，杭州光复的消息传来，群情振奋的越社②发起了一个庆祝大会，大哥树人被推为主席，一向冷静的大哥上台发表"很有希望"的演说，号召大家要为迎接绍兴光复做准备。会议结束后，回到小学堂的建人，除向大家报告参加大会的经过，还飞奔回家取来大哥的轧

---

① 周建人口述，周晔整理：《鲁迅故家的败落》，第269-270页。
② 创办于1911年春夏间，由绍兴府中学堂教员宋紫佩、陈去病等发起，是一个反清鼓吹革命的文学团体，社员有二三十名青年。

第一章 汝南周家：绍兴新台门兴房的"三阿官"

剪，为学生和家长们剪辫子到深夜，虽手酸痛到举不起来，但心里兴奋却是难以形容。多年之后，他对绍兴城内王金发的革命军夜晚入城的沸腾景象还记忆犹新：

> 这时候，是应该睡觉的时候了，但人却越来越多，密密麻麻地站在路的两旁，中间只留一条狭狭的路，让队伍过去；没有街灯的地方，人们都提着灯，有的是桅杆灯，有的是方形玻璃灯，有的是纸灯笼，也有照火把的。在人群中，有老人和小孩，也有和尚，经过法国教堂附近的地方，还有传教士，一手拿着灯，一手拿着白旗，上面写着"欢迎"字样。
>
> 这样的人山人海，真比看会还热闹，但十分有秩序，军乐队奏着乐，人们欢呼着，小孩招着手。
>
> "革命胜利万岁！"
>
> "中国万岁！"
>
> "共和万岁！"
>
> 口号声此起彼伏，人们像喝了醇酒，都兴奋了，陶醉了。[1]

绍兴军政府成立后，大哥被任命为师范学堂的校长，范爱农成为监学。因学堂距东昌坊新台门不远，办公完毕后，范爱农常来家里寻大哥，母亲亲手为他们准备一点家乡菜和老酒，三弟陪同，听情绪激昂的树人与客人高谈阔论，聊至二三更方散。可惜好景不长，军政府不喜越社办报内容，作为越社主席的大哥遭到猜忌，恰在此时，经许寿裳力荐，大哥得到新的机会，随即抽身赴南京临时

---

[1] 周建人口述，周晔整理：《鲁迅故家的败落》，第286页。

政府教育部报到，5月初，大哥与许寿裳携手北上，开始了帝都北京的宦游生活。

留在家乡的建人，相处最多的是携眷归国的二哥。周作人"自小性情和顺，不固执己见，很好相处"。除1912年6月至7月短暂在杭州担任省视学外，其他时间均"卧治"绍兴①，与建人相伴五年之久。查看这一时期的周作人日记，随处可见"乔峰"身影②。二哥归国还为建人终身大事的解决提供了契机。1912年5月初，为了照顾分娩在即的妻子，周作人邀请妻妹前来帮忙。15岁的羽太芳子在兄长羽太重久陪同下，漂洋过海，从东京到了绍兴。抵达次日，羽太信子便产下麟儿（乳名丰丸，后更名为丰一），阖家欢庆。远在北京的大哥也在日记中频频记录，喜悦之情溢于言表。二哥作人更是开心，将赴杭州担任省视学的日期一推再推，迟至6月才到杭履

---

① "卧治"一词，为同在浙江省军政府教育司工作的钱玄同给周作人加的"考语"，周作人晚年亦认可。钱理群在《周作人传》中将1911年秋至1917年4月期间，命名为周作人的"卧治"时期，认为此时的周作人是大风暴里的孤独者。详见钱理群：《周作人传》，第133页，北京十月文艺出版社，1990年。

② 以1912年10月1日至31日日记为例："午安桥头使来云，招官于昨下午八时去世，为之愕然，午后母亲及乔峰趁午同去"（10月1日）；"午母亲乔峰归，小舅舅同来"（10月2日）；"下午乔峰往安桥为理首七事"（10月5日）；"乔峰归"（10月7日）；"下午偕乔峰往仓桥看旧书"（10月9日）；"下午同乔峰出东郭门适渡东桥一游……饮酒一盏，食面归，少醉"（10月13日）；"下午偕乔峰往仓桥看旧书"（10月14日）；"下午同乔峰至**（字迹不清晰）花园一看，有两处花颇佳，以不便取携，遂不贾，游镇东关，登卧龙山，由旧府城隍庙废址，……买物而返。"（10月16日）；"下午同乔峰往……"（10月19日）；"下午同乔峰往大路，寄北京函"（10月25日）；"上午同乔峰往大街，……饭后乔峰往安桥头送招官葬"（10月28日）；"晚乔峰归"（10月29日）；"上午同乔峰往邮局取金"（10月31日）。详见周作人：《周作人日记》（影印版 上），第418-421页。

第一章 汝南周家：绍兴新台门兴房的"三阿官"

芳子（前排左一）与姐姐大家庭的合影（1912年）

职，因不耐蚊虫叮咬患了疟疾，便告假归家，抚儿侍母，闲暇抄抄古书，写点闲文，一家子其乐融融。

为了欢迎芳子，周家专门去照相馆拍摄了一张家庭合影，第一排母亲鲁瑞居中而坐，两侧分别为羽太姐妹，二姐妹身后分别站立着作人、建人两兄弟。照片中诸人表情各异：鲁母身着大褂长裙，一手持打开的折扇，虚掩住另一只紧握帕子的手，眉头未展，神情坚毅；梳着日式发髻，身着和服的信子怀抱幼子丰丸，背部有几分驼着，眼睛凝视镜头；梳着与姐姐同样浓密发髻的芳子珠圆玉润，坐姿挺拔，青春正茂，与身后留着偏分、身材瘦削的建人反差很大。二哥作人留着寸头，神色风轻云淡。照片中没有出现大儿媳朱安。

· 035 ·

热风之外：周建人的生平与志业

1913年4月，闲居在家的二哥先后接受绍兴县署、浙江省立第五中学聘书，担任绍兴教育会会长[①]和英文教员，办起了《绍兴教育会月刊》，建人也开始尝试为该刊写稿。建人原本在小学堂工作就有收入，此时二哥有了固定月俸（省立第五中学"月俸墨银伍拾元"，教育会亦有若干津贴），加上大哥在教育部佥事科长（月俸为240元）的贴补，养家糊口重担释去，儿孙承欢膝下，鲁老太太心情大好，笼罩家庭十余年的沉郁之气一扫而光。

芳子的到来，无意中解决了压在母亲心头的多年重负——三子建人的婚姻大事。周家作为高门大族，并非因为没有合适人选，恰恰相反，母亲在大姑妈家的珠姑和小舅父家的四女昭官之间左右为难，反复踌躇。建人曾在《鲁迅故家的败落》中借大姑妈意外落水而亡之事，提及其中的曲折：

棺材盖盖上了，珠表妹哭得死去活来。我母亲尽力安慰她，但这种安慰，连我听上去也是空泛的，她的父母都死了，只有一个异母哥哥和叔叔，今后怎么办？

我这时想起，我相信我母亲也不会忘记，就在这一两年里面，大姑母来我家的时候，曾和我祖母和母亲讲起她的宝贝女儿珠姑的问题。她说："我只有一桩事放心不下，就是我的珠姑。她做个还娘家囡好不好？"这还娘家囡的意思，就是要把珠姑还到娘家来，给娘家人做媳妇，按年龄来说，她比我小二岁，看样子大姑母是想

[①] 据周作人回忆："我在教育会里，也是无事可做，反正是敷衍故事罢了。但因为县署有每月五十元的津贴，所以要办点事业，除雇用一个事务员和一名公役及支付杂费之外，印了一种教育杂志，以及有时调查小学，展览成绩，有一回居然办过一回教科书审查的事。"详见周作人：《知堂回想录》，第356页。

第一章　汝南周家：绍兴新台门兴房的"三阿官"

把女儿许配给我了。

凡讲起婚姻大事，当事人总是回避的，只要我祖母和母亲同意即可，是不必征求我的意见的。上述情况我只是偶然听到的。

我祖母不作声，这也难怪，儿子不是她生的，怎么能表示同意或反对呢？再说，我祖母也有同样一桩心事，她的亲生女儿早已难产死了，可她还有一个亲骨肉，就是她的外孙女，也叫珠姑，年龄也差不多，略小一点，如果这个珠姑能做还娘家囡，朝夕在她身边，不是很好吗？我祖母口中从来没有提出过，心里大约是有的。

我的祖母不作声，应该由我母亲来表示了，可是奇怪，我的母亲不说话，似乎被什么事情难住了。

后来我一想，确实，我母亲有她的难处，自从她知道我的琴表姊那遗恨终身的话，心里非常内疚。我母亲也爱琴表姊的，我觉得小舅父因琴表姊的死，似乎对我母亲也颇有意见，我亲耳听他对母亲气恼哄哄地说："难道周家的门槛那么高吗？我的女儿就进不了周家的门吗？"我母亲只能低头听着，她要设法补偿，这时，小舅父的二女意姑已结婚了，三女林姑也许配了曹娥陈家，只有四女昭官还待字闺中，而且年龄和我相仿，虽然没有下聘礼，但两家似乎默契了。

因此，当我大姑母来说她要把珠姑作还娘家囡，了却她的心事，我母亲说什么好呢？

大姑母淹死的惨景一直在我脑里，珠表妹的哭声一直在我耳边，她哀切地叫道："舅母，舅母，我怎么办啊！"

我母亲内心也充满了矛盾，儿女婚姻大事一言为定，不能翻悔的，如果一翻悔，又会送掉昭官的命；可是这里的珠姑又是那么可怜。

热风之外：周建人的生平与志业

我看出了母亲的苦恼，但她没有和我商量，这样的事是绝对不和当事人商量的。即便和我商量，我也很难回答。昭官和珠姑我都从小认识，拜岁的时候见到，但不讲话，因为要严格遵守圣人的礼教："七年，男女不同席"，"男女授受不亲"。所以相互是不了解的，不过从处境来看，珠姑是可怜一些。

这件事便这样搁起来了。①

建人的祖叔凤纪在《回忆鲁迅房族和社会环境三十五年间的演变》中曾提及"珠姑"的下落，自从母亲溺水而亡后，珠姑被兄嫂追压得无路可走，以致随乳母出奔，给一个茶食店店伙做妾，又被大妇凌虐卖入娼寮。

周建人与15岁的日本少女芳子生活在同一个大家庭中，渐渐产生了感情，遂亲上加亲，于1914年2月28日，26岁的建人与17岁的芳子结为百年之好。二哥作人日记记载，该日"晴，上午七时，乔风与芳子结婚，午祀祖，藕舲来，下午得羽太等二日函，云小包已达"②。远在京师的鲁迅在日记中予以记载："下午得二弟函，附芳子笺，十三日发。芳子于旧历二月四日与三弟结婚，即新历二月二十八日"（3月17日）；"下午得三弟与芳子照相一枚"（3

---

① 周建人：《鲁迅故家的败落》，第232-233页。
② 周作人：《周作人日记》（影印版 上），第491页。

第一章　汝南周家：绍兴新台门兴房的"三阿官"

月18日）。两人婚后感情尚好①，一共孕育了四个子女。1915年2月25日，他们的第一个孩子（名冲）出生②。1917年11月，第二个孩子（女孩，取名鞠子）诞生。1919年5月，第三个孩子（取名沛，又名丰二）降世。加上二哥家的一子两女，家里很是热闹。

自从大哥、二哥陆续归国，两位兄长已开始积极筹划，为三弟建人、搭建起学术发表的平台。除去大哥代笔以"会稽周乔峰"发表外，二哥主持的绍兴教育会会刊上（《绍兴县教育会月刊》）以及相关杂志上，频频出现以"周建人"署名的文章③，除去家乡杂志

---

① 有不少回忆录都谈及两人婚姻感情问题，甚至还有阴谋论，称有人别有用心将二人关在房子里。俞芳还曾引述鲁老太太的话说芳子长年和信子在一起，受信子影响，贪图享受、爱虚荣，怕过艰苦的生活，对周建人不够体贴。1937年鲁母八十大寿时双方正式决裂，新中国成立后芳子曾起诉周建人重婚罪。周建人本人写《鲁迅与周作人》中论及二嫂泼悍时，对前妻顺手一击："早在辛亥革命前，他（周作人）携带家眷回国居住在绍兴时，他们夫妇间有过一次争吵，结果女方歇斯底里症大发作，周作人发愣，而他的郎舅、小姨指着他破口大骂，从此，他不敢再有丝毫'得罪'。"实际上，以鲁老夫人的精明以及周家大族筛选媳妇的标准，这些事后"痛打落水狗"之言不足为凭。

② 1915年3月1日的《鲁迅日记》中曾有记载："得二弟及三弟信。言三弟妇于二月二十五日丑时生男，旧历为正月十二日页，信二十六日发。"这个名"冲"的孩子，不幸于一岁余夭折。

③ 如先后发表《人之遗传》（1913年第1期）、《天物调查》（1913年第2期）、《微生物与人生》（1914年）；1915年《绍兴教育杂志》更是连发6篇文章，如《人文与地形之关系》（第3期）、《达尔文游记》（第8期、第9期连载）。1916年《植物自然史》（《绍兴教育杂志》第11期，德国开尔纳氏著，周建人译），均以"周建人"署名。越地《爇社丛刊》第3期刊发的《植物之采集及检查法》署名"高山"外，1917年该刊第4期两篇《动物学史略》《释异二则》均署名"周建人"。

热风之外：周建人的生平与志业

周建人与侄子周丰一合影（1919 年）

外，兄长们熟稔的《京师教育报》《东方杂志》也成为平台[①]，内容以专业学术为多。在两位兄长的助力下，建人在积极积蓄力量。

在大哥极力推荐下，二哥作人拿到了北京大学的聘书。1917年3月，二哥作人离开家乡，进入北京大学文学系做教授。兄弟俩寓居在绍兴会馆里，携手揽腕，进入"章门弟子"为主的京城文学圈中。五四运动前夕，两位兄长更是并肩作战，投入反对旧道德提

---

① 《东方杂志》主编为绍兴老乡杜亚泉，与鲁迅周作人颇有交往。周建人 1915 年 8 月该刊发表《遗传进化说之应用于农艺》（第 12 卷 8 期，署名 高山）、1919 年 11 月发表《人种起源说》（第 16 卷 11 期，署名"乔峰"）；《京师教育报》与大哥鲁迅渊源颇深，更是连续发文，如 1916 年《译生物学例言》(《京师教育报》第 32 期)）、《生物学要略》(《京师教育报》第 33 期，乔治·亨达著，周建人译）。

第一章　汝南周家：绍兴新台门兴房的"三阿官"

倡新道德、反对旧文学提倡新文学的民主启蒙的斗争中。大哥更以"鲁迅"的笔名发表《狂人日记》《孔乙己》《药》等著名作品，一战成名，声名鹊起。大哥二哥决定在帝都安顿下来，以三兄弟的名义在八道湾购置了房产，添置各种家用，兑现了"弟兄三人永不分家"的约定。11月21日，鲁迅与二弟一家搬进修葺一新的八道湾十一号。12月1日，大哥利用教育部佥事法定的探亲假，回乡接家眷进京，"我冒了严寒，回到相隔二千余里，别了二十余年的故乡去"，在他的自传体小说《故乡》中这样写道：

> 我这次是专为了别他而来的。我们多年聚族而居的老屋，已经公同卖给别姓了，交屋的期限，只在本年，所以必须赶在正月初一以前，永别了熟识的老屋，而且远离了熟识的故乡，搬家到我在谋食的异地去。……老屋离我愈远了；故乡的山水也都渐渐远离了我，但我却并不感到怎样的留恋。①

与大哥无所顾恋的心情相比，在绍兴生活了31年的周建人，拖家带口北上，心情没有那么轻松。按照大哥的安排，早在暑假前，他已辞去教职，遵照母亲的意思，办妥各种琐事，寄存东西，做好登记，整理好《绍兴存件及付款簿》。"在深冬的寒冽中，我和家人们都怀着动荡不宁的心等待我的大哥。很多事情，还得由他来才能决定，在这大家族还没有各奔东西以前，他还是兴房的长子，只有他才能作为我们这一房的代表。"晚年周建人回忆他当年的心情："在我的心坎里有一股说不出的滋味，是惆怅、悲凉、憎恶、

---

① 鲁迅：《故乡》，《鲁迅全集》第1卷，人民文学出版社，2005年版，第501、510页。

厌倦，还是什么？我渴望换一个环境，让我忘却往事，摆脱阴影和束缚，但似乎又有点留恋"，这种复杂的心情背后，"北京，在我的大哥是'谋食的异地'，在我，则完全是陌生的异乡了！"[1]

在这种复杂的心情中，1919年12月24日，"下午以舟二艘奉母携三弟及眷属携行李发绍兴，蒋玉田叔来送"[2]。向族人交付好家乡诸事，建人携带家眷随母北上，离开那个传统的江南小城绍兴，周家新台门内兴房"三阿官"生活正式结束，一个全新的世界徐徐开启。

---

[1] 周建人口述，周晔整理：《鲁迅故家的败落》，第4页。
[2] 鲁迅：《鲁迅全集》第15卷，第386页。

第二章
北上南下：《妇女杂志》的"帮同编辑"

对于在绍兴蛰居三十余年的周建人来讲，正是有了北上京城拓展眼界、南下上海主笔《妇女杂志》的契机，他才得以大量了解、学习西方思潮，他多年乡间自学的英文派上了大用场。在北京，在大哥二哥安排下，他在北京大学旁听课程，书写文章，操持家事，近距离旁观两位兄长的朋辈往来，亲身感受五四运动带来的冲击；在上海，借助商务印书馆的平台，周建人通过大量翻译西方妇女理论和观点来持续舆论热点，迅速弥补了非留学生、多年绍兴传统家族封闭生活留下的时代裂缝，积累了在中西文化碰撞中迅速找准自我定位的丰富经验，完成新旧更替时期从旧知识分子、台门少爷向新知识分子的蜕变。

一、初到北京的乔风

随母北上的周建人，经过数日水陆辗转颠簸，12月29日中午到达北京，二哥作人前去接站："至东车站，午，大哥同母亲大嫂乔风芳子及二儿至京。"① 从封闭的绍兴来到京城，三代 12 口人组成的大家庭②集聚在这个新安装了自来水管的三进四合院里，过了一个热闹整齐的新年，还专门举行了祭祖仪式。大哥心情舒畅，记下"旧历除夕也，晚祭祖先。夜添菜饮酒，放花爆"。③ 对于常年生活在江南的建人来讲，北京没有想象之中的寒冷，但心情似乎不大平静：

我这回动身很局促，诸位朋友处都不及去告辞，心中很觉抱歉。我们因带着行李不少，又有小孩，所以走得很慢。南京及天津均担阁一夜，直到廿九傍午才到北京寓西直门内公用库八道湾。我从前以为北方天气必定异常，现在一见，室中有火炉，固不必说。就是户外，只要不最大风，亦并不见什么。现在我初到北京，物事还没有安顿好，相识也没有去看过，匆匆忙忙写这一份信，不能够多说，只好待几日之后，心思略略安静后再谈了。④

在给故交的信件中，隐隐透露出不安的心情。新年甫过，建人

---

① 很有意思的是，到北京的建人，在大哥二哥口中迅速由"乔峰"变为"乔风"。见周作人：《周作人日记》，第 73 页，大象出版社，1996 年。
② 八道湾十一号聚齐周家三代 12 人，母亲鲁瑞加三子三媳七个大人，还有五个孩子，大小不一：二哥家的 7 岁的丰一、5 岁的静子和 3 岁的若子；建人的两个孩子，2 岁的鞠子（又名马理）、不足 1 岁的丰二（绰号土步）。
③ 这则日记记于 1920 年 2 月 19 日，旧历年除夕。详见鲁迅：《鲁迅全集》第 15 卷，第 396 页，人民文学出版社，1981 年。
④ 《周建人致祝庆安信》（1920 年 1 月 2 日），现藏于绍兴鲁迅纪念馆。

第二章　北上南下：《妇女杂志》的"帮同编辑"

在二哥带领下，频频造访北京大学诸位先进①。在二哥推荐下，周建人开始在北京大学旁听哲学、科学课程，②亲身感受新文化运动发源地的文化氛围。两位兄长作为新文化运动的干将，与北大教授如沈尹默、马幼渔、胡适、钱玄同等交往甚密，周建人因此得以近距离接触新文化运动核心人物的社交网络。周氏兄弟1919年11月21日迁入新居，23日恰逢周末，就迎来第一批祝贺乔迁之喜的客人。鲁迅日记中记载："二十三日晴，风。星期休息。下午陈百年、朱遏先、沈尹默、钱稻孙、刘半农、马幼渔来。"③周作人该日日记也记载了"午至草厂大坑，赴遏先招饮，下午三时，尹默、遏先、幼渔、百年、半农及钱稻孙君来访"。④从此，两兄弟日记中不断有友人来访的记载，宽敞的八道湾成了北大教授们的聚集地。沈尹默回忆：

"五四"前后，有一个相当长的时期，每逢元日，八道湾周宅必定有一封信来，邀我去宴集，座中大部分是北大同人，每年必到的是：马二、马四、马九弟兄，以及玄同、柏年、遏先、半农诸

---

① 仅以1920年1月为例："上午寄南京金君函，同乔风往校访仲侃及伏园，同至新春饭店，步行回宅"（1月2日）；"下午同乔风往校，收十一月份薪，至厂甸……五时返"（1月5日）；"下午同乔风往校买新潮五本，又至东安市场买国民二本，在灯市口看书，回至护国寺一游，五时半返"（1月8日）；"上午同乔风往校，午同伏园在新春饭"（1月14日）；"上午往校……代乔风付学费票四元"（1月19日）。均见于周作人：《周作人日记》，第98-103页。
② 按照当时北京大学的旁听章程，如旁听一年后随班考试及格，可以改为正科生。
③ 鲁迅《鲁迅全集》第15卷，第384页。
④ 周作人：《周作人日记》，第64页。

人。席上照例有日本新年必备的食物——粢饼烤鱼之类，从清晨直到傍晚，边吃边谈，作竟日之乐。谈话涉及范围，极其广泛，有时也不免臧否当代人物，鲁迅每每冷不防地、要言不烦地刺中了所谈对象的要害，大家哄堂不已，附和一阵。当时大家觉得最为畅快的，即在于此。①

1920年8月21日，鲁迅曾向蔡元培写信，在信中坦诚相告："舍弟建人，未入学校。初治小学，后习英文，现在可看颇深之专门书籍，其所研究者为生物学，曾在绍兴为师范学校及女子师范学校博物学教员三年。此次志愿专在赴中法大学任教，以备继续研究。第以经费为难，故私愿即在该校任一教科以外之事务，足以自给也。"② 他为三弟谋求中法大学的教职，因种种原因，未能如愿。

二哥积极帮三弟改稿，建人署名的文章在《新青年》《东方杂志》《妇女杂志》上频频发表③。奈何学历所限，尽管两位兄长多方

---

① 沈尹默：《鲁迅生活中的一节》，《文艺月报》，第10期，1956年。
② 详见：《致蔡元培》，《鲁迅全集》第11卷，第385页，人民文学出版社，2005年。
③ 周作人日记中记载，1920年6-7月在香山碧云寺养病期间，曾发着高烧为三弟乔风校稿，如7月11日上午"乔风来，下午五时去，八十八度"（华氏温度），12日下午体温九十一度，仍坚持"为乔风校尺稿至晚了"；9月7日"连日校乔风尺文"。详见《周作人日记》（中），第193、198页。仅以《新青年》为例，1920-1921年期间，周建人先后在《新青年》上发表三篇文章，其中《生存竞争与互助》（第8卷2期，1920）、《达尔文主义》（第8卷5期，1921）有大量英文专业术语，推测可知应有二哥作人的修改把关。

第二章　北上南下：《妇女杂志》的"帮同编辑"

奔走，却难以谋到合适职位，闲居家中，协助兄长们做些琐事①。周建人对在家"吃白食"②的生活，极为苦闷。暑假期间胡适正在商务印书馆编译所做"不记名"视事。③在西山养病的作人写信给胡适，请他向商务印书馆推荐三弟。8月18日，胡适给周作人函中称：

启明兄：

你近来怎样了？我希望你已完全恢复你的健康了。

---

① 比如二哥作人1921年1月1日因肋膜炎卧病在床期间，每日代二哥四处奔走："上午托乔风往大学收信件"（1月2日）；"上午托乔风往女师收上月分薪"（1月3日）；"上午托乔风往大学收薪金"（1月4日）；"下午托乔风买希腊文一册"（1月5日）。详见《周作人日记》（中），第188页。

② 晚年周建人曾将这段日子描述为"吃白食"："我在北京找不到职业，在家译著有关生物学方面的文章，投寄上海商务印书馆主办的《东方杂志》和《妇女杂志》，与编辑章锡琛的通信往来中，知道他们缺人，所以在八道湾只住了一年八个月，于1921年9月初到上海商务印书馆谋生了，免得好象在家里吃白食"。详见周建人：《鲁迅和周作人》，《新文学史料》第21期，1983年。

③ 张元济为改良商务印书馆，拟设第二编译所，请胡适主持。1921年4月，高梦旦受命专程来北京，游说胡适辞去北大教职来沪出任商务印书馆编译所所长。胡适"婉转辞谢"，盛情难却之下答应夏天到上海考察三个月。是年7月16日，胡适按照承诺赴上海商务印书馆"视事"编译所，9月30日，胡适完成了一份万字之多的《商务改革报告书》，并力荐王云五担任所长一职。王云五曾回忆：五四之前商务印书馆编译所所长一职由高梦旦先生担任，因不懂外国文字深以为憾，他看中新文化运动干将胡适，"那时胡先生正在北大任教，为着便利尝试起见，择定民国十年的暑假，暂时不用名义来商务编译所视察两个月。经过相当时期之后，胡先生把商务编译所的内容和工作都研究清楚；一方面提出改革的计划，一面却以编译所的职务关于行政方面较多，与他的个性不很相宜，便向高先生说明他的意旨，打算尝试期满仍回北大教书。"胡适推荐王云五担任编译所所长，该年中秋日，王云五走马上任。

你的兄弟建人的事,商务已答应请他来帮忙,但月薪只有六十元,不太少否?如他愿就此事,请他即来。来时可到宝山路商务编译所寻高梦旦先生与钱经宇先生(《东方》主任,此事之成,钱君之力为多)。

我不久即可归来,此间招考廿二日可完,我大概须等津浦车通始北行。

祝你平安。

豫才兄好吗?

适 十,八,十八 [①]

从信中可知,此时胡适尚在上海商务印书馆,得编译所主任及《东方杂志》主编钱经宇的襄助,周建人入职商务印书馆之事敲定。信件中胡适言"月薪只有六十元,不太少否"一词,应是客气之语。在那工作十多年的编译最多不过60元。如茅盾1916年8月进入商务印书馆编译所做编译,月薪仅为24元,据商务老人讲"也有一进来就享受五十元以上高薪待遇的,那都是已在社会上做过事,薪水高,请他进来如果薪水反低了,他肯么?但这,又要看介绍人的来头,如果介绍人是编译所中的高级职员,也要看他的地位和势力。"郑振铎1921年5月进入商务印书馆,作为高梦旦的福州老乡,谈及工资"郑说只要六十元就行了。据说,当时初进商务做编辑,月薪一般至多不过三十元,郑不了解情况,一开口就要六十

[①] 胡适:《胡适致周作人》,详见《胡适来往书信选》,第96页,北京:社会科学文献出版社,2013年。

第二章 北上南下：《妇女杂志》的"帮同编辑"

二哥鉴：昨日想到香山去，而不意土步又生病，症情形谅去哥已说过。近来别身热已退，大便次数亦减，我不过每天上医院去看二影了。

榉生前日来信，说及你并说雲都已有回信，言托他之事已任劼证人向振霄说过，大致尚成功，薪水多少及一切详情，将来由雲即直接来通知云。但他便有一事未回证。他说谌清揚方面已辞去。两五师却早已图文教员，叫我向士哥说知请陳师曾写信给夏劷穎叫夏去向榉长说项，事当了成。我已向士哥说过，次日又问过，大哥谓已问陳师曾，他言与夏樾其证熟云云。我想大约搁可再停一封八行了。商务馆之事尚未对大哥说及，拟等有较确实信来再说知。

　　　　　　　　　　　　弟建人。

周建人给二哥周作人的信件（1921年）

元，口气可谓不小"。① 由此可见，商务印书馆给周建人起薪60元，是给足了介绍人胡适面子。

周建人致二哥信件中称："梓生前日来信，说望望你，并说雪邨已有回信，言托他之事，已经转托人向总处说过，大致可以成功，薪水多少及一切详情，将来由雪邨直接来通知云云。但他便有一事来回托。他说鉴清校方面已辞去，而五师却缺一国文教员，叫我向大哥说知，请陈师曾写信给夏敬观，叫夏去向校长说项，事当可成。我已向大哥说过，次日又问过，大哥谓已问过陈师曾，他言与夏极其托熟，云云，我想大约总可弄得一份八行了。商务馆之事，尚未对大哥说及，拟等有较确实信来再说之。"从这份信件可推知，一是三弟已很快融入两位兄长的生活圈子，向二哥汇报乡党张梓生来信详情及处理情况，二哥西山休养期间，不少事情均托建人"跑腿"亦可佐证；二是商务印书馆求职之初，大哥鲁迅并不知情。从语境推测，这份未署时间的信件，应该是写在胡适来信之前，在北京求职受挫的情况下，上海商务印书馆的编辑职务便成为最佳之选。二哥与三弟为进入商务印书馆谋划，大哥未参与此事。接到胡适的信件后，周建人稍做收拾，甚至等不及二哥从西山休养

---

① 茅盾：《商务印书馆编译所和革新〈小说月报〉的前后》，第145页；郑尔康：《郑振铎在商务印书馆的十年》，265-266页。

归家，便急匆匆于9月2日（农历八月十五）只身一人奔赴上海[①]，正式入职商务印书馆，34岁的周建人估计也没有想到，在商务的编辑生涯竟然延续了24年之久。

在胡适加持下入职商务印书馆，成为建人走上历史舞台的最佳出场方式，借助冒险家天堂、"英雄不问出处"的海派都市空间，绍兴乔风转化为上海"职业报人"周建人，职业身份迅速确立。

二、入职商务印书馆

周建人之所以能有机会出任《妇女杂志》"帮同编辑"，除胡适保荐外，还有绍兴老乡章锡琛的助力。而章锡琛之所以出任《妇女杂志》主编，还得从新文化运动中心北京大学"攻击"商务印书馆说起：当时高举新文化运动旗帜的刊物，首先向商务出版的杂志进攻。先是陈独秀在《新青年》上抨击《东方杂志》的反对西方文明，提倡东方文明。1919年4月，《新潮》第4期，刊登了罗家伦的雄文——《今日中国之杂志界》，文章对北京大学图书馆所藏的国内百余种刊物进行检阅、分类，将杂志分为官僚派、课艺派、杂乱派和学理派四类，除去第一类，民营资本商务印书馆主办的《教

[①] 二哥周作人日记中对三弟建人启程之日有专门记载："得乔风函，云今日往上海（八月朔，礼拜五）"，观周作人日记，一般是记载重要事情才会出现新旧历并用，此时，周作人尚在香山碧云寺养病，由此可见对三弟启程之日的印象深刻。详见《周作人日记》（中），第198页。建人匆忙启程，连一些必要的物品都来不及准备：他1922年2月22日给族叔周心梅信中可见："侄于去年冬来沪商务印书馆编译所办事，一时固匆忙，不及将书箱带来，而沪上木器价值又极昂贵，记得前在吾叔处寄存有黑书箱两口，拟便中托友人（往来便人常有）持条向吾叔领取带出。"《周建人致周心梅的信》，1922-2-22，现藏于绍兴鲁迅纪念馆。

· 051 ·

育杂志》《学生杂志》《妇女杂志》以及《东方杂志》被一一对号入座,办理者被归列"脑袋浑沌":"这类杂志,名为谈学理,实在没有清楚的脑筋、适当的方法,去研究学理的真象;只是浑浑沌沌的信口开河。……就实际而论,做的人既对于学理无明确的观念,又无研究的热心,不过打空锣鼓,以期多销几分。而且最讨厌的莫过于商务印书馆所出的《教育杂志》。……还有商务印书馆的一种《学生杂志》,本是一种极不堪的课艺杂志,然而也要帮着《教育杂志》谈谈学理,论论职业教育。"罗家伦直接点名了《妇女杂志》,称"其余若《妇女杂志》专说些叫女子当男子奴隶的话,真是人类的罪人,听说有几处女学校还只许学生看这种杂志呢!总之这种的谬处,指不胜指。这类的杂志若不根本改良,真无存在的余地"。"这样毫无主张、毫无特色、毫无统系的办法,真可以说对于社会不发生一点影响,也不能尽一点新智识的责任。我诚心盼望主持这个杂志的人,从速改变方针。"①对《妇女杂志》提出尖锐批评。罗家伦虽为青年学子,但他身处新文化运动中心的北京大学以及《新思潮》社编辑身份,使得他的这篇批评威力十足,加上陈独秀在《新青年》杂志上炮轰《东方杂志》的余震,以张元济为首的商务印书馆高层,决定从撤换杂志主编着手:"为了迎合潮流,挽救声誉,不得不进行改革;因为杂志最先受到攻击,就从撤换各杂志的编辑人入手。"②被波及的杂志纷纷更换主编,随着《东方杂志》主编杜亚泉更换为陶惺存,《教育杂志》《小说月报》分别更为朱元善、沈雁冰,有新锐之称的章锡琛被推上《妇女杂志》的主编位置,接替了

---

① 罗家伦:《今日中国之杂志界》,《新潮》,第 1 卷 4 期,1919 年。
② 章锡琛:《漫谈商务印书馆》,详见高崧等:《商务印书馆九十年:我和商务印书馆 1897—1987》,第 111 页,商务印书馆,1987 年。

第二章 北上南下:《妇女杂志》的"帮同编辑"

原主编王莼农。

　　章锡琛为绍兴人氏,比建人年少一岁,1912年年初进入商务印书馆,长期担任《东方杂志》日文编译。他敏锐感觉到随着五四新文化运动思潮兴起,女性权益高涨,社会各界对于"娜拉出走以后"的热烈讨论,将刊物内容聚焦于妇女问题:"那时正当新思潮运动极盛的时期,妇女问题为一般人所注意,我感觉到在《妇女杂志》中非讨论妇女问题不可。"[①]章锡琛1921年1月正式接手,第一步就是清理原主编"以之相夫则为良妻,以之教子则为贤母"[②]的办刊理念,摒弃培养"能挥翰墨而为信札","能簿记而演珠算","能经纪出入而无谬误","能独立自营生活","以及动作起居、饮食服饰无不勤俭有序"的女性,清除了"家政""常识""杂句"等栏目。在7卷1期上广而告之,宣称"我国的妇女问题,方在黎明时期,实际方面的讨论,固然必不可少,而先进各国的学说的介绍,和世界各国妇女状况的记述,实在也很重要",今后杂志要扩展视野;且宣称要加大力度扩大趣味性、知识性,比如将之前广受读者欢迎的"家庭俱乐部"特加扩充,改为"世界珍闻";内容力求"趣味既很丰富,文字又极条畅";增加小说、民间文学的比重等。[③]实际上,章锡琛接手时,《妇女杂志》已数月未能按时出版。章氏的改革收到了立竿见影的效果,半年后,"本志自今年改良以后,荷蒙读者不弃,深加赞许,销数之多,为从来所未有。"[④]办理成绩赢得了商务印书馆高层的肯定,更坚定了章主编改革的信心。章主编

---

① 章锡琛:《从商人到商人》,《中学生》,第11期,1930年。
② 胡宗瑗:《敬告实施女子职业教育者》,《妇女杂志》,第4卷1期,1918年。
③ 《编辑余录》,《妇女杂志》,第7卷1期,1921年。
④ 《本社特别启事》,《妇女杂志》,第7卷6期,1921年。

加大约稿的范围，绍兴同乡、五四运动中大放异彩的周氏二兄弟，自然是章主编重点邀稿对象。相对于忙碌的两位兄长，赋闲在八道湾家中的同乡周建人派上了大用场："当时在北京的友人周乔峰（建人），常常应我的要求寄来不少稿件，有些是他自撰，有些托人撰写。因他当时没有工作，我一个人实在忙不过来，就向总编辑室请求，聘他帮同编辑。"①章主编积极向总编室请求，请建人前来协助。恰逢北京大学胡适教授的出面推荐，使得商务印书馆高层顺水推舟，批准了章锡琛的申请。

周建人到上海后和章锡琛住在一起，"彼此共同商讨改进的方针"。周建人的加盟，使得主编章锡琛更深度把握了新文化运动关注女性问题的时代需要。在两人合力下，《妇女杂志》以《新青年》为模板，章、周二人将杂志由文言文改用白话文，直接围绕办刊新宗旨"谋妇女地位的向上和家庭的革新"排兵布阵，开辟通讯专栏，大力译介世界各国妇女状况和近代西方妇女问题热点。革新体例，增加材料，减低定价，更向海内学者发出邀请，拟集众人智慧，打造讨论中国妇女问题的"公开机关"：

妇女问题重要的程度，在近年的中国，正是非常急速的激增。我们编辑这《妇女杂志》者的责任，因此也逐渐增重；……我们觉得中国现在的妇女问题，不是少数一部分人的问题，是关系到全国民的大问题；应该由全国多数人共同研究，共同讨论，才是合理。所以我们不敢把这个《妇女杂志》当作我们少数人发挥偏狭的议论的出版物，很愿意把她作为全国男女研究讨论妇女问题的公开

---

① 章锡琛：《漫谈商务印书馆》，详见高崧等：《商务印书馆九十年：我和商务印书馆 1897—1987》，第 116 页，商务印书馆，1987 年。

第二章　北上南下:《妇女杂志》的"帮同编辑"

机关。海内学者,如有关于妇女问题的文字见寄,无论是激烈的,稳健的,重大的,琐细的,只要有可以供研究讨论的价值,我们都想尽量收容。同人等如有意见,也愿随时发表,请求先进诸家的批评。这种办法,也许要受"无主张"或"不澈底"的非难。但我们相信一个人的主张或行为,固然必须牢守一种的宗旨。至关于一个问题的研究和讨论,却不妨各人发挥各人的意见,而且还许能够寻出几多条可以解决的路径来。①

章锡琛、周建人努力广拓人脉,利用血缘、地缘、同事等关系,为《妇女杂志》搭建了前所未有的作者社会网络,鲁迅与周作人②、胡适、矛盾、巴金、沈雁冰、叶浅予、吴觉农、胡愈之、郑振铎等五四新文化运动干将纷纷加入撰稿人队伍。章锡琛专门在《妇女杂志》上向读者广而告之:

我们今年第一件可以报告读者的事,就是素来承读者欢迎的周建人先生,已经聘请来社,担任社务。而俄国盲诗人爱罗先珂先

---

① 《本志第八卷革新预告》,《妇女杂志》,第 7 卷 11 期,1921 年。
② 据统计,周建人加盟《妇女杂志》后,大哥以"鲁迅"为名在此发文 8 篇,文章分别为《鱼的悲哀》(第 8 卷 1 期,译文)、《一篇很短的传奇》(第 8 卷 2 期,译文)、《恋爱结婚成功史》(第 8 卷 3 期,署名为记者)、《迎珊格尔夫人》(第 8 卷 6 期)、《小鸡的悲剧》(第 8 卷 9 期,译文)、《鸭的喜剧》(第 8 卷 12 期)《幸福的家庭》(第 10 卷 3 期)和《娜拉走后怎样》(第 10 卷 8 期)。二哥以"周作人"为名发表 7 篇,分别为《欧洲古代文学上的妇女观》(第 7 卷 10 期)、《现代戏剧上的离婚问题》(第 8 卷第 4 期)、《女子与文学》(第 8 卷第 8 期)、《第二谭卡来夫人》(第 8 卷 8 期)《妇女运动与常识》(第 9 卷 1 期)、《爱昆虫的小孩》(第 9 卷 9 期)和《对于有岛武朗情死的批评》(第 9 卷 10 期)。他们以实际行动支持三弟周建人的编辑工作。

热风之外：周建人的生平与志业

生，文学家鲁迅先生及妇女问题研究者YD先生、李光业先生等，都允常常替本志撰译文字。这真是本社极大的荣幸。①

由消极应付②到积极改进栏目，章锡琛态度变化的关键节点是周建人的加盟。周建人加盟《妇女杂志》后，二哥周作人应邀为该刊推出的第一次（离婚问题号）、第二次（妇女运动号）专号中提笔作文，摇旗呐喊："现在的中国人民，不问男女，都是一样的缺乏常识；不但是大多数没有教育的人如是，便是受过本国或外国高等教育的所谓智识阶级的朋友也多是这样。他们可以有偏重一面的专门学问，但是没有融会全体的普通智识，所以所发的言论，就有点莫名其妙，终于成为新瓶里装的陈（混）酒。这样看来，中国人民正是同样的需要常识，并不限于女子，不过现在因为在'妇女运动号'上做文章，所以先就女子的方面立说罢了。"③大哥鲁迅在《妇女杂志》上首先刊登《幸福的家庭》，该刊专门做了如下广告："《幸福的家庭》，是鲁迅先生《呐喊》以后的第一篇创作，现在本志上首先发表，实在万分的荣幸！"④鲁迅还将重加订正的《娜拉走

---

① 《编辑余录》，《妇女杂志》，第8卷2期，1922年。
② "商务对这杂志一向并不重视，只求换一个人，把提倡三从四德、专讲烹饪缝纫的老调变换一下就成，所以只让我一个人单干。我接手后，只得一面整理积稿，把勉强可用的略加修改充数，一面四处拉稿，又在杂志上出题征文，再不够自己也写一些，只求能尽快编好。过了三个月，总算把积压的各期赶出"。章锡琛：《漫谈商务印书馆》，详见高崧等：《商务印书馆九十年：我和商务印书馆1897—1987》，第116页，商务印书馆，1987年。
③ 周作人：《妇女运动与常识》，《妇女杂志》，第9卷1期，1923年。
④ 《编辑余录》，《妇女杂志》，第10卷3期，1924年。

第二章 北上南下：《妇女杂志》的"帮同编辑"

后怎样》给予该刊发表①，两位兄长作为新文化运动的精锐分子，加持发文使得《妇女杂志》影响力大增。

新锐派的章锡琛与周建人联袂出场，使得《妇女杂志》画风大变，"新贤妻良母"被"新女性"所取代，以男性为主体的作者群开始呼吁，女性应成为与男性并肩平等的"社会人"，着重探讨"两性关系"的性别话语。比如，新式知识分子（特别是归国留学生）退婚或离弃旧式妻子的"社会新怪状"②。王蕴章担任主编时《妇女杂志》曾刊登过胡怀琛的《离婚问题》予以批判，却因文章论点稳健温和，未有多少反响。章锡琛接任后，《妇女杂志》刊出周建人的《恋爱意义与价值》，文中直指"男女双重贞操""性"与离婚关系，周建人在文中大胆提出，男女双方可以因"恋爱破裂而离婚"："使男女如果恋爱破裂，离婚得绝对的自由，在绝对的自由离婚的境遇里面，而男女有极和谐的协力共作的生活，这

---

① 该篇为鲁迅讲演稿，文前加了"记者附志"："这篇是鲁迅先生在北京女子高等师范学校的讲演稿，曾经刊载该校出版《文艺会刊》的第六期，新近因为我们向先生讨文章，承他把原文重加订正，给本志发表。"详见鲁迅：《娜拉走后怎样》，《妇女杂志》，第10卷8期，1924年。

② 民初随着大批负笈海外的留学生归国，面对当初依"父母之命，媒妁之言"定亲或结婚的旧式女子，不少心生方枘圆凿之嫌，退婚或离婚一时成风，还有一些新式知识分子虽未与原配妻子离婚，但与新式女子结婚或同居，原配被弃之一旁。1917年9月，蔡元培曾借友人寿孝天夫人事略来谈自己对留学生离弃旧式女子的看法，认为"男子游学外国，以得偶于彼国略受中等以下教育之女子为荣，而耻其故妇之未入学校，则弃之"，将这种行为称为"过渡时代之怪状"。1918年，胡适也曾在北京女子高等师范学校讲演中提道："近来的留学生，吸了一点文明空气，回国后第一件事便是离婚。"详见蔡元培：《读寿夫人事略有感》，《蔡元培全集》第3卷，第68页，中华书局，1984年；胡适：《胡适文集》第2卷，第498页，北京大学出版社，1998年。

热风之外：周建人的生平与志业

才是恋爱的真价值。"① 文章刊登后反响热烈。经过试水，4月章锡琛、周建人决定推出"离婚问题"专号，邀请各路大咖，并撰《发刊旨趣》，说明刊发"有许多对之颇怀疑"专号的理由："我国的离婚率，在世界各国中本来很低，但近年来，却有日渐增高的趋势。社会上一般人，对于这种现象，都只觉得非常可怕，以为应该极力防遏。殊不知社会中一种问题的发生，绝不是无因而至的；解决的方法，须要正本清源才好。如果一味防遏，断不会有效的。况且大多数的离婚，都为了恋爱破裂的缘故；强迫没有恋爱的男女，继续夫妇的关系，不但是不道德，而且社会所受的影响，也很大的，所以不得不促起社会的注意。"在他们看来，传统中国文化将离婚当做惩罚女子的手段及旧式妇女道德的养成，虽法律规定离婚自由，但现实中受虐待的妇女很少敢提出离婚诉讼，有鉴于此，《妇女杂志》本着"改正离婚观念，使妇女有完全的离婚权，也是谋妇女解放的方法之一"，特别推出"离婚问题号"，并专门强调："本号中的文字包括各种意见，我们不敢希望立时得有解决的方法，不过想作极公平的讨论，使一般人都知道注意罢了。"② 这期推出的专号，除专题论文外，还辟出"离婚的两大学说""离婚的法制与习惯""离婚与戏剧""欧美离婚的现状"等十一个板块，从古今中外、戏剧小说来全方面展示离婚问题。周建人不仅以各种署名撰写论文，还拉来了二哥周作人、同乡沈雁冰等人来壮声势，该期文章目次如下表所示：

---

① 周建人：《恋爱的意义与价值》，《妇女杂志》，第8卷2期，1922年。
② 《〈妇女杂志〉离婚问题号发刊旨趣》，《妇女杂志》，第8卷4期，1922年。

第二章 北上南下：《妇女杂志》的"帮同编辑"

表1《妇女杂志》"离婚问题号"文章目次（1922）

栏目名称	文章名称	作者	页码
	发刊旨趣	记者	1
	离婚问题释疑	周建人	2
	中国目前之离婚难及其救济策	紫瑚	6
	离婚与道德问题	沈雁冰	13
	自由离婚论	夏梅	17
	离婚问题的究竟观	饶上达	23
	离婚问题与将来的人生	知白	30
	离婚问题的实际和理论	ＢＬ	33
	经济上的离婚观	陈友琴	39
	离婚问题的研究	赵济东	46
	离婚问题对话	季谷	49
离婚的两大学说	爱伦凯的自由离婚论	吴觉农	51
	福斯德博士的离婚反对论	瑟庐	58
结婚与离婚	自由结婚与自由离婚	庐文光	63
	结婚与离婚	庸棠	65
离婚与戏剧	现代戏剧上的离婚问题	周作人	68
	离婚问题的悲剧	幼彤	82
离婚的法制与习惯	中国的离婚法	乔峰	86
	中国离婚法上的三绝	周建人	91
	从七出上看来中国妇女的地位	瑟庐	96
	农民社会的离婚和再嫁	陈问涛	104
	离婚的进化	味辛	106
	欧洲各国的离婚法	紫瑚、高山	114
	瑙威的新离婚法	无竞	120
	劳农俄国的新离婚法		129

续表

栏目名称	文章名称	作者	页码
欧美离婚问题的现状	美国近年离婚的增加	高山	130
	德国最近之离婚调查	幼雄	132
	战后英国家庭动摇的趋势	味辛	136
日本最近著名的离婚事件	白莲女史离婚记	YD	138
关于离婚的事实及其批评	我的离婚	凤子	143
	一件妥协的离婚	YD	145
	一件离婚的报告	下天	148
	关于离婚的小调查	臻悟	150
	评一个离婚者	明星	152
	专制家庭的强迫离婚	乔思廉	153
	离婚与男女的经济平等	王思玷	154
	江西人现在离婚的事迹	高伯非	156
	一段离婚的事实	吴末狂	158
	离婚与弃妻	钱如南	159
	一个不敢离婚的女子	方民耘	160
	从离婚难发生的悲剧	子甘	163
	关乎离婚的两件事实	李邦篯	165
对于自由离婚的主张和反对	离婚与贞节及子女	李季诚	167
	离婚问题	梦苇	169
	离婚的意义与价值	CN	172
	自由离婚的价值	顾绮仲	175
	辟反对离婚的谬论	董子臧	177
	离婚与爱情	陆正光	177
	离婚的我观	JM	178
	女子的离婚权	徐学文	179

第二章 北上南下:《妇女杂志》的"帮同编辑"

续表

栏目名称	文章名称	作者	页码
对于自由离婚的主张和反对	离婚的两个劲敌	胡希	179
	资本制度下的离婚问题	吕听民	180
	人生的离婚	吴守中	180
	离婚问题之我观	张友鹤	180
	离婚的三种形式	严君篇	181
	闺阁的平民教育与离婚	缪金源	182
	离婚之准则	戴秉衡	183
	离婚之标准——爱情与人道	李相杰	185
	情理中的离婚	ＴＤ	187
	离婚与结婚	陈耀东	188
	离婚问题商榷	李树庭	189
名作	玩偶之家	仲持	191
	易卜生名剧《娜拉》本事	朔一	206
统计	日本离婚统计表		12
	英国离婚统计表		58
	世界各国离婚比较表		166
杂评	生物学的离婚反对论	建	29
	离婚与妇女问题	朔	81
杂评	司法部限制离婚	瑟	90
	离婚法的过失主义和目的主义	瑟	95
	叶蕙芳	洪为法	190
	离婚妇女俱乐部		205
	离婚奇俗		189
	编辑余录		230

从上表可以看出,题目五花八门,与《发刊旨趣》中为读者展

示各方论点的宣传颇为一致。为了凸显《妇女杂志》编辑没有倾向性，章、周两人还在"离婚问题号"最后一篇安排了《编辑余录》，披露编辑文章时的心路历程：

> 本志从前没有出过专号，这回还是第一次。有几个友人对我们说："你们第一次的专号，就讨论离婚问题，恐怕定要惹起社会上许多人的反对。"又有几个说："离婚问题，确是我国目前很重要的问题。你们这回搜集事实，从现况上学理上做这样澈底的研究，一定可以受到社会的欢迎的。"但是我们想：这离婚问题号，无论是受人欢迎，或受人反对，都是好的，倘若既没有人欢迎，更没有人反对；社会上对于这个问题，一般都抱着无关心的态度，那就糟了！
>
> 我们对于这个问题，并不抱有什么成见，所以对于各家的惠稿，无论是主张自由离婚，或是反对自由离婚的，只要理论完满，无不一律登载。贤明的读者，大概不难给我们一个解答罢！
>
> 我们所找出的一点公平的意见，便是说离婚仍须顾全妇女一方面的情形；女子如觉得于人格或幸福有亏损，她应当向夫提出离婚，而且男子也应即时依从她；但男子如觉得不满意于他的妻，倒应该屈就点，或须为她努力顾全。这是现在的平允的论调。但男女在离婚上为什么要有怎样的差别呢？关于这问题的讨论却在离婚问题之外了。然而这问题却正是不该忽略的呢！①

章周两人第一次在《妇女杂志》刊发专号，选择最容易引起争

---

① 《编辑余录》，《妇女杂志》，第8卷4期，1922年。

第二章 北上南下：《妇女杂志》的"帮同编辑"

议的离婚话题，为求公允，再三澄清他们对这个问题"不报成见"，只以"理论完满"定去留。实际上，在这些讨论中，除去少数几篇（如周作人[①]）对争取女性的离婚权、维护女性权益持"平允的论调"外，大多论调具有明显的倾向性，摒弃或很大程度上摒弃了传统的中国儒家文化"己溺溺人"的文化逻辑，使得论点论调极具冲击性。周建人所撰《离婚问题释疑》作为专号第一篇，核心内容便是"离婚自由"，将离婚问题转化为"平等""自由"问题："今日的离婚问题，也可以说不是婚姻可不可离的问题，是应该不应该平等而自由的问题"，将离婚自由观念作为家族主义渐次破裂而趋向个人主义的一个潮流的体现，视为大势所趋、阻遏无效。"要使这种潮流无流弊，也就不应阻遏他，或用牵强不圆满的道理对抗他，只能在个人方面应如何养成一种对于离婚这事有正确的伦理观念，婚姻既因为不幸福而离异，不可再因此而更陷于苦痛，而一方面不违背自由与平等。"[②]他在文中专门推荐紫珊和沈雁冰的文章，理由便是论文都是由这观点上出发的。1927年11月，已离开《妇女杂志》数年的周建人回忆起1922年的"离婚问题专号"，坦承编辑该专号时有很强的倾向性："我从前在《妇女杂志》当助编辑的时候，讲到离婚问题，总主张愈自由愈好的，盖以为一对夫妇实在用不着须有重大侮辱，不堪同居的虐待，及恶意遗弃等方才成立为离婚理

[①] 周作人在译者附记中，专门指出："一种问题的讨论的结果，大抵只是表示每一时一地的范围内的倾向，不能有永久的意义，这是大家多知道的。本文的著者也说，现代反对离婚的意见， 半是戏剧上的时样，一半是事实上的反动，所以这篇里所说的话，虽然足以使我们知道一点欧洲的这一种的情形，对于中国的离婚问题的解决未必能够有多大的帮助。"详见周作人译：《现代戏剧上的离婚问题》，《妇女杂志》，第8卷4期，1922年。

[②] 周建人：《离婚问题释疑》，《妇女杂志》，第8卷4期，1922年。

由，就是只有更小的事故，两方觉得不可同居的时候，就应得离开。后来那种杂志出一次'离婚问题专号'，里面的主张大致就是这样。"①

这种有倾向性的编辑出来的专号文章，话题十足，对社会舆论的冲击性可想而知。出版后该专号卖到脱销，接连两次加印②，《妇女杂志》再接再厉，接连推出"家庭中的性教育"（8卷9期）、"女子独身问题研究"（8卷10期）、"女子参政问题"（8卷11期）和"贞操问题的讨论"（8卷12期）、"男女争斗问题"专号（9卷2期）等，特别是在"男女争斗问题"专栏刊出东南大学教授郑振埙数万字的自传体文章——《我自己的婚姻史》，以写实手法披露其婚恋以及离婚诉求的产生过程，并借此来寻求舆论公断。该文为《妇女杂志》专门约稿，作者写于1922年双十节，1923年2月刊发时，除去加黑体"寻常的夫妇可以当作前车之鉴""研究离婚问题或社会问题者可以作参考的资料"的作者自我宣传，还专门加了"编者记"："这篇文章，是国立东南大学教授郑振埙先生叙述他自己婚姻的历史。现在青年男女，因不满意于机械式的婚姻，从而发生破裂，像郑先生这样的，正不知有多少；但能够像郑先生一般把他们的经过的事实和感情，很忠实的描写出来的，实在可说没有。所以我们觉得这一篇确是现代很有价值的文章。至于郑先生对待他夫人

---

① 建人：《离婚问题的两方面》，《新女性》，第2卷12期，1927年。
② 晚年章锡琛提及此事尚语气自豪："尤其是这年秋季出了遗弃'离婚问题专号'，破例重版两次。可是所内老编辑先生们看了都大为不满。同时因为《妇女》以前也大量刊登过鸳鸯蝴蝶派的稿件，这时多被拒收，经常受到上海各小报的攻击。王云五虽感到头痛，却因杂志销数增加，还没什么表示。"详见章锡琛：《漫谈商务印书馆》，详见高崧等：《商务印书馆九十年：我和商务印书馆1897—1987》，第117页，商务印书馆，1987年。

第二章 北上南下:《妇女杂志》的"帮同编辑"

的方法,是否适当,我们还要希望一般读者的批评!原文很长,因为著者要求一期登完,所以只得照办。篇中除校正一二讹字外,概遵著者的嘱咐,不加删改。句旁黑圆点,系编者所加,用以醒目,并没有别的用意。"很有意思的是,编辑部还在郑文后"征求批评",并列出四个问题:

> 本志同人,认郑君的婚姻问题,不仅是关于他们两人个人的问题,实在是全社会的大问题,所以希望读者对此事发表个人的意见。特提出下列各问,敬求读者答复:
> 一、郑君对于他夫人的待遇,和他夫人的待遇郑君,都可算得尽善吗?
> 二、郑君的处置法,于双方的利害如何?此外能否找出两利的方法?
> 三、假使你自己处在郑君或他夫人的地位,对这事怎样处置?
> 四、他们的婚姻,有否重圆的可能?
> 以上各问,请读者任意答复,辞不拘多少,但以明了为主。尽二月底寄达本社,于四月号上发表。如能撰成长篇文字,对于此文详加详尽的批评,尤所欢迎![1]

《妇女杂志》随即设立"读前号""通讯""自由论坛"等栏目,刊登读者以及郑振埙写给"妇女杂志主笔先生"[2]的来信,吸引读者

---

[1] 《编辑记》《征求批评》,见旷大:《我自己的婚姻史》,《妇女杂志》,第9卷2期,1923年。
[2] 《妇女杂志》9卷5期"通讯"栏目刊登作者4月1日、4月9日先后给"主笔先生"写的信件,以及主笔先生4月4日给予的回复。详见:《通讯》,《妇女杂志》,第9卷5期,1923年。

参与讨论。从回复内容及风格看,"主笔先生"应为周建人。

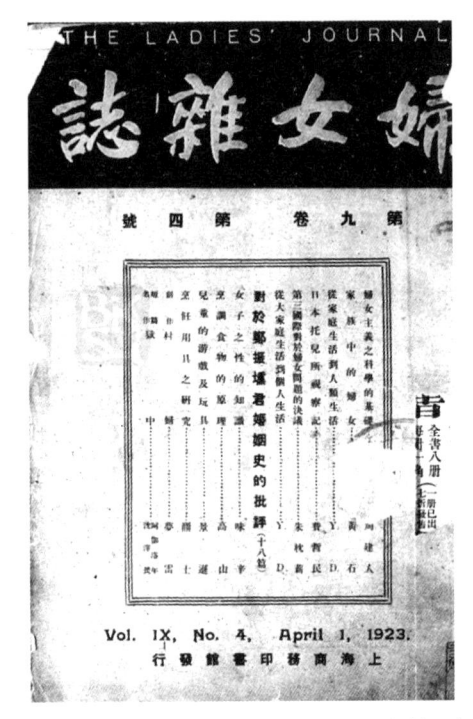

《妇女杂志》刊登"对于郑振埙君婚姻史的批评"专栏封面书影(1923年)

《妇女杂志》在9卷4期,如约刊出"对于郑振埙君婚姻史的批评"征文18篇,"本号上我们对于郑振埙君婚姻史批评的征求,可说是希有的大成功。每篇的文字上,都表现着各个著者真挚的情感,正确的理智,和公平的态度,他们实在并不是为郑君个人而发这样的言论,是为一般而发的。我们谨对原著者郑君及诸位批评者表示最深切的谢忱。"①而这18篇征文的第一篇,便是署名"克士"

---

① 《编辑余录》,《妇女杂志》,第9卷4期,1923年。

第二章 北上南下:《妇女杂志》的"帮同编辑"

的周建人的《爱情的表现与结婚生活》,再次表明了编辑部的态度:"本志二号发表的东南大学教授郑振埙君的《我自己的婚姻史》,诚如他的标题上所说,是研究现代的婚姻问题极有价值的参考资料。并且我觉得这不只是一人的写照,实在可以代表现代许多不美满的婚姻的经过,与最后决定的情况。这种事情,在社会上原是很多,不过传到我们耳边,往往只是断片的事迹;本人既不肯将前因后果详细的叙述,别人传述又往往失真。现在郑君竟肯将亲历的情景,甚至对于他夫人如何挑剔、如何责难,都忠实的写出来,毫不掩饰,实在是很难得的。"①加上该期刊登的"读前号"中读者对于相关问题的回复②以及未赶上杂志刊发期限的数十人,一起构成了一个舆论热点。很有趣的是,二哥周作人也就郑振埙的婚姻史发表看法,刊登在4月25号的《晨报副刊》③,隔空支持《妇女杂志》的征文活动。《妇女杂志》还持续推出了"配偶选择号"、"尊重女性的男子可否与不满意的旧式妻子离婚"专刊(10卷10期)持续讨论男女离婚相关话题。恋爱自由、离婚自由与五四时期个人主义思想携手,互相强化,成为新知识分子批判传统礼教的重要武器。

《妇女杂志》作为一个平台,通过章锡琛、周建人策划并撰写专号文章,吸引中国思想界和五四新知识分子对女性问题进行深入、广泛而集中的审视,为被遮蔽的中国妇女提供了个性自由、职业、恋爱、婚育、两性关系等新价值取向,新观点、新思想集中

---

① 克士:《爱情的表现与结婚生活》,《妇女杂志》,第9卷4期,1923年。
② 如曾广勋、郑瑞彭在《读前号》中发表的观点。详见:《读前号》,《妇女杂志》,第9卷4期,1923年。
③ 周作人认为郑振埙对妻子进行的一系列改造,给人留下的印象却是一个"琐碎、严厉、自以为是、偏于理性而薄于情的男子"。详见作人:《离婚与结婚》,《晨报副刊》,1923-4-25。

表达和释放，营造了热烈"发现女性"、倡导女性解放的社会舆论。"《妇女杂志》继承了肇始于《新青年》的妇女人格独立与解放的问题，成为女权主义（feminism）讨论的主要话语媒介。"[①]这种定位，对于五四时期商办女性期刊而言，它的市场意义和轰动效应显而易见，加上商务印书馆出品的巨大号召力，《妇女杂志》成为女性问题话语的风向标。借助《妇女杂志》媒介平台，周建人成了名噪一时的"妇女问题专家"。

三、用"新知"建构中国女性话语

1921—1925年期间《妇女杂志》话语体系所呈现的，不是一个有丰富知识储备的学者将西方妇女思潮有条不紊地传播到中国社会的过程，无论章锡琛，抑或周建人，他们在接手《妇女杂志》之前均谈不上有什么妇女问题理论储备。章锡琛接手《妇女杂志》之初，改革底气之一是语言优势："周建人能翻译英文，我也学过一点日文，曾经在《东方》帮助翻译，两人从图书馆借来几种有关妇女问题的英日文书，共同选译，自己也东拼西凑写些提倡妇女解放和恋爱自由一类时髦的短文，销数竟逐渐增加。"[②]当然，这种大量刊登译介东西洋的理论和学说的举措，与国内舆论界趋向、更与

[①] 王鑫：《商务印书馆与中国现代女性启蒙》，第106页，北京：商务印书馆，2016年。
[②] 章锡琛：《漫谈商务印书馆》，第116-117页。

第二章　北上南下：《妇女杂志》的"帮同编辑"

读者对刊物改革意见[①]有直接关系，自然改革立竿见影："大受一般读者欢迎，销数之多，辟我国妇女杂志界的新纪元；并且有人誉为'在中国妇女问题的出版物里，不愧坐第一把椅子'，可以想见本志的声价了！本社同人，因受海内外贤明过分的荣誉，不得不益自奋勉。"[②]读者的认可，增加章、周两人变革的信心："我们的兴味，由此集中在妇女问题上，常常夹七夹八的发表一些自己的意见。"[③]围绕妇女问题，周建人以本名，"高山""克士""乔峰"等名字，在《妇女杂志》上发表大量文章，离婚自由、独立人格、两性平等、社交公开、废除娼妓、女性职业、节育避孕、贞操、性道德……一个个热点十足、争议性话题，引领了《妇女杂志》女性讨论焦点。据不

---

① 《妇女杂志》曾在 7 卷 9 期向读者征集改革刊物的意见，经过两月有余的征集，共有 100 多篇来稿，从选出刊登的数十篇读者意见看，关于内容方面大多建议"采搜世界先进各国妇女状况，妇女运动的趋势等，是一件极要紧的事""爱伦凯所主张的三种母性教育的课程，极应该注意"（SC）；"多刊登东西洋女权运动的事实、结果的消息，以作唤起中国女权运动的木铎"（顾绮仲）；"在我们中国最难解决的问题，要算男女交际问题了。……西洋有种种交际会，我们中国是没有的。我想《妇女杂志》里不妨把西洋的风俗，酌量介绍给阅者，叫大家试验试验，对于男女交际问题，亦应与以相当的研究"（曹允栋）；"妇女界的消息——增设这门，把国内外妇女界种种活动的情形，搜集登载，使读者知道妇女界的新气象"（龚登朝）；"最近中外大事的记载，每期都希望加入点"（抱冰）；"研究妇女问题，自然要藉重参考书，这类书报，在中国真算是'凤毛麟角'……把外国或中国这类书报，简单写出，介绍给大家；或者由读者介绍亦可"（陈觉民）；"关于世界妇女，近日种种进行，当有所批评也……故对于近日世界妇女之运动，应用简洁的文字，夹叙夹议，批评得失，辟为一栏"（熊士）等。详见：《对于妇女杂志的希望》（征义当选披露），《妇女杂志》，第 7 卷 12 期，1921 年。
② 《请读民国十一年的妇女杂志》，《妇女杂志》，第 8 卷 12 期，1922 年。
③ 宋应离、袁喜生、刘小敏：《20 世纪中国著名编辑出版家研究资料汇辑》（第 2 辑），第 462 页，开封：河南大学出版社，2005 年。

完全统计，周建人在担任"帮同编辑"的4年时光内，在《妇女杂志》上发表文章近200篇，内容遍及所有的专号和专栏，个人写作行为和《妇女杂志》舆论营造之间形成了高度关联，使得他成为这一时期《妇女杂志》新女性话语表述和呈现的核心人物。

一如新文化运动中的新锐知识分子热衷引进西方理论和学说那样[1]，周建人开出的药方，无论是关注妇女本身及家庭状况，还是探寻人类历史以及提出相应的改革方向，周建人多是通过大量援引西方理念作为"精神改革"的武器，如瑞典的爱伦凯"恋爱论"、芬兰的韦斯特马克的"婚姻论""善种学"、日本学者贺川丰彦的"独身观"、美国山姆夫人的"节育观"、桑格夫人"产儿制限"、德国的范尼盖尔"男女差别论"、瑞典的聂司忒朗姆的"性道德科学"等频频出现，为自己言说的恋爱自由、人种问题、妇女解放、贞操观、妇女职业等论点壮大声势。周建人还大量译介世界各国妇女概况，如英国女议员、美国女工婚姻趋势、美国妇女公民教育、夏季学校、苏俄的家庭关系、美国妇女俱乐部、公共育儿院、公共厨房、海牙妇女大会、埃及妇女自由运动、尼塞兰妇女活动以及欧美各国离婚法等等，配上各式生动图片，他用通俗的语言向国人构建了一个丰富多彩、全球视野的世界妇女解放图景。

经过调整后的《妇女杂志》的读者群，定位于中等文化以上的男女学生及知识女性。为应对罗家伦的尖锐批评，以周建人为主笔

---

[1] 例如《妇女杂志》铁杆作者沈雁冰同样如此，据1922年春进入商务印书馆编译所作编辑的叶圣陶回忆，1927年5月替班郑振铎编辑《小说月报》时，"那两年里，《小说月报》上出现了许多有新意的作品，也出现了许多新的名字，最惹人注意的是茅盾、巴金和丁玲。当时大家不知道茅盾就是沈雁冰兄。他过去不写小说，只介绍国外的作品和理论。"详见叶圣陶：《我和商务印书馆》，第299-300页。

第二章　北上南下：《妇女杂志》的"帮同编辑"

的作者群着力扭转杂志之前的女学观，并进一步提出要培养女子的独立精神。他1921年9月2日启程赴上海，该月出版的7卷9期《妇女杂志》的第一篇文章就由他主笔，火力十足："妇女既然是社会上的一分子，则自然应该与男子有同等的地位，似乎是不必深论的了。但其实不然，知道女子是与男子同等的人，只是近年来的思想，而在中国思想界中，还仅在若干人的脑中轮转着。自来社会及政治上的事务，都只由男子独力去经营，男子便是人类的代表；女子在人群里面，不过当作生育子女的机关罢了。她们的生活只限于家庭中；她们的所谓道德，只是服从；她们的观念，只许笼在因男子的猜忌和占有而造作出来的道德律里！而且女子也不知不觉的，以为女子的生活，原来只是如此，对于片面的道德律，也就深信不疑了。"他强调："人类的培养，自然是教育，一方面用教育去培养，一方面也还须自己的争扎。我所谓培养女子的教育，固然不是'三从四德'和'女子无才便是德'，也不是学几针刺绣，及切剁得极细巧的烹调；只是人生应有的智识，人们相互的关系，养成健全的心身，便是琢成社会上有用的材料。一面去掉无用的旧观念，一面使对于新观念能批评的能力。"① 结合"娜拉出走以后"社会讨论热点，周建人认为以往女子教育忽略女性"个体"及生活能力的提高："许多执教育权的人，以为女子是天生成的专给人做妻子的材料，教育自然当顺着这目的而走，给予一点知识，无非使帮助她做个好妻子，因此，女子教育上，忽略了为女子增高生活能力和独立精神。"他提出好的女子教育是"向着养成女子为独立的人类，能营独立生活的目的进行"②。更加鲜明地凸现出他的行文风格和价值

---

① 周建人：《妇女与社会》，《妇女杂志》，第7卷9期，1921年。
② 乔峰：《女子教育的倾向》，《妇女杂志》，第8卷9期，1922年。

取向。

　　国外妇女运动浪潮的介绍和引用,为《妇女杂志》和周建人的女性话语建构提供了源源不绝的话题和理论来源,而周建人编辑的身份,借助为这类文章添加"编者按"或设专号引流,更进一步扩大了国外妇女问题理念的传播,"妇女运动在今日的中国虽还是曙光,但有了这一线的曙光,将来逐渐扩大其运动区域,当然可以容易一点"[①]。为了更好引发社会注意,《妇女杂志》在8卷8期专门刊发启示,预告将于1923年元旦号推出"妇女运动号":"今日的妇女问题,早已不是凭空议论的时代,而成为实际运动的时代了,我们妇女运动,目前方在萌芽,今后应该去怎样的步骤,大有研究讨论的必要。本志特定于明年一月出一'妇女运动号',广征通人言论,翻译东西名著,对于妇女政治运动、职业运动、教育运动、母权运动等,从学理上实际上为详细的论述或者我国妇女运动前途,不无裨益罢。"[②]征文列出甲、乙、丙种三类,除甲种(题目为"中国目前妇女运动应取的方针",专就中国现情立论指导妇女运动的方向激起进行的步骤)专以本题为限度,乙丙两种,题目由作者自定,记述各国事实,一国或一地分述,数国或数地并述;人物传记,各人分论或数人合传,均无不可。从广告词行文风格看,应是出于周建人之手。

　　随后数期,周建人选发相关文章为"妇女运动号"预热。8卷9期中登载周建人的《性教育与家庭关系的重要》一文,文前专门加了编者按:"关于性的知识(sex knowledge)的缺乏,是现代性道德颓废性疾病流行的惟一主因;他如两性相互间的不了解和恋爱

[①] 高山:《妇女运动的发展》,《妇女杂志》,第8卷7期,1922年。
[②] 《妇女杂志〈妇女运动号〉预告》,《妇女杂志》,第8卷8期,1922年。

第二章　北上南下：《妇女杂志》的"帮同编辑"

的被蔑视，都与这事有极重大的关系。近来东西各国的教育家，因了这个缘故，都非常重视性教育（sex education）；不但就学理上努力于性教育的提倡，并且从实际上从事于性教育的实施。如日本近年在东京所开的全国女子教育大会，已经讨论到这一问题，并且主张性教育不宜限于一时的卫生指导，须使儿童和青年真能了解生命创造的神秘。这可见性教育之确已成为实际的问题了。我国对于此事，向来极少人注意，就是到了近来，一般人也还抱着中世纪的顽固态度；而对于青年性道德的颓废，性疾病的流行，只知加以骂詈和慨叹，从没有人肯推求他的根本原因。这是何等可悲的事呵！因此我们特在本号内登载关于这问题的文字若干篇，希望藉此促起国内教育家和留意女子教育的两亲们的觉悟。"编者按之后紧接周建人这篇文章，"性教育是欧洲近代的教育上一个新倾向，这名词传到中国却已经有好几年了；但通俗对于这个问题，大都还不很了解，不知道性教育是性的卫生及性的道德的基础，往往容易误认实行这种教育，是导于恶习的起点"，[①] 两者起承转合、配合严密，不难推测是出于同一人之手。在这篇文章中，周建人援引了美国哥伦比亚大学教授比齐罗（Bigelow）所著《性教育》第二章、美国教育家霍恩（Horne）的《教育心理的原理》以及美国哈尔（W.S.Hall）著的《医生的女儿》《性的知识》《生殖与性的卫生》等书籍。在8卷10期中，他列出了善种学、禁欲主义以及中国"女大须嫁"的社会传统等对女子自由的干涉，援引日本学者贺川丰彦"独身观"，指出"独身原与恋爱一样，都是个人的自由，他人本无须加以可否的批评"。指出"青年的人因厌倦现在的家庭而高唱独

---

① 周建人：《性教育与家庭关系的重要》，《妇女杂志》，第8卷9期，1922年。

身，不如把这能力，移作改造家庭，至反对那些因受家庭迫压而谈独身的人，如能将反对的力移在改造家庭上，成效当比劝导反对为多"。[①]他认为在中国谈独身具有特殊意义，可以作为中国女子觉醒的一个表征。

很有意思的是，《妇女杂志》还借助与读者互动，引导社会各界进一步关注周建人对妇女教育的研究进展。1922年12月出版的8卷12期"通讯"栏目，刊登了一则署名"武止戈"的读者来信：

建人先生：

妇女杂志八卷九号著的《性教育与家庭关系》的重要一文，介绍美国W. S. Hall著的《医生的女儿》《幼年发达》《成人生命问题》《性的知识》及《生殖与性的卫生》等书，均英文原文何名？是W. S. Hall，是G. S. Hall？什么书局出版？美金若干？深望先生示知，以便购买。（武止戈 十六日）

止戈先生：

来信已经收到，承询的各种书籍的原名，出版处及价目等，另纸开上，请查收，不过所开价目，系照数年前所定，近来或者稍有变更，也未可知。又那些书系W. S. Hall所著，不是G. S. Hall。（周建人，廿九日）

Hall,W.S. The Doctor's Daughter Studies about Life. American Medical Association.$.10

——Life Problems;A story for Girls.do.$.10

[①] 周建人：《中国女子的觉醒与独身》，《妇女杂志》，第8卷10期，1922年。

——Youth.Association Press.$.25

——Developing into Manhood.do. $.25

——Sexual Knowledge. Intern. Bible House, Philodelphia, $1; 00

——Reproduction and Sexual Hygiene. Wynnewood Chicago, $.90[①]

通讯栏目登载"一问一答"的后面,附上了原作者 Hall,W. S.一系列著作信息,明眼可见《妇女杂志》推介这些国外研究成果的用意。周建人以"克士"之名,撰写《妇女运动与民族的进步》,更将妇女运动提升到中华民族进步的高度:"从这种外表看来,妇女运动的要旨,虽然只是'给我们地位'的一种呼声,即其中含有一种与男权社会的一切旧习惯的抗争,但在人群上全体而言,女权的扩张便是人群的进步,与社会的全体是有莫大裨益的。"[②]经过持续预热,1923 年元旦,《妇女杂志》如约推出的"妇女运动号",周建人以"克士""乔峰""高山"笔名撰写了《近代妇女运动的先导》《埃及妇女的自由运动》《国际妇女运动团体》《法国自由思想的先驱斯台耳及乔治散》《纪尔曼及须林娜的妇女职业运动观》五篇文章,全部是介绍国外理论和实践的内容。

为了抵抗传统意义上的"贤妻良母"习俗,周建人援引国外学界对"为母本能"研究的发现:"我们应该知道为母本能是循盖然数的定律的,不当以母职加于凡是妇女的身上。一面当认为母是神圣的事,而一面仍当予以自由,使妇女能各就自己的志趣去做,那么,所任的事收效自然显著,高才妇女,也能发挥她们的才能

---

① 《通讯》,《妇女杂志》,第 8 卷 12 期,1922 年。
② 克士:《妇女运动与民族的进步》,《妇女杂志》,第 8 卷 11 期,1922 年。

了。"① 他认为职业对女性解放非常重要:"男女两性,终必倾向于各自经济独立,男女关系必将脱离从前两性经济的关系,成为一种新的更高尚的关系。但这种关系,必须使妇女现有经济的独立,无论在产业或办事上,都不受丈夫的拘束,才能实现。"② 在这种铺垫下,在《妇女杂志》10 卷 6 期推出的"职业问题号",周建人以"克士"之名发表两文,针对"女子教育究竟应当注意于谋自立,还是应当注重家事和育儿"问题,他先引出泰倍尔女士的职业教育观,指出不因性别进行社会角色的道德绑架:"譬如有些妇女性质近于学科学的,那么不妨授以和男子一样的科学教育;但在多数妇女,宜于管理家庭管育小孩的,则当教以家事育儿等科,并且更选择适于女性的教科教她们。"③ 在他看来,男女平等地位是由社会经济发展与妇女觉醒程度来决定,而职业、经济独立是关键:"妇女不从事职业,寄生于男性中心的社会里,……然她毕竟被看作附属性,许多不平等的道德律,罪恶和过失都从这而生;我们从考察过去的历史和观察目前的事实,不能不使我们相信,妇女经济独立是使她脱离性奴隶生活而进入人的生活的大道,舍此没有别的方法了。"④ 职业成为新女性摆脱性别角色束缚的渠道,为了让妇女能安心职业,周建人对国外的"育儿院""公厨"等在杂志上详为介绍,并呼吁社会和国家要创设"儿童公育"社会设施予以保障,唯有如此,女性才有可能冲破传统生活模式中的性别角色,以主体身份从事职业,

---

① 周建人:《妇女主义之科学的基础》,《妇女杂志》,第 9 卷 4 期,1924 年。
② 克士:《近代妇女运动的先导——几个重要的妇女主义者的意见》,《妇女杂志》,第 9 卷 1 期,1923 年。
③ 克士:《泰倍尔女士的妇女职业观》,《妇女杂志》,第 10 卷 6 期,1924 年。
④ 克士:《妇女职业与母性》,《妇女杂志》,第 10 卷 6 期,1924 年。

第二章 北上南下:《妇女杂志》的"帮同编辑"

实现自我选择。在国外理论的加持下,周建人全力宣传女子教育就是让女子成为一个完全独立的人、然后才谈得上女性地位提升和家庭革新的理念,这一理念,突破了传统相夫教子的"贤妻良母"话语体系,吸引了追求个性解放的五四新青年。

西方理论和学说还被作为思想战斗武器,被周建人用在反击北京大学教授陈百年的论战中:"如果我们的话可以作为一夫多妻的新护符,则倍倍尔一派的社会主义者所主张的自由恋爱,也可以说是一夫多妻的新护符;披尔逊在他的《自由思想的伦理》里所说的'恋爱应该绝对自由,将来男女的结合,无论久暂,或取怎样形式,都当任个人自由,社会所能干涉者,只能关于生育子女时的质与量的问题而已'的话,也可以指为有作一夫多妻的新护符的可能;或者甚至于去年罗素在'The Nation'上发表的话,也可说有这嫌疑,因为他对于性关系的意见是主张这样自由。"[①] 以西方理论作为回击的手段。章锡琛对这种理路自然心领神会,将更多的西方理论家拉入,将武器范围进一步荡漾开来:"倘使陈教授对于现代进步的思想家及两性问题研究者的著作——如罗素的《社会改造原理》《到自由之路》,加本特的《爱的成年》,爱理斯的《性的心理研究》,福莱尔的《性的问题》,格里康的《多妻制下的妇女》等——曾经有点涉猎过,或许不会向我们提出这种的抗议,因为我们的意见可说全是从他们那里'抄袭'而来,陈教授如有抗议,早就该向他们提出的。"[②] 章锡琛和周建人双剑合璧,直指陈百年不讲武德,未将讨论还原到西方相关理论框架下出招。毕业于日本东京帝国大学、1914 年进入北京大学任教讲授心理学、1918 年在商务印书馆出版

---

① 周建人:《答"一夫多妻的新护符"》,《莽原》第 4 期,1925 年。
② 章锡琛:《驳陈百年教授"一夫多妻的新护符"》,《莽原》第 4 期,1925 年。

《心理学大纲》的陈百年，看到周、章两人如此反击，颇有几分无奈："因为在我的眼面前，恍恍惚惚出了一副滑稽的对照图——最高学府的名教授，一点没有涉猎过罗素等的著作。"①且不论双方孰是孰非，但就周建人以及他主笔的《妇女杂志》，以西方理论和学说作为立论基础是显而易见的。

四、"新性道德号"闯了大祸

1922年《妇女杂志》推出"离婚问题号"大获成功后，两人再接再厉，相续推出"产儿制限号""妇女运动号""娼妓问题号""家庭革新号""配偶选择号""女学生号""职业教育号""男女理解号"等一系列专号，这些专号回应了社会讨论的热点问题，直接指向女性个体意识的确立、促使两性共同思考新道德伦理及自身问题，如磁石般吸引着新青年男女，与旧式家庭、旧婚姻以及传统生活方式进行决裂。在章锡琛、周建人联袂主持期间，《妇女杂志》每年12期，"婚姻、社交与家庭制度"的文章数量，平均每期达到6.1篇。②这种热点持续营造和强势推进的策略，让《妇女杂志》一次次站在妇女问题舆论的风口浪尖，《妇女杂志》销行的册数比之前增加了六七倍，订户速增到10000多份，成为妇女问题讨论的主流媒介。读者和编辑同行的肯定，给予了章、周二氏更大的信心和底气，遂决定在1925年元旦重磅推出"新性道德号"。

对于这次专号，章、周二人可谓做了精心布局，不仅从《妇女

---

① 陈百年：《给周章二先生的一封短信》，《莽原》第6期，1925年。
② 陈妉溋：《〈妇女杂志〉（1915–1931）十七年简史——妇女杂志何以名为妇女》，《近代中国妇女史研究》，2004年（12）。

第二章 北上南下：《妇女杂志》的"帮同编辑"

杂志》从 9 卷 3 期开始连载美国纽约医生鲁宾逊著《女子之性的知识》①，更在 1924 年 1 月 1 日出版的"十年纪念号"上，亮明自己的编辑理念："我们有一个坚决的信条，以为妇女问题，并非专是妇女的问题，实在是两性的问题，是全人类的问题；把妇女和男子分成两种的人类，加以种种差别的社会的待遇，实在是不自然，是人类的极大的谬误。所以我们现在所应该研究的，不宜专限于妇女的一方面，必须着眼于全人类的生活。"他们意气风发地为《妇女杂志》做了规划："所以我们的意见，以为改正性的观念，是今日唯一重要的急务，解决妇女问题的最初入手方法。我们今后想对于这方面的工作，尽我们所能尽的力量。"②随后数期刊出了一系列与两性之间问题讨论的文章③，特别是 10 卷 10 期，周建人以"高山"署名发表《男女理解与性的伦理》："道德上的是非判断的出发点，用科学的眼光来说，利于同时代的他人或将来的民族的进化的便称为善，否则便是恶。"他认为近代的性道德是积极的，"要使人成为自己行为的主人"。④经过一年有余的铺垫，社会反响极佳："《妇女杂志》逐年的革新，逐年的进步，久被推为全国最活泼最饶兴味的

---

① "用严正的态度，浅明的文字，说述关于性的知识的大概"，在刊登完毕后出版了单行本。详见晏始：《女性之性的知识》，《妇女杂志》，第 9 卷 3 期，1923 年。
② 记者：《我们今后的态度》，《妇女杂志》，第 10 卷 1 期，1924 年。
③ 如 10 卷 2 期推出《女性道德的变迁》（格莱哥里著，樊仲云译）10 卷 4 期推出《男女社交与性的意识》；10 卷 5 期推出《社会主义与性》（英国拔尔逊著，周建人译）；10 卷 7 期推出《贞操观革命的呼声》（颜筠）、《自由恋爱与贞操问题的关系》（本间久雄，仲云译）；10 卷 9 期推出《离婚自由与中国女子》（高山）、《性的进化》（上）（高山）等。
④ 高山：《男女理解与性的伦理》，《妇女杂志》，第 10 卷 10 期，1924 年。

杂志，凡是头脑清新的青年男女，没有一人不酷爱的。"①在1924年11、12月推出的《妇女杂志》扉页，杂志社接连两期发布广告，用"妇女解放时代的到来"为标题，为"新性道德号"展开强势宣传，如下图所示：

《妇女杂志》第 10 卷 11 期"新性道德号"宣传书影（1924 年）

---

① 文中列出六条特点：涉及刊物内容、风格、办刊方式和印刷、专号以及专设栏目：（1）尽量灌输新思想，打破一切因袭的、传统的观念；（2）注重 Journalism 的文字，唤起一般人爱读杂志的兴味；（3）每期征求新进作家的作品，使一般青年都有发展天才的机会；（4）封面用彩色图案画，逐期更换，每册都有三色版名画，并用最新影写版，印入各国风俗及最新科学的图画多福，异常清晰，增加读者美术的嗜好；（5）多出重要问题的专号。今年已出的第一号为"新性道德号"，并拟定六月号为"女学生号"，都是极有价值的；（6）特设医学卫生顾问栏，请专门家主持其事，为读者解决一切医事卫生的疑难问题。详见：《民国十四年的妇女杂志》，《东方杂志》，第 22 卷 2 期，1925 年。

第二章 北上南下:《妇女杂志》的"帮同编辑"

在宣传中,章周二氏对改革以来的《妇女杂志》发展很为自豪:"在最近的几年,《妇女杂志》从我国的杂志界中,表示空前的活跃,其发达的迅速,大有使人惊心骇目的奇观,所加于青年男女的重大影响,自不必说。"他们认为,现在世界的大势和国内的时局,都在促进妇女更新的机运,今后有识的青年男女,应该如何勇往迈进,达到妇女解放的最终目的,共同完成改造新中国的重要工作。鉴于"《妇女杂志》在过去的十年间,对于妇女思想的改革,知识的启发,趣味的增进,曾经尽过极大的劳力,尝过不少的艰苦",由此,"今后对于我们所已经开拓的地盘和外界所受到的影响,愈不能不自觉所负使命的重大。我们深信妇女解放时代,不久即可到来,《妇女杂志》黄金时代的出现,已经近在目前了。"而在这个欢迎黄金时代的第一年的新春里,章、周信心满满推出"新性道德号","觉悟的青年读者,快请惠然降临,在熠耀灿烂的黄金时代的辉光中,听这有望的宁馨儿惊人的雄壮的啼声!"[①]

1925年1月1日,"新性道德号"推出,该专号主题论文由主编章锡琛的《新性道德是什么》、帮同编辑周建人的《性道德之科学的标准》《现代性道德的倾向》(署名"乔峰")和沈雁冰的《性道德的唯物史观》组成,此外还有沈泽民的《爱伦凯的恋爱与道德》)、李保栋的《恋爱是什么》助攻,加上欧美日本当代学者的译文[②]以及李朴园的《他的婚期》等小说、诗歌、戏剧等,组成了350余页的专号,除正式订刊读者外,感兴趣的还可以购

[①] 《妇女杂志新年号'新性道德号'预告》,《妇女杂志》,第10卷12期,1924年。

[②] 如《近代文学上的新性道德》《离婚与新性道德》《贵妇人生活的解剖》《妇女之个人的解放与社会的解放》《至上的冲动》等。

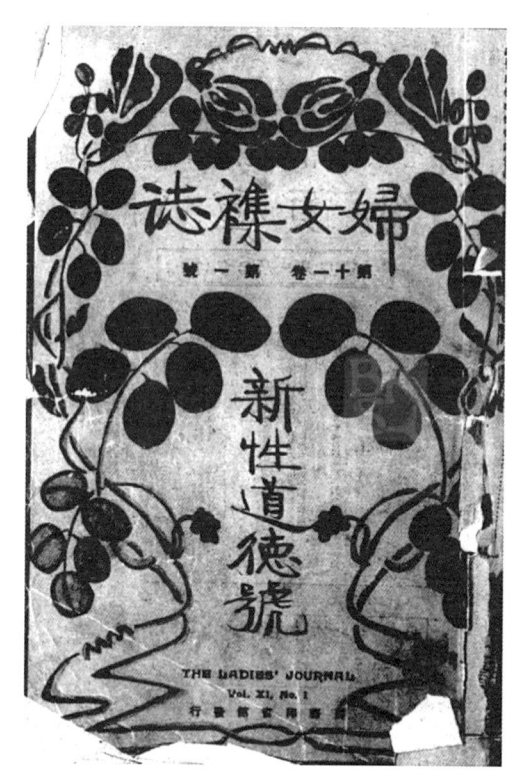

《妇女杂志》"新性道德号"书影（1925年）

买单册（价格为一角六分）。这次专号中的四篇专题论文，周建人主笔两篇。在专号中，他这样诠释了新性道德的评判标准："这标准便是不蔑视和加害他人是道德的。换一句话，我们所需要的新道德无他，第一，认人的自然的欲求是正当，但这要求的结果须不损害自己和他人。第二，性的行为的结果，是关系于未来民族的，故一方面更须顾到民族的利益，这是今日科学的性道德的基础。"由此，他将"两性关系看作极私的事"，"至于说同时不妨恋爱二人以上的见解，以为只要是本人自己的意志如此而不损害他

第二章　北上南下：《妇女杂志》的"帮同编辑"

人时，决不发生道德问题的（女子恋爱多人也是如此）。"①"利己"与"爱他"是新性道德的两大原则。周建人指出新性道德的基本要求"即在认两性关系和生育子女，都是在自己做人，其间并不能存有男子为支配者，女子为从属者的意义，也决不是以女子为达到男子的目的的手段的"，"于是承认凡是合于人的自然的便是道德的，违背人的本性的便是不道德"。循此逻辑，"今新道德的主张婚姻当以恋爱为前提，其中含有认婚姻当事者是个个人，和自己负责的意义。尤其是将女子从被支配的地位，而擢升至和男子对等的地位。从个人以外的原因的结合，一变而为当事者自己为基础的结合了"②。章锡琛极为认同周建人的观点，并作了进一步阐发："性的道德，完全该以有益于社会及个人为绝对的标准"，"甚至如果经过两配偶者的许可，有了一种带着一夫二妻或二夫一妻性质的不贞操形式，只要不损害于社会及其他个人，也不能认为不道德的。……新性的道德的极则，便在满足社会各人自由平等的要求。"③周建人将"新性道德"中心问题贞操界定为"女性的发现"，即女性作为独立人格存在于两性关系中，强调新性道德与恋爱自由的相互依附性，由此赋予"新性道德"更为自由的论述与行为规范，构建更大范围的两性关系。

章、周二氏对"新性道德号"引爆舆论有积极预期，该专号刊出后，他们不仅借助同社刊物《教育杂志》《东方杂志》《学生杂

---

① 建人：《性道德之科学的标准》，《妇女杂志》，第 11 卷 1 期，1925 年。
② 乔峰：《现代性道德的倾向》，《妇女杂志》，第 11 卷 1 期，1925 年。
③ 章锡琛：《新性道德是什么》，《妇女杂志》，第 11 卷 1 期，1925 年。

志》宣传来扩大舆论①,并继续刊出"两性问题"文章②,周建人更是以"慨士""开时""高山"等笔名贡献多篇,延续热点。最初局势的确如章、周所预计,该专号"销数繁多"③,不想到了3月中旬,情况却出现了大逆转,被周建人视为符合世界潮流和科学的人生观的"新性道德号",遭遇北京大学教授陈百年的迎头痛击,他在《现代评论》上点名批评《妇女杂志》为"一夫多妻"陋俗张目。陈百年作为新文化运动干将、《新青年》政论者及《现代评论》的主笔之一,一石激起千尺浪,上海《晶报》《时事新报》副刊等迅速跟上,"痛打落水狗",如此舆论逆转引起商务印书馆高层的极大重视。外在的舆论压力与日俱增。章、周二人积极自救,写文章自辩的同时,一方面在4月1号出版的《妇女杂志》上紧急开辟"读新性道德号"甲种征文,刊登了许言午、慧英、姜长麟、徐宝山、吴国铎5位读者的文章,以读者身份为他们缓解舆论压力;一方面请朋友们加以援手,友人顾均正、许言午在《民国日报·妇女

---

① 借助同社出版《教育杂志》《东方杂志》《学生杂志》三大平台,向社会各界推介:"今年的《妇女杂志》,尤其表示空前的特色,不但在中国杂志界中应该首屈一指,就是在欧美日本诸先进国中,恐怕也不多见",这空前特色第一个举措便是推出"新道德专号","现在特地在新年的第一月出这一个专号,对于旧来的性道德抛下一枚猛烈的炸弹,来扩清一切,这是何等的胆量!"这篇《民国十四年的妇女杂志》,刊于1925年出版的《教育杂志》,第17卷2期;《东方杂志》,第22卷2期;《学生杂志》,第12卷2期。通稿如此行文,可见章、周二人的饱满奋发、志在必得的情绪。

② 如在11卷2期刊出《支配性》(慨士)、《新道德的要求》(张娴);11卷3期刊登《节烈的解剖》(周建人)、《性的升华》(高山)、《妇女运动的焦点》(建人)、《离婚和恋爱》(开时)等。

③ 《本社启事三》,《妇女杂志》,第11卷2期,1925年。

第二章　北上南下:《妇女杂志》的"帮同编辑"

周报》《京报副刊》纷纷发文。[1] 周家两位兄长更是全力以赴,二哥借《语丝》声援三弟,大哥鲁迅亲自上阵,以《莽原》为阵地,发表多篇章锡琛、周建人的自辩文章,鲁迅以"编者按"的形式表明自己的立场,将陈百年与章、周的论战演变为《莽原》与《现代评论》之间的厮杀,并将这场因"新性道德号"引起的轩然大波引导到"教授与小编辑"之间的地位不对等问题。5月29日,陈百年宣布不再发声,但余震仍烈,加上商务印书馆内部对《妇女杂志》改革的不同声音,[2] 章、周二人难以扭转被动局面。8月,商务印书馆撤掉章锡琛主编职务,[3] 将"帮同编辑"周建人调去编辑自然教科书,"新性道德号"风波以编辑集体去职黯然收场。擅长摄影的杜就田接任主编,摩登女性成为《妇女杂志》的形象塑造方向,章、周两

---

[1] 顾均正:《读〈一夫多妻的新护符〉》,《民国日报·妇女周报》,第78期,1925年;许言午:《新性道德的讨论——读陈伯年先生的一夫多妻的新护符的感想》,《京报副刊》,第120期,1925年。

[2] 据章锡琛回忆,在他们改革《妇女杂志》期间,商务印书馆内部一直有反对的声音的存在:"可是所内老编辑先生们看了都大为不满。同时因为《妇女》以前也大量刊登过鸳鸯蝴蝶派的稿件,这时多被拒收,经常受到上海各小报的攻击。王云五虽感到头痛,却因杂志销量增加,还没有什么表示。"详见章锡琛:《漫谈商务图书馆》,117页。

[3] 被调离的章锡琛颇有几分不服气:"杜就田是杜亚泉编辑博物、理化等教科书的助手,在商务已有二十多年,王云五任所长后,认为这些人已经过时,应该淘汰,因为亚泉与菊老有多年交情,他又是亚泉的堂弟,只把他调出理化部,去干推广科等事务工作,换过不少部门,都不适应。他头脑不太清楚,文理也欠通顺,接连发表几篇短文,闹了不少笑话。胡愈之、郑振铎和馆外友人吴觉农等因此颇为愤慨,怂恿我和周建人另编一种妇女刊物。经过几次商议,决定组织'新女性社',社址就在宝山路三德里吴觉农家里,由吴觉农出面当编辑发行人,于第二年1月出版《新女性创刊号》。但这事早被商务知道,杜亚泉认为这是严重违反纪律的不道德的行为,要求王云五把我解雇。"1925年年底章锡琛正式从商务辞职,另创开明书店。详见章锡琛:《漫谈商务印书馆》,第117-118页。

085

人努力构建的"新女性"性别话语空间随之坍塌。

该年10月,章锡琛将几人的争论编辑成书,^①以《新性道德讨论集》为名出版,因有之前轰轰烈烈的笔战加持,该书出版后很受欢迎。很有意思的是,该讨论集正文共189页,以周建人作的跋为结尾,但从这封跋言写作时间点(9月27日)看,应是在书出版前匆匆写就,相对于章锡琛7月"序言"的壮怀激烈,周氏的"跋"的行文风格相对内敛:

> 我们和陈百年先生讨论新性道德问题已是数月前头的事情了;今日把讨论的文字编辑起来,再加上读者的批评,居然成功一薄薄的小册,使留心性道德问题的人,要看时,免得向原杂志上去检寻,可以省力不少。不过我回想起来殊觉得好笑,我和章先生对陈先生提出的抗议,要点差不多都在辩明我们所主张的性道德和"顽固老先生及志士留学生们"的三妻四妾的道德不同,其实这不同真是谁都看得出的,看了许言午等诸先生的批评而可证明其如此,我们实在没有声辩的必要。至于我还要一再说明中国有着多夫的事

---

① 该书收录章锡琛(5篇)、周建人(4篇)、陈百年(3篇)、鲁迅(2篇,分别为"编完说起"和"编者附白")以及顾均正、许言午、君萍各一篇。该文集序中标注,章锡琛早到1925年7月10日就写就,《序》开篇便如此解释:"《新性道德是什么》一文,大意采自福莱尔的《性问题》,当时本想声明;后来因为排成后篇尾没有余地,便省略了。这或者是引起纠纷的一因。"在序言中叙述把这几篇文字编辑成书的原因:"第一,这问题至今少有人注意,虽然经过这样剧烈的辩论,终于没人理会,所以想使他流布得广远一点。第二,因为我自己的生活——周先生也是这样——曾因了这几篇文字而起一番变化,藉此想留一个小小的纪念。倘使因这刊布而引起多人的批评,使将来有出续集的机会,更是我们所十分盼望的了。"详见章锡琛:《新性道德讨论集》,序,梁溪图书馆印行,1925年。

第二章 北上南下:《妇女杂志》的"帮同编辑"

实,那更其是费话了,我不说,人家岂真会不知道么?不过有一点的提出总算是重要的,便是把性道德当作一件科学上的讨论事件而加以讨论,显明道德批判是须参考生理、心理,及社会关系,性的分配问题来说话的,不能只以直觉的以为对就对,不对就不对,并且将来对于一切道德观念也都应该用这态度去对付。①

如此措辞,强调"把性道德当作一件科学上的讨论事件而加以讨论",基于生物学科学知识而非简单的道德批判来从事科学性教育,或许和周建人正在跟从杜亚泉筹备《自然界》杂志有关。就"新性道德"专号遭遇"滑铁卢"之事,实际背后有更为深刻的社会原因。《妇女杂志》作为女性话语的主要媒介平台,杂志内容选择、宗旨以及语言风格,表面上看是由主编个人决定,实际上却是社会舆论的凝结和释放。随着五四思潮的消退,激进的新性道德招致了北大哲学系教授陈百年等猛烈抨击,章、周二人试图从"新性道德"角度去构建女性解放和女性个体自由的努力,在20世纪20年代中期还显得过于急躁。对西方理论的过度依赖,加上五四思潮的消退,周建人等试图从"新性道德"角度去建构女性解放话语的尝试遭遇了失败,在所难免。实际上,这种借域外理论来为自

---

① 详见章锡琛:《新性道德讨论集》,跋,梁溪图书馆印行,1925年。

热风之外：周建人的生平与志业

我言说站台的做法，在五四时期颇为风行，[1]但到了1920年代中期已发生了转向，"新性道德号"之所以引起轩然大波，固然是双方对西方思潮认知差异，更重要的是事同时异，社会舆论的大环境发生了变化，个人意志难以抵挡时代潮流的冲击。[2]

尽管周建人因"新性道德号"风波被迫离任，但四年的《妇女杂志》的"帮同编辑"战绩斐然，章、周联手推动的新女性话语建构卓有成效。"综观《妇女杂志》所呈现的妇女论述之水准，确实以五四时期为最高点"，如果说早期的《妇女杂志》是保守的男性主编叮咛妇女们应作"贤妻良母"的刊物，那么，五四阶段的《妇女杂志》则借由主编的更迭，摇身一变成为男性年轻知识分子讨论妇

---

[1] 据1921年秋进入商务印书馆担任《教育杂志》"帮同编辑"的周予同，在1949年8月9日《解放日报》回忆："那年暑假以后，我辞了厦门大学的教职，转就商务印书馆的编辑。我和李石岑兄主编《教育杂志》，他（杨贤江，笔者注）帮助朱赤民先生主编《学生杂志》；此外，郑振铎兄接替茅盾兄之后，主编《小说月报》；胡愈之兄帮助钱经宇先生，主编《东方杂志》；章锡琛兄接王西神之后，主编《妇女杂志》。那时，正当'五四'运动之后，商务印书馆受了这文化运动的刺激，对于所出版的杂志，不能不有一种革新的计划。那时，我们都还年轻，办公的地点在一起，那种放言高论以天下为己任的激越情形，到现在回忆起来，还历历如在眼前。"周予同：《追念杨贤江》，《商务印书馆九十年——我和商务印书馆》，第280页。

[2] 这在当时商务印书馆并不是个案，比如沈雁冰1923年被撤换《小说月报》主编，亦是相类原因。据《儿童世界》主编郑振铎回忆，他1923年接替沈雁冰兼任《小说月报》主编，起因是沈雁冰从12卷1期开始，采用白话文，重视介绍外国文学，推出"俄国文学研究""被损害民族的文学"专号等，并在该刊发表《自然主义与中国现代小说》文章批判"礼拜六"派，引起一场笔墨纠纷，为了平息事端，商务高层只得以郑振铎接替沈雁冰主编来平息事端，"郑是文学研究会的人，让郑接沈，可以使赞成新文化的人，认为《小说月报》的宗旨并没变；另一方面，换掉了沈，又可以消除'礼拜六'派的火气。这是个'两全'的办法。"郑尔康：《郑振铎在商务印书馆的十年》，《商务印书馆九十年——我和商务印书馆》，第266-267页。

第二章 北上南下:《妇女杂志》的"帮同编辑"

女问题的园地。[①] 正是有了以周建人为代表的编辑及作者群体的努力,使得这一时期《妇女杂志》对中国女性问题的关注达到了前所未有的高度。更为重要的是,4 年的《妇女杂志》"帮同编辑"历练,对于周建人个人的职业角色确立至为关键。

---

① 陈姃湲:《〈妇女杂志〉(1915-1931)十七年简史——妇女杂志何以名为妇女》,《近代中国妇女史研究》,2004 年(12)。

第三章
因祸得福：出任《自然界》主编及编教科书

1925年8月，因"新性道德号"风波影响，周建人被调离《妇女杂志》，进入编译所理化部做教科书编辑。编译所各部多以地缘抱团，杜亚泉主持的理化部"绍兴帮"、庄俞主持的国文部"常州帮"最为知名，地缘自然关系深刻地嵌入商务印书馆的人际网络中。面对避难而来的乡党，在杜亚泉的运作下，1926年1月，周建人走马出任新创刊物《自然界》主编，该刊创刊号响亮提出"科学中国化"，杜亚泉数年来备受争议的"东西文化调和"的改革理念改头换面，被对接到科学通俗化、本土化的启蒙话语中。如果说《妇女杂志》4年"帮同编辑"生涯，与年岁相当的改革新锐章锡琛并肩作战，张扬了周建人一向内敛的个性，那么经历挫折后出任《自然界》主编的6年时光里，在"岁试考经解冠全城"的父兄辈杜亚泉护航下，周建人重新沉潜下来，思考传统中国文化当下定位及在科学普及中的作用，完成了从新锐知识分子向专家型的编辑转变。

周建人曾回忆道："我看到亚泉先生所写的书已经很久远了，但是认识他却不过六七年前的事。这时候他年纪不过五十余岁，然而已经很瘦，很老了。亚泉先生很爱讲话而且爱笑。……每次谈

第三章 因祸得福：出任《自然界》主编及编教科书

话，常常涉及各种的问题，科学的，社会的，或关于麻雀牌的来源。"①1932年商务印书馆复员后，周建人顺利复职，编写大量理化教科书，作为介绍人向馆内推荐新编辑，②约请专家学者著书写文，③在博物、动植物教科书编辑和出版方面大展身手。在世人眼中，与两位叱咤文坛、通达人情世故的兄长相比，三弟建人则是"植物学家"④，一个"默默"的专家型编辑形象。

---

① 克士：《忆杜亚泉先生》，《申报》，1934-02-02。
② 如杨荫深通过周建人介绍进入商务印书馆，"我是1935年12月1日由周建人先生介绍商务印书馆的，起初自己只想做校对工作，没想到安排我在出版科样书股。"详见杨荫深：《在商务印书馆的十八年》，第390页。
③ 据董纯才回忆："我深受法布尔和伊林以及高尔基和法捷耶夫等人著作的影响，探索科学文艺的道路，用文艺形式来写科普作品。我的著译引起当时在商务印书馆工作的周建人先生的注意。1935年，周建老约我写书，并且面谈过一次。1935-1936年，我为商务撰写的科普读物有《合群的昆虫》《四季的物候》《蚯蚓》《虾和蟹》《河蚌和田螺》《动物漫画》等。"详见董纯才：《从读者到作者》，382页。
④ 林语堂曾在"八十自述"中回忆北大教授出版的数种杂志，"一个是颇有名气的《语丝》，由周作人、周树人、钱玄同、刘半农、郁达夫等人主办的"，谈及在《语丝》杂志上打前锋的鲁迅、周作人的印象："我们是每两周聚会一次，通常是在星期六下午，地点是中央公园来今雨轩茂密的松林之下。周作人总是经常出席。他，和他的文字笔调一样，声音迂缓，从容不迫，激动之下也不会把声音提高。他哥哥周树人可就不同了，每逢他攻击敌人的言辞锋利可喜之时，他会得意地大笑。他身材矮小，尖尖的胡子，两腮干瘪，永远穿中国衣裳，看来像个抽鸦片烟的。没有人会猜想到他会以盟主般的威力写出辛辣的讽刺文字，而能针针见血。他极受读者欢迎。……周氏兄弟之间，人人都知道因为周作人的日本太太，兄弟之间误会很深。这是人家的私事，我从来没听过。但是兄弟二人都很通达人情世故，都有绍兴师爷的刀笔功夫，巧妙地运用一字之微就可以陷人于绝境，置人于死地。"林语堂随后提及周建人："他们还有一位弟弟周建人，是个植物学家，在商务印书馆默默从事自己本行的学术工作。"详见林语堂：《我这一生：林语堂口述自传》，第78-79页，沈阳：万卷出版公司，2013年。

热风之外：周建人的生平与志业

一、杜亚泉"中西文化调和论"与《自然界》创刊

1903年，杜亚泉应商务印书馆张元济之邀赴沪，其主持的"普通学书室"[①]并入商务印书馆，出任编译所博物理化部主任，负责编辑博物、理化和算学教科书。杜氏精通日语，长于理化、矿物和动植物诸科，于1911年出掌《东方杂志》笔政，扩充篇幅，模仿当时日本最畅销的《太阳》杂志来改革栏目，担任主编9年之余，《东方杂志》一跃成为当时具有重大影响的学术杂志，销量突破万份。1918年9月，新文化运动干将陈独秀发表署名文章——《质问〈东方杂志〉记者——〈东方杂志〉与复辟问题》，火力对准"八股出身的秀才"杜亚泉发表的"东西文化问题"系列论文，面对被陈氏贴上的"文化保守者"标签，杜亚泉以《东方杂志》为阵地奋起反击，一场轰轰烈烈的"东西文化问题论战"由此拉开序幕。

"东西文化问题论战"争论的核心是杜亚泉对于传统理论道德与西方文化的调和论。杜亚泉认为新文化要在传统的背景下逐渐演化生成，不可能凭空出现，新与旧之间有可能在新的语境下实现融合，主张西学融入传统文化，西方科学与东方传统文化可以结合。

[①] 据同乡章锡琛回忆，1873年出生的杜亚泉"是绍兴八股出身的秀才，但一向讨厌时文的空疏。维新时期，他自修日文，购读制造局和日文科学书，很感兴趣，热心科学研究，曾在上海自设'普通学书室'书店，刊行新知识书籍，所编《普通历史》颇受读者欢迎。1900年，他又自编一种科学刊物《亚泉杂志》，用'亚泉书馆'名义发行，曾受当时两广总督陶模的赏识，通令所属各地士人购读。……1904年由蔡孑民介绍他进商务编译所当理化部长。商务最初出版的博物、理化、算学等教科书，都由他设计编辑"。详见章锡琛：《漫谈商务图书馆》，第111-112页。

第三章 因祸得福：出任《自然界》主编及编教科书

他以"伧父"为笔名，在1916年10月在《东方杂志》发表《静的文明与动的文明》，文中对"中西文化调和"作了清晰诠释："近年以来，吾国人之羡慕西洋文明，无所不至。自军国大事以至日用细微，无不效法西洋。而于自国固有之文明，几不复置意。……盖吾人意见，以为西洋文明与吾国固有之文明，乃性质之异，而非程度之差。而吾国固有之文明，正足以救西洋文明之弊，济西洋文明之穷者。西洋文明浓郁如酒，吾国文明淡泊如水，西洋文明腴美如肉，吾国文明粗粝如蔬。而中酒与肉之毒，则当以水济蔬疗之也。""至于今日，两社会之交通日益繁盛，两文明互相接近。故抱合调和为势所必至。"[①]他在文中将西方文明归为动的文明，东方文明归为静的文明，动静互补，以彼之长，补我之短。1918年4月，杜亚泉就这个话题继续深入："救济之道，在统整吾国固有之文明，其本有系统者则明了之，其间有错出者则修整之。一面尽力输入西洋学说，使其融合于吾固有文明之中。"[②]这种观点，遭遇陈独秀的迎头痛击。该年7月，他在《新青年》上发文，言辞犀利："无论政治学术道德文章，西洋的法子和中国的法子，绝对是两样，断断不可调和牵就的。……因为新旧两种法子，好像水火冰炭，断然不能相容；要想两样并行，必至弄得非牛非马，一样不成。"[③]。这篇文章虽未点名杜亚泉，但批判的靶子却是中西文明的调和论。到了9月，陈独秀直接以《质问〈东方杂志〉记者》为名，对《东方杂

---

① 伧父：《静的文明与动的文明》，《东方杂志》，第13卷10号，1916年。
② 伧父：《迷乱之现代人心》，《东方杂志》，第15卷4期，1918年。
③ 陈独秀：《今日中国之政治问题》，《新青年》，第5卷1期，1918年。

热风之外：周建人的生平与志业

志》上刊登的三篇文章①开炮，以十六问的形式，条分缕析，杜亚泉的《迷乱之现代人心》是批判的重点。陈独秀从七个方面来展开驳论，质疑焦点便是统合说："请问此种文明此种国基，倘忧其丧失忧其破产，而力图保存之；则共和政体之下，所谓君道臣节名教纲常，当作何解？谓之迷乱，谓之谋判共和民国，不亦宜乎？"②要求《东方杂志》记者一一作详明解答，不得以笼统不中要害、不合逻辑的议论敷衍。杜亚泉毫不示弱，坚守自己的观点："至原文所谓'君道臣节及名教纲常诸大端'，记者确认为我国固有文明之基础。新青年记者谓共和政体之下，君道臣节名教纲常作何解，谓之叛逆，谓之谋叛共和民国，谓之谋叛国宪之罪犯。记者以为共和政体，决非与固有文明不相容者，民视民听，民贵君轻，伊古以来之政治原理。本以民生主义为基础，政体虽改，而政治原理不变。故以君道臣节名教纲常为基础之固有文明，与现时之国体，融合而会通之，乃为统整文明之所有事。若谓共和政体之下，不许人言固有文明中有君道臣节名教纲常诸大端，则非用焚书坑儒之法。将吾国固有之历史、文学、政治诸书，及曾读其书之人，一律焚之坑之不可。盖固有文明中有君道臣节名教纲常诸大端，乃已往之事实，非新青年记者所得而取消。"③杜亚泉在答复中，不止一处指出《新青年》杂志记者断章取义，常用己意揣论臆断，误读作者本意。

---

① 《东方杂志》第15卷4号刊登的《迷乱之现代人心》（伧父）；15卷6号刊登的《中西文明之评判》（平佚）、《功利主义与学术》（钱智修）。陈独秀认为这三篇"皆持相类之论调"。详见陈独秀：《今日中国之政治问题》，《新青年》，第5卷1期，1918年。

② 陈独秀：《质问〈东方杂志〉记者——〈东方杂志〉与复辟问题》，《新青年》，第5卷3号，1918年。

③ 伧父：《答新青年杂志记者之质问》，《东方杂志》，第15卷12期，1918年。

第三章　因祸得福：出任《自然界》主编及编教科书

1919年2月，陈独秀再次发文《再质问东方杂志记者》，火力集中攻击《迷乱之现代人心》以及杜氏相关答复，措辞激烈，"盖文化之为物，每以立异复杂分化而兴隆，以尚单纯统整而衰退；征之中外历史，莫不同然，《东方》记者之所见，奈何正与历史之事实相反耶？"认为这是"狂易"之举。他在文末，再次列出他从杜文推论出的三大要点，"此推论倘有误乎否耶？"①请《东方杂志》记者回应。

很有意思的是，杜亚泉不再理会陈独秀"再问"，转而借回应罗家伦的"炮轰中国杂志界"②之际，用"新旧思想折衷"来重申自己对中国固有文明的态度："中国固有文明，虽非可直接应用于未来世界，然其根本上与西洋现代文明，差异殊多，关于人类生活上之经验与理想，颇有足以证明西洋现代文明之错误，为世界未来文明之指导者；苟以科学的法则整理而刷新之，其为未来文明中重要之一成分，自无疑义。"③这番回复引来蒋梦麟围剿，称"新思想是一个态度，这一态度是向那进化方面走"。文末直言"新旧之间，是用不着调和派"。④面对蒋氏的"气盛于理""以气取胜"的激烈

---

① 一、自西洋混乱矛盾文明输入，破坏吾国固有文明中之君道臣节名教纲常，遂至国是丧失精神界破产国家将致灭亡。二、今日吾人迷途中之救济，非保守君道臣节名教纲常之固有文明不可。三、欲保守此固有文明，非废无君臣之共和制不可。倘废君臣大伦，便不能保守君道臣节名教纲常，便不能救济国是丧失精神界破产国家灭亡。详见陈独秀：《再质问〈东方杂志〉记者》，《新青年》，第6卷2号，1919年。
② 罗家伦认为《东方杂志》内容上："你说他旧吗，他却像新，你说他新吗，他实在不配"。详见罗家伦：《今日中国之杂志界》，《新潮》，第1卷4期，1919年。
③ 伧父：《新旧思想之折衷》，《东方杂志》，第16卷9号，1919年。
④ 梦麟：《新旧与调和》，《时事新报》，1919-10-10。

与亢奋,杜亚泉则不急不缓,称"态度非思想,思想非态度,谓思想是态度,犹之谓鹿是马耳。"①胡适作了《新思潮的意义》一文,称"据我个人的观察,新思潮的根本意义只是一种新态度。这种新态度可叫做'批判的态度'",提出要"整理国故","新思潮对于旧文化的态度,在消极一方面是反对盲从,是反对调和;在积极一方面,是用科学的方法来做整理的工夫",②声援蒋梦麟。蒋梦麟随后在《时事新报》元旦号上发文,③批判新旧调和论。面对陈独秀、蒋梦麟和胡适的车轮战,杜亚泉借助《东方杂志》,积极布局,④集结反击阵营,强调新文化不可能凭空生成,只能在传统的背景下逐渐演化,新与旧之间有可能、也应该在新的语境下实现融合。

随着越来越多的学者(如吴宓、梁漱溟、陈嘉异、张东荪等)加入论战,你来我往,论战双方涉及问题也愈来愈多,言语之间开始出现意气之争,一场规模宏大的学界大论战日趋激烈,杜亚泉被扣上"保守派"的标签,《东方杂志》等杂志销量大幅下降。"这就急坏了商务当局,竭力劝说他不再反驳,并要他改变立场,避免违

---

① 伧父:《何谓新思想》,《东方杂志》,第16卷11号,1919年。
② 胡适:《新思潮的意义》,《新青年》,第7卷1号,1919年。
③ 蒋梦麟:《何谓新思想:答伧父先生》,《时事新报》,1920-1-1。
④ 如:1920年1月10日出版的《东方杂志》上,在"读者论坛"栏目刊登管豹《新旧之冲突与调和》;1月25日出版的《东方杂志》第17卷2号"时论介绍"栏目,不仅刊登了章行严在广州师范学校的讲演稿《新思潮与调和》,并转载蒋梦麟的《何谓新思想》一文,并加了编者按:"本志第十六卷第十一号伧父君有何谓新思想一文,今梦麟君又有答伧父一文,登载时事新报,今转载于此,并附伧父君意见于后。"刊登了杜亚泉长长的辩论之词。

第三章　因祸得福：出任《自然界》主编及编教科书

反时代潮流。"[1] 在商务高层的压力[2]下，杜亚泉被迫辞去《东方杂志》主编。"他在社会上颇有影响力的政论活动，至此基本上停止"[3]，对杜氏研究颇多的许纪霖的这个结论，与《妇女杂志》主编章锡琛的回忆相互印证，也代表了近些年学界的研究成果[4]的基本共识。

如果我们将目光聚焦《自然界》，这个基本共识或许就面临极大挑战。随着那场"中西文化论战"硝烟及支持它的社会舆论逐渐散去，趁着周建人避退编译所，杜亚泉积极行动起来，在他的运作下，1926年1月1日，旨在科学普及的新创刊物《自然界》横空出世。创刊号扉页的编辑部"征文告白"表明该刊的内容范围："本志以登载关于中国的自然物、自然现象及农业、工业上的各项研究，调查为主，并酌登新学说的绍介，学术评论，书籍绍介、杂

---

[1] 章锡琛：《漫谈商务印书馆》，第113页。
[2] 张元济日记中有三处谈及商务高层对杜亚泉主编去留的态度：一则为1919年5月24日："与梦、惺商定，请惺翁接管《东方杂志》，一面登征文"，表明此时商务高层已着手准备撤换杜亚泉；二则为1919年10月28日，"与惺翁、伯训商定数事：请亚泉专管理化部事，《东方》由惺存担任，……亚泉事由余与谈"；三则为1920年1月3日："亚泉为戒约事来函辞职。与梦翁商，将其所争之惩罚字样易去，仍旧挽留。由梦翁先行往访问。"从这则日记可见，商务高层在此之前曾约谈过杜亚泉。这一点可以与章锡琛回忆相印证。从1920年1月25日出版的《东方杂志》转发蒋梦麟一文时，杜亚泉加了长长的编者按，可见他正式辞去《东方杂志》主编一职应在1920年2月之后。详见张元济：《张元济日记》（下），第577、659、686页，北京：商务印书馆，2018年。
[3] 许纪霖、田建业编：《杜亚泉文存》，第491页，上海：上海教育出版社，2003年。
[4] 有代表性的成果有：郑师渠：《论杜亚泉与新文化运动》，《北京师范大学学报（社会科学版）》，1994（2）；陆小宁：《迷途中的文化探索——论〈新青年〉与〈东方杂志〉的东西文化论争》，《中州学刊》，2000（3）；董恩强：《杜亚泉的文化思想——兼评杜、陈文化论争》，《华中师范大学学报》（人文社会科学版），2000（2）。

录等项",在征文项目中,除关于自然界及自然现象、农业、工业等固有的制作法调查研究外,还欢迎"各地的风俗,传说,方术及技术等和科学有关系的记述"①,为科学的中国形式挖掘留下了空间。"发刊旨趣"中,对"科学中国化"作了详细阐述:

> 西洋科学的输入中国,大约有三百多年了。最初的天文、地理、历算等;其次为医学、化学、物理学等;大概是西洋传教翻译的居多。等到国内少数的先觉,感到科学的重要,凭藉政治上的势力,遣派留学,译印书籍,这还不过是五六十年前的事。到了最近三十年中,国内的智识阶级,几乎没有一个不承认科学的价值。优秀的青年,学习外国语言文字,在国内外学校里攻究科学的,成千累万;翻译出版的书籍,风行一时,已成为市场上的商品照。这样看来,将来中国科学的发达,一日千里,殆非吾人意想所能及。不过从别方面看来,总觉得这种科学,仍然是西洋的,不是我们中国的。好像一枝荷兰瞿麦(Carnation),栽在中国式的花园里,总显出他是舶来品,不是土产,这是什么缘故呢?
>
> 我们也知道"科学是世界的";西洋的科学,就是中国的科学,本来没有什么国界的区别。不过我们的国民,若对于科学一点没有贡献,又不能把科学来应用于日常生活上;大多数的国民,还是沈溺在非科学的迷梦中,没有一点科学知识;请问这科学和我们国民有什没相干?科学既然和我们国民没有什没相干;那末这个世界的科学,当然只可以认作西洋的科学,不是中国的科学。我们若要把西洋的科学变成中国的科学;在这工作中最重要的条件:第一,科学上的理论和事实,须用本国的文字语言为适切的说明;第二,科

---

① 《自然界征文告白》,《自然界》,第 1 卷 1 号,1926 年。

第三章　因祸得福：出任《自然界》主编及编教科书

学上的理论和事实须用我国民所习见的现象和固有的经验来说明他；第三，还须回转来用科学的理论和事实，来说明我国民所习见的现象和固有的经验。这个工作，我们替他立一个名称，谓之"科学的中国化"。印度的佛教，传到中国，变作中国的佛教；这工作称为"佛教的中国化"，科学的中国化，也是这样的意思。

照我们的意思，科学的中国化，是很要紧的，但是现在国内的智识阶级里，对于这项，似乎很不措意。据我个人的感想，觉得他们都想把西洋的科学，生吞活剥的放在国民的脑海里；还有一部分人的意思，似乎西洋的科学，没有变为中国科学的必要；只要把中国人的头脑，变做西洋人的头脑就行；这种的论调，我们也不愿意置辩。因为他们希望"中国人的西洋化"，和我们所希望"科学的中国化"，真所谓"马牛其风"了。古人说：道不同不相为谋，我们只好照着我们的意思行，何必置辩呢？①

这篇"发刊旨趣"，虽未署名，但从文中"据我个人的感想"措辞，其表达的"西洋科学如何变为中国科学"的核心思想、用语以及文中所举例子，②以及用"马牛其风"的典故等，都指向文章执笔人为杜亚泉。而且，早在1917年4月，杜亚泉谈及他对西洋科学的看法："西洋事物，输入吾国者，必审其于生活上之价值如何。科学上之智识技能，当利用之以生产日常须要之物，使其产出多而价值廉，以应下层社会之用，而救其缺乏。……且吾人之所取资于

---

① 《发刊旨趣》，《自然界》，第1卷1号，1926年。
② 文中谈及张元济"友人在庐山寄龙二尾于张菊生先生，先生示予等，宜谓蝾螈"，杜亚泉与张元济私交甚好，张氏得到传说的龙，请教博物见长的杜亚泉，合理合理。周建人虽署名《自然界》主编，但无论从专业知识或私人交往上看，这句话都不应该是其撰写。

西洋者，不但在输入其学说，以明确吾人固有之道德观念而已。"①将杜亚泉既有论点与"发刊旨趣"相比照，"我们只好照着我们的意思行，何必置辩呢"，可见杜氏已摆脱坐而论道、与人打笔墨官司的做法，开始用实际行动来践行"东西文化调和论"。《自然界》创刊号上，以"杜亚泉"署名的有三篇文章，②来为《自然界》征文打样。经过岁月洗礼和沉淀，"东西文化调和论"找到了"科学"这个抓手，旗帜鲜明地祭出"科学的中国化"这杆大纛。

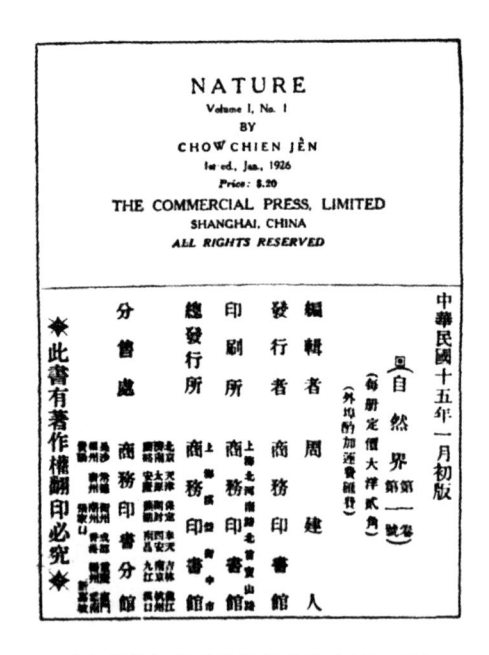

《自然界》创刊号封底书影（1926年）

---

① 伧父：《战后东西文明之调和》，《东方杂志》，第14卷4号，1917年。
② 分别为《说明科学名词审查会审定氧氮氯三元素名称不能适用的理由》《罐藏与坛藏》以及《商务印书馆筹备新制高小应用仪器标本的经过》。其中第一、第二篇文章相邻，紧随《发刊旨趣》。

第三章　因祸得福：出任《自然界》主编及编教科书

《自然界》编辑部设在编译所博物理化部，周建人出任主编，实际负责人为杜亚泉。这种安排，比当年《东方杂志》编辑长期标注"华阳陈仲逸"①要高明不少，一是可以避开商务内部高层"新人旧人"之争和当年"东西文化论战"的影响，二是给避居理化部的绍兴同乡周建人安排一个去处。

1925年的"新性道德号"引发的轩然大波，周建人被迫从以青年男女为读者对象的《妇女杂志》离开，遭遇滑铁卢、痛定思痛之余，杜亚泉稳健的启蒙宣传吸引了年近不惑、曾长期浸淫传统文化的周建人。从"新性道德号"舆论旋涡中脱身的周建人，虽还有几分"意难平"②，但迅速调整角色，充分发挥"能译英文"优势，重拾青少年时期对"花鸟虫鱼"的兴趣，在《自然界》创刊号上刊发三篇文章，③一改《妇女杂志》时期的行文风格，即便援引西方科学家观点，亦是就事论事，④语言平实。有意思的是，《自然界》还开辟了大学入学考试试题栏目，如创刊号上刊登了《北京大学十四年

---

① 学界公认1911-1919年期间杜亚泉担任《东方杂志》主编，但就标注看，仅1912-1916年（第8卷10号至12卷12号），编辑署名为"绍兴杜亚泉"，其他时间均为"华阳陈仲逸"。章锡琛曾回忆《东方杂志》主编杜亚泉在版权页上用"华阳陈仲逸"的假名。
② 如继续在杂志上发表相关文章，出版性教育专著等。
③ 《性的决定及中国的性率》署名周建人，其外两篇（《说竹》《说怪胎》）均署名"周乔峰"。
④ 如在《性的决定及中国的性率》一文中，解释"成男成女的道理"："据马更（Morgan）及威尔逊（Wilson）一派生物学者主张，性的遗传和别种曼兑尔遗传性质一样，男性及女性是一对交互的性质，如就哺乳类动物说起来，雄体是异性结合体（heterozygous），雌的是同性结合体（homozygous）。这意思便是说两个性质相同的生殖细胞混合成雌，两种不相同的生殖细胞相合并成胎则成雄。人类男女两性的形成也是这样。"周建人：《性的决定及中国的性率》，《自然界》，第1卷1号，1926年。

秋季新生入学考试科目》预科、本科的博物、物理、化学试题，第二期刊登了东南大学入学试题，第四期刊登了南开大学的入学试题等，以此吸引青年学生读者。

对于《自然界》的"征文告白"——以刊登"重在调查和研究"的材料为主，编辑部专门对刊物出版频率做了说明："本志的材料，既重在调查和研究，恐怕这样材料，不易多得，所以不能严密的规定出版期限，现在预备每年出十册，每册约四十八页。迟的时候，两三个月出一册；快的时候，一个月出两册；这都不能预定，还要请大家原谅"。[①]在创刊号中专门加以说明，可推测杜亚泉对《自然界》这份新办刊物没有多少把握；第二号的《自然界征文告白》虽有所变化："每年约出十期，为一卷，约五百页"[②]，但两个"约"字的存在，彰显了信心不足。

让杜亚泉没有想到的是，《自然界》自创办之日起，至1932年因商务印书馆被炸休刊，共出版7卷共61期，每年十期，按月出版，每期篇幅约百页，按照计划登载自然现象及各地生物、地质、气候、雨量等方面的重要材料，发表国人的调查研究成绩，介绍世界科学新进展，对动植物新奇品种、结构以及培育等进行介绍，既满足了一般读者猎奇的心理，又为普通民众了解日常可见的动植物提供了科学常识，"科学中国化"的舆论平台逐渐搭起。如此连续、足质足量的出版，自然离不开主编周建人的努力。曾在商务印书馆工作过的北京师范大学王天一教授曾回忆他对《自然界》的印象："周建人、顾钧正、贾祖璋等老科普作家都曾在商务工作。周先生主编的《自然界》（1926—1932），作为商务唯一的科学性杂志，也

---

① 《发刊旨趣》，《自然界》，第1卷1号，1926年。
② 《自然界征文告白》，《自然界》，第1卷2号，1926年。

第三章 因祸得福：出任《自然界》主编及编教科书

是我国最早的科普期刊之一。"① 《自然界》很快成为与《东方杂志》《教育杂志》等并肩的"十大杂志"之一。

将近一个世纪过去，当年那些鼓荡人心的标语口号、舆论热点早已消散于岁月，无数激进的风云人物湮没在历史深处，而不那么激烈、持温和调适的"文化保守者"播种下来的启蒙种子、东西文化调和的中国化言说慢慢浮出水面，而社会各界关注较少的《自然界》、主编周建人以及站在他背后的杜亚泉，或许会获得重新被言说的契机和空间。

二、《自然界》主编与科学中国化运动

《自然界》在周建人的努力下很快步入正轨，1926年8月，第一卷七号发行者由原来的"商务印书馆"变更为"自然界杂志社"②，1927年1月，第二卷1号的《征文启事》中，出版频率去掉了第一卷中的"约"字："每年出十期，为一卷，约一千页"③。《自然界》一期约发文10篇左右，加上"摘要""附录"栏，篇幅近百页，很大程度上依靠周建人的大量撰述。鉴于"盖中国缺乏专门的科学人才，创作不易多得"④，他以建人、乔峰、克士、开时、慨士、松山等名，在《自然界》平均每期发文2篇以上，特别是1926年新创刊的十期，有一期竟有5篇，几占总篇幅的一半之多，如下表所示：

---

① 土犬一：《为商务印书馆馆寿》，《商务印书馆九十年——我与商务印书馆》，第446页。
② 1931年，按照统一规划，《自然界》6卷1号发行人更改为王云五。
③ 《征文启事》，《自然界》，第2卷1号，1927年。
④ 《编辑后记》，《自然界》，第4卷2号，1929年。

表 2 《自然界》第一卷 1-10 号周建人发文一览表（1926）

期数	文章名字	署名	所属板块	页码范围
1 号	说竹	周乔峰	生物科学	18-21
	性的决定及中国的性率	周建人	生物科学	22-29
	说怪胎	周乔峰	生物科学	30-35
2 号	生物的记忆	周建人	生物科学	98-104
	中国北部的杨柳	乔峰	生物科学	11-113
	龙与龙骨	周建人	生物科学	122-130
	鸟的迁徙和他的航路	乔峰	生物科学	131-142
3 号	科学与道德	周建人	议论	193-197
	麻黄的性质	乔峰	医药及卫生	209-213
	柞蚕与府绸	乔峰	农业森林及园艺	214-221
	生物研究的重要和外人近年在中国的工作	松山	记事及杂类	263-274
4 号	中国北方的松柏	乔峰	生物科学	314~317
	白蚁是什么	乔峰	生物科学	318-325
	《植物名实图考》在植物学史上的位置	周建人	记事及杂录	358-362
5 号	番薯与马铃薯	周乔峰	农业森林及园艺	385-389
	关于几种化石人类的话	周建人	生物科学	396-404
	狐祟与自燃	乔峰	记事及杂录	441-445
	关于中国木本植物的书籍	周建人	记事及杂录	454-455
	林那时代的中国植物研究者	松山	记事及杂录	456-466
6 号	鸟类的婚姻	慨士	生物科学	499-504
	关于鸡的几种生活现象和它的性的倒转	周建人	生物科学	517-529
	鸬鹚	开时	生物科学	530-511

第三章 因祸得福：出任《自然界》主编及编教科书

续表

期数	文章名字	署名	所属板块	页码范围
6号	鹰与隼及猎用时的训练	周乔峰	生物科学	534–538
7号	白蚁的说明	周乔峰	工业	637–639
	内分泌和鸟类的移徙	周乔峰	生物科学	640–648
8号	人体构造和生活状况的适应	乔峰	生物科学	683–691
	山西的气候和植物分布状况（译）	慨士	生物科学	722–732
9号	遗传与人种改良	乔峰	生物科学	799–808
	中国小孩生产时的性率	慨士	生物科学	809–818
	上海常见的几种洋花	乔峰	农业森林及园艺	850–856
10号	生物学与公民教育	周乔峰	议论	865–880
	中国西部常见的鸟兽	慨士	生物科学	888–894
	中国北部的熊	周乔峰	生物科学	895–899

从表中可见，不计未署名的"杂录"外，周建人为第一卷《自然界》撰文33篇，在编辑部汇总的总目录中，除"物理化学"（共6篇）、"地质"（共1篇）板块外，其他"议论""生物科学""工业""农业森林及园艺""医药及卫生"等均有涉及，特别"议论"板共刊登了6篇文章，其中两篇为周建人主笔，另外三篇为杜亚泉所撰。[①]经过一年的试办，1927年的《自然界》发文中，周建人加大西方学界对中国动植物研究的译文分量，如 Sowerby 著《生物学的工作》（署名慨士）、W. S. Patton 著《中国医学上及畜养上重要的吸血的节足动物》（署名乔峰）、Meleney 的《中国北部及中部的瘟蚊的主要繁殖场所》（署名乔峰）等在《自然界》连载。1930

---

① 《自然界第一卷总目录》，《自然界》，第1卷10号，1926年。

年，在大哥建议下，周建人选择美国学者 W. MacbBlide《生物的进化》、M. S. Pembrey《进化的生理学上的证据》、H. A. Marshell《一生的经过》、H. Ellis《生育节制》、F. Galton《结群性与奴隶性》、匈牙利 A. L. Englaender《沙漠的起源、长发及其侵入华北》等八篇文章，汇成《进化和退化》一书，由上海光华书局出版，下图为书影。

《进化与退化》书影（1930 年）

为扩大该书影响，1930 年 5 月 5 日，大哥鲁迅亲自做"小引"，以自己的社会声望向社会各界推介三弟新作："这是译者从十年来

第三章　因祸得福：出任《自然界》主编及编教科书

所译的将近百篇的文字中，选出不很专门，大家可看之作，集在一处，希望流传较广的本子。一，以见最近的进化学说的情形，二，以见中国人将来的运命。"[①]1936年7月该书再版。晚年周建人深情回忆大哥对自身事业的支持：

我以前是搞生物学的，到一九三〇年时，编辑和写作了一些生物学方面的文章。鲁迅一再鼓励我将它们编成集子出版。他说印出来大家可以看，"以见中国人将来的运命"。所以他就帮我选了八篇"不很专门，大家可看之作"。如：《沙漠的起源，长发，及其侵入华北》、《中国荣养和代谢作用的情形》等，集成一本小书，名《进化和退化》。（当然，从现在的科学发展看，内容已有点陈旧了。）鲁迅还给这本书写了《进化和退化》小引。[②]

周建人大量撰写科普文章、翻译译文的同时，还广邀专业人士为《自然界》撰写文章。大哥曾言中国缺少通俗性的科学杂志[③]，周建人主编《自然界》后，特邀请大哥为其助威，鲁迅以"洛文"署

[①] 鲁迅：《小引》，《进化与退化》，周建人辑译，第1页，上海：光华书局，1930年。
[②] 周建人：《新发现的鲁迅的一首诗》，《文物》〔革命文物特刊〕，总五号，1976年。
[③] 一九二五年，鲁迅在给友人的信中感叹，"单为在校的青年计，可看的书报实在太缺乏了，我觉得至少还有一种通俗的科学杂志，要浅显而且有趣的。可惜中国现在的科学家不大做文章，有做的，也过于高深，于是就很枯燥，现在要 Brehm 的讲动物生活，Fabre 的讲昆虫故事似的有趣，并且插许多图画的；但这非有一个大书店担任即不能印。至于作文者，我以为只要科学家肯放低手眼，再看看文艺书，就够了。"鲁迅：《鲁迅全集》（3卷），第26页。

名翻译日本刈米达夫的《药用植物》。晚年周建人还专门回忆这次组稿事情："鲁迅青年时就喜欢研究植物、动物，如研究《南方草木状》，在日本学医，在绍兴府中学堂教博物，他对自然科学的爱好一直到他死没有中断过。……一次我到他那里去，他说有一种丛书，是日本出的小丛书《药用植物》。当时我正在编自然小丛书，因为拉稿，他就翻译起来。"[1]《药用植物》主体内容是对一百六十七种生药的有效化学成分、药理作用以及植物的形态和分布做了简要说明，属于专业性较强的科普书籍，分四期在《自然界》连载，向中国广大读者介绍这本现代化的药理学入门书，"汉方的起源在中国，允恭天皇之世（西纪四一四年），这才传入日本，那始祖，是君临远古的中国的神农（西纪前约三千年），相传自尝百草，知其药效，教庶民以疗病之道。梁武帝（西纪五〇二至五四九年）之世，陶弘景著《神农本草经》，始详述了汉药，此后有许多本草书出世，但流传至今而最著名者，是西纪一五九六年，即明的李时珍所著的《本草纲目》。"[2]译文平易流畅，中国典故随手拈来，古风洋调，韵味十足，贴切诠释了该刊"科学的中国化"办刊理念。

《自然界》从创刊之初，以"科学的中国化"为己任，在编辑方针和栏目设置上紧扣这一主旨，用国人熟悉的通俗语言来讲科学常识。杜亚泉提出的"东西文化混合论"，在《自然界》办刊中得到了切实的体现。周建人接棒宣传科学中国化，着力于中国传统科学文化遗产的挖掘。他认为空言是无补于实际的，如要扫除封建时代余毒、打倒土豪劣绅，必须依靠科学和工业发达。实现"科学的

---

[1] 周建人：《略论鲁迅》，1971年。
[2] ［日本］刈米达夫著、洛文摘译：《药用植物》，《自然界》，第5卷9号，1930年。

第三章 因祸得福：出任《自然界》主编及编教科书

中国化"。1929年2月，第四卷1号上刊登《卷头言》中，称"《自然界》出版以来，已三个年头过去了，在这时期当中，我们看到些什么？政治的变化是有的，但在科学上实不见有较大的发展"，为此，再次申明办刊态度："我们虽然不说在人间社会里只有科学发达史才是真正的历史，如有的科学者所说，但科学是改良生活的工具，这是的确的。……标语上时常看见有打倒土豪劣绅的话，而这二种东西蔓延如故；青年们憎厌，詈骂封建时代的遗毒，无论在制度或思想方面，然而于无意中说者的思想也会发现出，含有这样的毒。这是什么缘故呢？空言是无补于实际的。要是科学和工业发达到某程度时，即要保留他们亦不可能了。欧洲的教会从前不是有极大的势力的，今日却很快的在让步吗？所以要改革什么，根本还是要提倡科学。"[1]《自然界》刊登了大量关于中国自然现象、农业、工业上的研究调查，以及各地的方术传说、风土人情、地方技艺等与科学相关的记述，用西方科学知识分类的方法介绍中国本土的自然科学和工艺技术，以期能将西方科学知识与方法运用到中国社会中。

杜亚泉更多地隐于幕后，但他对《自然界》关注并没有减少，为《自然界》不断撰写文章便是明证，1926年全年出版的第一卷10期刊物中"议论"板共刊登了6篇文章，其中三篇为杜亚泉所撰[2]。1929年10月，《自然界》4卷8号专门发布《编辑后记》："我们这回有一个消息可以告读者的，便是本志从第七号起加一点关于小学自然科的教授材料。中国人读书向来从书本上去找知识的，但是教接自然科的知识实当以自然为读本。从书本得来的可

---

[1] 编者：《卷头语》，《自然界》，第4卷1号，1929年。
[2] 《自然界第一卷总目录》，《自然界》，第1卷10号，1926年。

以说是旧知识,从自然自己找来的常常是新的。但是自然虽陈列在我们面前,我们如何去读他呢?于是这方法就显得重要了。"①实际上,这些材料之前在《自然界》亦零散刊登过,如设在学校旁边的小鸟巢箱可给学生观察鸟类生活的便利,如何利用水族器、如何培养小动物等,都是帮助学生怎样去读自然的方法。从这期开始,小学自然科教授材料成为一个常设栏目,后扩展为"自然科教学实验资料"栏目。"因为看了近来自然科教师的需要这项材料,才增加的。内载关于教授、学习、编辑教科书等方面的言论,及各种关于实验、设备,采集教材等方面的意见、方法、经验等等。"并称《自然界》之后采用的插图,将尽可能"择有用的,在可能的范围内,拟制得如明信片大,以便教师可以裁下来,装在实物反射镜上给学生看,补助教授上说明之用"。② 从栏目刊文看,应是理化编辑部主任杜亚泉的倡议。他身先士卒,在5卷2号、3号、4号、5号、7号、8号、9号、10号[3]刊发主笔的系列文章。"鄙人在商务印书馆编译所服务,满二十六年了,这二十六年,至少有十分之六是编中小学自然科教科书的;计算起来,约有十六年是编中小学自然教科书的",而这二十六年中,中小学校的学制经历六次改革,教学科目变化两次,编辑为了出版社生意及自己饭碗起见,不得不将教科书随之屡作变更,他极为反感此种"赶出货"的生活,认为教育"制度的革新,不可烦数,又不可更张太甚,一方面须经过确

---

① 编者:《编辑后记》,《自然界》,第4卷8号,1929年。
② 编者:《编辑后记》,《自然界》,第5卷1号,1930年。
③ 《关于改良学习书及教授书的意见》(5卷2号)、《自然科教材的选择》(5卷3号)、《自然科笔记簿及参考书》(5卷4号)、《教材的选择》(5卷5号)、《自然科教材的混合和教材细目》(5卷7号)《观察》(5卷8号)、《实验》(5卷9号)、《思考与说明》(5卷10号)。

第三章　因祸得福：出任《自然界》主编及编教科书

实的研究与试验，一方面又须考察实际上的关系"，"因教育的革新，期收效于事实，决不仅以法令上的革新为止。所以宁使事实上的革新在先，法令上的革新在后，较为稳妥"，但就实际上考察，社会上多数教育者，"对于他的新主义新方法，还没有十分的研究，徒为时势所牵率，为貌似神非的革新，不但不能收得相当的效益，且因为旧习惯的破坏，发生许多弊端"。[①]这种理念，与他五四时期对于新旧思想的看法是一脉相承的。"则现时代之新思想，对于固有文明乃主张科学的刷新，并不主张顽固的保守。对于西洋文明，亦主张相当的吸收，惟不主张完全的仿效而已。"[②]杜亚泉这种新旧折衷的中小学自然教科书的编辑理念，对周建人影响甚大。而《自然界》这种内容改革增设，为增加中小学师生读者打开了一扇门，同时也给周建人1932年之后的自然教科书编辑积累下丰富的生动资料。可以说，长达6年的《自然界》主编历练，为周建人编辑自然教科书提供了得天独厚的条件。

《自然界》第5卷10号刊登的该卷总目录中，出现了"趣味科学及杂项"一栏，归入此栏的有贾祖璋翻译的《法布尔昆虫之书》、《随见录》和胡步蟾整理的一系列的理科年表，[③]从内容推测，应该是贾祖璋主笔的文章属于"趣味科学"，贾氏晚年回忆也印证了这一点，"'趣味科学'可以说是'科学小品'或'科普文章'的原始名称"[④]。就目前资料所见，"趣味科学"仅仅出现这一次，7卷1号

[①] 杜亚泉：《中小学自然科课程标准的讨论》，《自然界》，第6卷1号，1931年。
[②] 伧父：《新旧思想之折衷》，《东方杂志》，第16卷9号，1919年。
[③] 《自然界第五卷总目录》，《自然界》，第5卷10号，1930年。
[④] 贾祖璋：《丐尊师和开明书店的科学读物》，《贾祖璋全集（第四卷）》，第500页，福州：福建科学出版社，2001年。

上刊登贾祖璋的《法布尔昆虫之书》(续)被归入"风俗科学"一栏,与其构成一组的,则有《金鸡纳的罗曼史》(克士)、《肉食动物》(心芸)和《茶油》(克士),或许周建人设立该栏目是想推动科学语言的灵动性。可惜的是,1932年1月28日晚,日本轰炸上海,商务印书馆在闸北的印刷厂、货栈、编译所和东方图书馆均毁于一旦,成为一片废墟,《自然界》成为一个历史名词。

三、复职"周折"及自然博物教科书"大编辑"

"一·二八"大轰炸,周建人在宝山路景云里十号的家被炸毁①,一家人②暂搬去与大哥同住,一起到内山书店避难,后暂居法租界善钟路合兴里四十九号朋友处。商务印书馆被炸后,高层与董事会决议该馆上海各机构3700余员工全部就地解职,周建人失业,生活

---

① 1932年3月15日,鲁迅致许寿裳信中曾有描述:"乔峰寓为炸弹毁去一半,但未遭劫掠,故所失不多,幸人早避去,否则,死矣";1932年3月20日,鲁迅致母亲信中,谈及"老三旧寓,则被炸毁小半,门窗多粉碎,但老三之物,则除木器颇被怀破之外,衣服尚无大损,不过房子已不能住,所以他搬到法租界去了"。见《鲁迅全集》(12卷),第289、291页。

② 周建人1925年前后在上海与学生王蕴如一起生活,此时已育有两个女儿;芳子及儿女留在北京八道湾处,每月汇30-50元作为养家费,比如1927年5月23日给二哥信中,有"汇去洋五十元请检收";二哥周作人日记曾有记载(如"得乔风函附汇票"(1925年1月17日);"遣人往商务取乔风汇洋五十元"(1925年1月20日);"得乔风函汇洋五十元"(1925年6月15日);"得乔风函汇洋四十元"(1926年8月30日);"得乔风一函,并开明汇洋三〇元"(1932年3月9日),详见:《周建人致周作人》,北京鲁迅纪念馆鲁迅研究会编:《鲁迅研究资料12》,第77页,天津人民出版社,1983年;周作人:《周作人日记》(中),第425、426、445、508页;《周作人日记》(下)(影印版),第205页。

第三章　因祸得福：出任《自然界》主编及编教科书

无着。3月25日，周建人写给二哥的信中，描述自己的状况如下：

二哥鉴：

　　快信前日已收到。沪事发生后，在三马路口一家书栈房内住了月余，才移到法界善钟路合兴里四十九号友人家里，居一两月再看情形，以定办法。战事停止后曾往闸北看原来住所，其地在横滨路，作战甚烈，房子一部分已被炸毁，桌椅之类腿皆断落。大概因搜查之故，箱子亦被打破，后从砖屑中拾出衣服来，损失照这次战争的剧烈说，尚算少的。书籍适在未炸毁的一隅，虽然均震散地上，幸没有什么失去，（有些书放在商务的倒被烧掉）还算侥幸。要是三十日（一月）没有日本警团来搜查，我也许还不搬走；……我被打一下，这时任白涛未走出，（也住在同一里内的）在门缝内窥视，疑打的是铁棍，而且专打我一人，因此后来报上有我被打伤之说，生活上有我已身死的消息。……此次上海事变，失业突增四十余万人，其中有许多人是在竭力向各方面运动的，扒位是不容易轮到我的。商务大概尚要开办的，不过范围缩小，将来恐仍要用几人，但恐也不易轮到我们进去。[①]

　　在信中，周建人向二哥讲述了上海遭遇轰炸后自己的境遇，特别提及将来待商务印书馆恢复时的复职不易，从"但恐也不易轮到我们进去"中"我们"措词，可感知兄弟一体的休戚与共。3月至8月期间，同处上海的大哥积极奔走，多次写信许寿裳转托蔡元培，帮助三弟复职。

---

① 《周建人致周作人》，北京鲁迅纪念馆鲁迅研究室编：《鲁迅研究资料 12》，第 79-80 页。

热风之外:周建人的生平与志业

今所垦望者,惟舍弟乔峰在商务印书馆作馆员十年,虽无赫赫之勋,而治事甚勤,始终如一,商务馆被燹后,与一切人员,俱被停职,素无储积,生活为难,商务馆虽云人员全部解约,但现在当必有尚在蝉联,而将来且必仍有续聘,可否乞兄转蕲蔡先生代为设法,俾有一栖身之处,即他处他事,亦甚愿服务也。(3月2日)

乔峰事经先生面商,甚为感谢,再使乔峰自去,大约王云五所答,当未必能更加切意。鄙意不如暂且勿去,静待若干日为佳也。(3月22日)

乔峰因生计无着,暂寓"法租界钟路合兴里四十九号"友人处,倘得廉价之寓所,拟随时迁移。(4月11日)

乔峰事迄今无后文,但今兹书馆与工员,争执正烈[①],实亦难于

[①] 商务印书馆被炸后,王云五宣布该馆停业,职工一律解雇,听候重新任用,又以受灾惨重、馆舍重建之由,将公司原规定按年资发给的退俸金一律按17.8%发放。从3月份开始,职工为了维护权利,推举代表与资方谈判。双方僵持半年之久,至6月下旬调停解决。1934年王云五曾借《东方杂志》创刊三十周年约稿契机,作过更为细节的叙述:"本文是以我个人的立场,叙述商务印书馆自民国二十一年一月二十九日遭日军炸毁,以迄现在约莫两年头的经过情形。这时期中,商务书馆的经历最苦,而其奋斗也最力;结果便从一堆余烬中,造成一个新的局面。我个人在这时期的商务书馆中,总算是一个极有关系的人;因此商务书馆所受的苦,我也一一尝过;而且因为自然人是有情绪的,其所感觉的苦,当然远在法人之上;又因为自然人是活动的,在奋斗过程中,所出的气力也比法人更为具体化。即如去年三月至七八月间,我为着解决商务书馆的人事纠纷,受了旧同人方面很剧烈的攻击;后来又因为有些股东不很明白真相,以为我对于旧同人既能以公司的巨款接济,而于股东的利益却未能兼顾,因此也有对我深表不满的。我记得在那时期中胡适之先生从北平寄给我一封信,其中有一段说:'南中人来,言先生须发皆白,而仍不见谅于人!'这真可以表现当时的景象。"详见王云五:《两年中的苦斗》,《东方杂志》,第31卷1号,1934年。

第三章　因祸得福：出任《自然界》主编及编教科书

措手，拟俟馆方善后事宜办竣以后，再一托蔡公耳。（5月14日）[1]

以上信件，可见大哥心态的变化，大哥从急于求成渐趋平缓。1932年5月，经朋友介绍，周建人远赴安徽大学短暂任教，6月上旬，大哥接到三弟信，称6月底"校务可了"，言"城中居人，民兵约参半，颇无趣，故拟课讫便归，秋间最好是不复往"，对于三弟不拟赴安徽大学觅食之态度，鲁迅是支持的，[2]面对6月底即将返沪的三弟，大哥6月18日致许寿裳信中，再次旧话题重提：

希兄于便中向蔡先生一谈，或能由商务馆得一较确之消息，非必急于入馆，但欲早得着落，可无须向别处奔波觅不可靠之饭啖耳。但如蔡先生以为现在尚非往询之时，则当然不宜催促也。（6月18日）

顷阅报，知商务印书馆纠纷已经了结，此后当可专务开张之事，是否可请蔡先生再为乔峰之事，希兄裁酌定进止，幸甚感甚。"（6月26日）[3]

为了解决商务印书馆复员后的人事问题，王云五设立了人事委员会来专门负责，商务印书馆高层的举步维艰，或许不为鲁迅所了解。在商务印书馆的解职会上，商务高层称"在善后期内将所有

---

[1]　《鲁迅全集》12卷，第288、294、297、304页。
[2]　鲁迅7月2日给母亲的信中，"老三已经回到上海，下半年去否未定，男则以为如别处有事可做，总以不去为是，因为现在的学校，几乎没有一个可以安稳教书吃饭也。"《致母亲》，《鲁迅全集》12卷，第316页。
[3]　《致许寿裳》，《鲁迅全集》（第12卷），第309、315页。

热风之外：周建人的生平与志业

旧同人全体解雇属于万不得已，本意决不愿抛弃多年相依的旧同人"，曾在宣布解雇之时，"曾自动向官厅及旧同人郑重声明，将来如能复业，当根据团体协约法的规定，按照需要酌量进用旧同人"。在复业之前，据时任商务印书馆总经理兼编译所所长王云五回忆："计自去年三月十六日商务书馆董事会决议总馆业经停职各职工全体解雇之日起，至八月一日复业之前后，半年之内，我无时不受辱骂和威吓。好几次因为外间攻击我太厉害，许多亲友们都力劝我摆脱商务书馆，以免名誉扫地。我答以只要良心过得去，脸皮尽管厚些。又有许多人劝我必须详加驳复，以免社会误会，我也因为同时须对付旧同人和其他债权者，如果根据全部的主张详加驳复，纵有利我个人一时的名誉，转有碍于商务书馆复兴计划的进行。所以除了一次简单声明立场外，对于任何攻击我的文字，概置诸不复。到了四月初间，少数旧同人对我之攻击益形恶化，致有种种不利于我的盛传，而且实际上还接到了不少的恐吓信。"[1] 面对状况迭出的困局，之前退出商务印书馆管理层的张元济也再度出山，全力协助，他在1932年5月9日致胡适信中如此写道："商务印书馆事，两月以来众人精神完全对付工会，弟不忍三十余年之经营一蹶不振，故

---

[1] "商务印书馆在复业的初期用人无多，而待用的旧同人极多，为免除瞻徇情面力求公允起见，我把进用职工的权委托于特别组织的人事委员会。这委员会的员额为七人，除主任的姓名公开，书记系由人事科长当然兼任外，其他各委员会的姓名均不公开，俾得自由行使职权，不受任何影响。所以复业后进用的一切职工，除副科长及编译员以上者由总经理直接决定聘请外，其他均先提交人事委员会核议，然后决定。依此办法进用职工，我虽不敢说其尽能公允，但至少要比诸由各主管人员自由任用，较为慎重一点。"详见王云五：《王云五回忆录》，第262–263页，北京：九州出版社，2012年。

第三章 因祸得福：出任《自然界》主编及编教科书

仍愿竭其垂敝之精力，稍为云五、拨可诸子分尺寸之劳，在此数十月中可谓吃尽生平未尝所谓资本家之苦"，[①]情势不容乐观，由此可见一斑。

有了中央研究院院长蔡元培的从中斡旋，7月31日，周建人复职之事得到明确答复，8月1日，大哥鲁迅致许寿裳的信中，第一次谈及三弟的"不更事"的性格特征，称三弟具有颇浓的书生之气：

上午得七月卅日快信，俱悉种种，乔峰事蒙如此郑重保证，不胜感荷。其实此君虽颇经艰辛，而仍不更事，例如与同事谈，时作愤慨之语，而听者遂掩其本身不平之语，但撮彼语以上闻，借作取媚之资矣。顷已施以忠告，冀其一心于饯，三缄厥口，此后庶免于咎戾也。（8月1日）

昨晨得手书，因于下午与乔峰往蔡先生寓，未遇，见其留字，言聘约在马先生处。今日下午，乔峰已往取得。蒙兄与蔡先生竭力设法，始得此席，弟本拟向蔡先生面达谢忱，而又不遇，大约国事鞅掌，外出之时居多，所以一时恐不易见，兄如相见时，尚乞转致谢意为托。（8月12日）[②]

8月12日，失业数月的周建人正式取得聘书，重回刚复工的商务印书馆编译所服务。数月后，鲁迅致许寿裳的信中提及"乔峰已

[①]《张元济致胡适》，详见：《胡适来往书信选》，第479页，北京：社会科学文献出版社，2013年。

[②]《致许寿裳》，《鲁迅全集》（第12卷），第318、320页。

· 117 ·

得续聘之约,其期为十四个月。前所推测,殊不中鹄耳"[1]。由此可见,周建人复职之路的"曲折",更多的是大哥"关心则乱"。实际上,截至 1932 年 11 月底,商务印书馆先后聘用职工 1378 人,其中 1309 人均系旧同人,占全部进用职工人数的 95%。周建人获得聘书应是大概率的事情,大哥鲁迅数次写信托付、催促许氏为其设法,或许是个性使然。鲁迅给许寿裳的信中出现对王云五的意气之词[2],而后来学者以此为据推出王云五如何借三弟续聘之事来刁难鲁迅等评价,多属于附会之词,不足为训。

商务印书馆馆务复员后,《自然界》未能复刊,周建人全部精力转向编辑教科书,逐渐接续了杜亚泉编辑理化教科书(特别是动植物学)的旗帜,并将《自然界》时期宣传的"科学中国化"精神贯彻到教科书编辑中。1932 年 12 月,总编辑王云五决定"按照新课程标准编印一套比较完善的中小学教科书,这套书连同教学法教本等共三百多册,业于本年秋季开学以前完全出版,使实行新课程

---

[1] 1933 年 1 月 19 日信件,《鲁迅全集》(第 12 卷),第 362 页。

[2] 实际上,鲁迅与王云五虽在教育部做科长时有所交集,蔡元培担任北京政府教育总长时,王云五在专门教育司第一科,鲁迅在社会教育第二科,许寿裳在普通教育司第一科,合称教育部"三司之秀",但却无个人私交可言。鲁迅曾出语相讥王云五,为王云五起了"四角号码王公"绰号。"一·二八"商务被炸后,因鲁迅多次写信给许寿裳转请蔡元培代为设法,进展不顺畅,1932 年 8 月 1 日,在得知三弟事已有明确着落消息后,鲁迅在给许寿裳信中,谈及王云五,言辞刻薄:"王公胆怯,不特可哂,且亦可怜,忆自去秋以来,众论哗然,而商务馆刊物,不敢有抗日字样,关于此事之文章,《东方杂志》只作一附录,不订入书中,使成若即若离之状。但日本不察,盖仍以商务馆为排日之大本营,馆屋早遭炸焚,王公之邸宅,亦沦为妓馆,迄今门首尚有红灯赫耀,每于夜间散步过之,辄为之慨焉兴叹。倘有三闾大夫欤,必将大作《离骚》,而王公则豪兴而小心如故,此一节,仍亦甚可佩服也。"详见:《鲁迅全集》第 12 卷,第 99、318 页。

第三章　因祸得福：出任《自然界》主编及编教科书

标准的全国中小学校都能如期获得相当的教育工具"。[1]作为商务印书馆的复兴纪念，这套教科书主张从中华传统文化中寻求民族前途与希望，高扬本土文化与西方文化的融合调适旗帜，强调以开放包容精神汲取接纳西方先进文化，开创本土化教科书编辑之路。周建人作为理化部编辑，承担了自然教科书的编辑工作。

周建人根据学生年龄特征、地域、时令等科学规律，设计形式体例、选择课程内容，注重西方科学知识体系与中国学生日常生活的契合。在小学阶段，他一直强调儿童生活环境及知识程度，注重插图的使用，[2]在遵循学生年龄认知特点的同时，周建人还将"科学中国化"具体内化到教科书内容编写中，如高小第一册第八课"微生物的种类"中，专门提到"酵母菌是微生物中较大的植物，到处都有繁生的，他们繁生的时候，能使物质发生变化，成为发酵，有些酵母菌于我们很有用，如酒便须赖他们的发酵作用才能做成"。他设计该课"做"："（1）取一碟糊，一双破皮鞋和一本无用的破书，加湿，放在温湿处，观察霉发生。（2）向馒头铺子取一点做'发酵'用的含酵母的材料，放在含糖的液体里，酵母菌便繁生起来。一两天后，取液体一滴，用显微镜可以看出，或取咸菜缸液体

---

[1] 王云五：《两年中的苦斗》，《东方杂志》，第31卷1号，1924年。
[2] 如《复兴自然教科书》（12册）"编辑大意"中指出："本书取材，以增进儿童利用自然的智能为主，对于民生主义，尤为注意。至于理解自然的常识，研究自然的兴趣，欣赏自然的美感和爱护自然的习惯，也在各教材中注意培养。本书的编制，分四个阶段：第一、二册，以图画为主；第三、四册，图画和文字互相参照；第五册至八册，在课文及插图外，另加'想'和'做'的题目，使儿童注意思考和实验；高级各册，以课文为主，注重儿童的自动研究和实习"。详见宗亮寰、周建人、沈百英编著：《复兴自然教科书》（初小第1册），第1页，上海：商务印书馆，1933年。

一滴检视,也可以看见酵母菌。"[1]中国民间利用发酵来酿酒、酿醋等学生熟悉的生活日常,成为科学知识学习的来源。这一点,《自然界》创刊号中《发刊旨趣》中曾敏锐指出自然教科书讲授中常见误区:

> 世界各国,因历史、民俗、教育、宗教的殊异,社会情状,既不一致;各国的自然界,因方位、气候、风景、物产等种种关系,差别尤多。若科学上的说明,和国民的环境不能适应,就容易生出许多误会和隔膜。……又如我国民以乳腐、霉菜梗等经过发酵的植物性食品下饭的很多;价值很廉,营养的价值却很大(乳腐中含消化蛋白质颇多,其他酵母菌,均能制造蛋白,菌体内所造蛋白质,和三倍以上的牛肉相当)旨味既佳(含卤基酸,由蛋白经酵素分解而成)消化又易,(组织疏解,)能促进食欲(含消化酵素)。西洋虽习用酸牛乳,发酵牛酪,但对于发酵的植物性食品,向无经验;故此等有益细菌(霉菌、酵母菌等,通常亦列细菌中)不加注意。我国学校中讲授细菌,只把病源细菌讲得淋漓尽致,不曾把有益细菌,分别说明;容易使学生把一切细菌,都认做病源细菌,对于此等由国民历久经验制出的廉价食品,认为病魔的集合地,岂不冤枉呢?我觉得我们中国人讲西洋科学,类乎此的事情,不一而足。

科学知识与学生日常生活的关系,同样贯彻在其他时段的教科书编写中,以下三张图为当时出版时的书影。

---

[1] 宗亮寰、周建人、沈百英编著:《复兴自然教科书》(初小第1册),第16—17页,上海:商务印书馆,1933年。

第三章 因祸得福：出任《自然界》主编及编教科书

周建人编著《动物学》（上下）复兴初级中学教科书（1933年）

周建人编《生物学》（上下）师范学校教科书（1935年）

周建人编《植物学》(上下)简易师范学校教科书（1935 年）

对于初中阶段的教科书,《复兴初级中学教科书 动物学》"编辑大意"中称:"本书取材以本国常见及与人生最有关系之动物为主,对于动物的适应,及与人类利害关系等均有详细说明。此外如保护有益动物及驱除有害动物之常识,亦随时灌输"。① 强调的是科学知识与人生、人类的重要关系。在《植物学》上册第一章绪论中,他用简洁明晰的语言来解释"植物学"概念:"植物学（Botany）是研究植物的科学。植物种类繁多,我们很常见,且经济关系很密切,因此大多数人多少有一点植物的知识。农人和花匠,关于植物的知识更丰富。但是植物学上所讲的知识,和普通知识的不同点,只是植物学上的知识较有系统,且较精密。还有一点

---

① 周建人编:《复兴初级中学教科书 动物学（上册）》,编辑大意,商务印书馆,1933 年。

第三章 因祸得福：出任《自然界》主编及编教科书

很重要的：就是植物学上所讲的不但是已成的植物知识，有时还要讲到研究的方法，使读者学习过植物学之后，可以自动的去研究植物，以增进新知识。"[1]由此可见，周建人在编辑教科书时，不仅注重植物知识的传播，同时强调科学方法的习得，"可以为习艺涉世之用，更进而将求较深之理，亦不致有所扞格"[2]，注重自然科学课程中知识与中国民众日常生活的交融。

编撰自然教科书，插图至关重要，如《复兴自然教科书》（12册）第一、二册以图画为主，多选择中国儿童熟悉的场景入图，如第一册第二课《好玩的秋虫》，便是以四幅类似连环画一样的插图，白描出男孩女孩如何挑灯瓜架下、墙边草丛中捉蟋蟀、饲养、观察并最后放走蟋蟀的场景；第二册第一课《我的家》，与"我的家，真正好，窗子多，地基高"文字相配套的，是三幅风格各异的院子，南北方风格兼顾，均选址高处，窗明几净的感觉。着眼于儿童熟悉的环境地形和事物，既简明系统地传播科学知识，又在儿童中间普及科学的自然观。

在编辑、编校之外，周建人还编译出版了《鱼类生活》《有趣的天文现象》等一套新小学文库第一辑六年级自然科丛书。据统计，在中小学自然教科书中，中学阶段的编译比例为28%，其中天文学、地质学教材翻译比例为40%，化学教材编译比例为32%；小学阶段的编译比例为2%。这种编译比例的差异，有研究者认为是与小学自然教科书普及色彩更浓，需要结合我国儿童特点和生活

---

[1] 周建人编：《简易师范学校教科书 植物学（上册）》，编辑大意，第1页，商务印书馆，1935年。
[2] 王扬宗：《近代科学在中国的传播——文献与史料选编（上）》，第176页，山东教育出版社，2009年。

热风之外：周建人的生平与志业

习惯编辑有直接关系。[1]实际上，这得益于他在《自然界》的办刊经验。"我们曾看到美国翻译德国的教科书，凡书中所举例证内德国的事物，多改换了美国的事物；译外国的教课书，当然应如是的。有人说'这种改头换面的本领，我们中国人恐怕还要比美国人强点'；其实这事情也谈何容易。外国人对于本国的事物，都经详细的调查，可以在教科书中提出作例证。我们中国那里能找得到这种材料呢？"[2]在编译《有趣的动物》一书中，第七个问题是"为什么猫看见了狗要拱起背来"，配图为中式柱子旁一猫一狗剑拔弩张的相见场面，"猫见了狗，便要拱起背来，这种举动是不是它的野性，我们实在不能决定。假使我们知道野猫看见狗会拱背，便可以确定这是它的天性用来保卫自己的。猫的这种形态像拱背，耸毛，或者要想使狗看见骇怕。还有人相信猫的这种状态，是想在地上踏得稳些，肌肉变得坚硬些，抓起敌人来也有力些。另外还有一个解释，觉得稍为准确一点，因为狗捕捉猫的时候，总想在猫的中部下手，假若把背拱得高高的，前后的爪子都靠近些，便容易保护它自己"。[3]盎然有趣的语言，叙述着学生日常生活中的常见场景，"教科书的最大功能是传输常识"，通过教科书，将西方自然科学知识顺利嫁接到中国自然科知识体系中。

1936年，教育部公布《修正中学课程标准　植物学大纲》，中学阶段正式讲授植物学，各大书局争先恐后推出多种版本植物学教科书。商务印书馆推出童致棱原著、周建人改编、胡先骕校订

---

[1] 张宇：《1900-1949商务印书馆自然科学教科书略考》，《科普研究》，2012（2）。
[2] 编者：《发刊旨趣》，《自然界》，第1卷1期，1926年。
[3] 周建人编译：《有趣的动物问题》（六年级 自然科），第7-8页，商务印书馆，1947年。

第三章　因祸得福：出任《自然界》主编及编教科书

的《复兴初级中学教科书　植物学》，内附插图182幅，1937年通过教育部审核，同年出版改编本，出版后成为"当时广泛采用的课本，至一九四六年该书已发行一百六十九版之多。"[①]此外，周建人编撰《复兴教学书　动物学》(初中)(1933年初版)，至1950年7月已达253版；与周颂久一起编校《(修订课程标准)复兴自然教科书(高小)》(四册)，至1947年已达288版，"他编写的教科书从内容选择到形式体例，都力求以满足儿童生命成长与实际生活为主，让学生明了环绕四周的花鸟虫鱼就是教科书上的动物植物，教科书上的知识活生生存在于现实生活中。他编写的教科书不仅符合儿童身心发展的特点，体现了教育教学的规律，而且理念新颖、文笔流畅、悦人耳目，具有科学的美感，是继杜亚泉之后商务印书馆'绍兴帮'的主力军和佼佼者。"[②]周建人成为杜亚泉之后理化部最得力的自然教科书编辑之一。

得益于6年《自然界》主编的职业生涯，周建人积累了较高的自然科学素养，使得教科书内容新颖可靠。他在编辑之余，还大量翻译西方相关著作，特别有关进化论最新研究成果，并将之运用到教材编辑中，更为全面、更大范围地传播科学的生物进化论知识。

对于生物进化论，周建人除撰写大量文章予以介绍外，还先后出版译著《进化论与善种学》(合译，1925)、《生物进化论》(英古特拉区著，1929)、《进化和退化》(1930)、《生物进化浅说》(1946)以及《物种起源》(达尔文著，1963)等，其中尤以《进化和退化》

---

① 周绍模：《植物学家胡先骕在中学植物教学上的贡献——胡先骕诞辰一百年纪念》，《植物杂志》，1993年(5)。
② 吴小鸥：《启蒙之光——浙江知识分子与中国近现代教科书发展》，第119页，浙江工商大学出版社，2016年。

热风之外：周建人的生平与志业

一书最为知名，大哥鲁迅在该书"小引"中也肯定这一点："进化学说之于中国，输入是颇早的，远在严复的译述'赫胥黎天演论'。但终于也不过留下一个空泛的名词，欧洲大战时代，又大为论客所误解，到了现在，连名目都奄奄一息了。其间学说几经迁流，兑佛黎斯的突变说兴而又废，兰麻克的环境说废而复兴，我们生息于自然中，而于此等自然大法的研究，大抵未尝加意。此书首尾的各两篇，即由新兰麻克主义立论，可以窥见大概，略弥缺憾的。"①周建人熟稔达尔文的进化论，在教科书中，周建人不仅介绍达尔文的进化论中"生存竞争""适者生存""自然淘汰"等概念，对学界不大熟悉的达尔文的祖父 Erasmus Darwin、德国诗人歌德、法国的拉马克等进化学说予以说明，还介绍过美国的戈尔顿的"遗传法则"优生学、瑞典的博物学家林那、美国的植物学家许莱顿等。1950年，人民教育出版社出版他主编的《生物教科书》："使学生知道每种动物都是历史的产物，它们都有由来，即都是逐步发展来的，现存种也在发生变化。所以动物界（整个自然界便是如此），是永远在发展与运动中的"②。周建人将进化论理念贯彻自然教科书编写过程。

自然科学教科书作为综合门类，本身对编者知识体系有较高要求，周建人是继杜亚泉之后，能够把相关植物、动物、矿物、化学、天文、地理以及生理卫生等自然科学知识按照课时、时令变化由浅入深、融会贯通加以编辑的"全科编辑"。在《师范学校教科

---

① 鲁迅：《〈进化和退化〉小引》，详见周建人辑译：《进化与退化》，第1页，光华书局，1930年。
② 周建人主编：《动物学课本》（初级中学）（上册），第2页，人民教育出版社，1950年。

第三章　因祸得福：出任《自然界》主编及编教科书

书　生物学》"编辑大意"中，周建人强调："全书分上下两册，上册讲生命物质之基础，生物之系统分类，植物界及动物界。下册讲关于生活现象及遗传进化之各要项。"在引论中，他用简洁语言为"生物"做了概念辨析："环绕我们四周的物体，凡是非用人工制造出来或经人工改造过的，统称为自然物（Natural Thing）。自然物的种类繁多，性质也各不同：凡如沙砾、岩石及矿物等，不生活的自然物，称为无生物；如松、柏、茅草、鲤鱼、麻雀等生活的，称为生物（Living Thing）。"[①]他将上册分为引论以及生命的物质基础、生物的系统分类、植物界和动物界四篇，下再分章，编排相当巧妙，突破了分科分册的人为割裂知识体系。

据统计，复职的周建人成为复兴自然教科书（系列）重要编撰者，先后编著《复兴自然教科书》12册（初小8册，高小4册，1933年）、《复兴初级中学教科书　动物学》（上下册，1933年）、《复兴初级中学教科书　植物学》（上下册，1933年）等；编校《复兴卫生课本》12册（初小春季8册，高小4册，1935年）、《简易师范学校教科书　植物学》（上下册，1935年）、《复兴自然教科书》（4册，1937年）；编译新小学文库第一辑六年级自然科《鱼类生活》《有趣的天文现象》《有趣的理化问题》《有趣的动物问题》《有趣的植物问题》（1947年初版）等，取材本国常见动植物，文风轻松风趣、贴近民众日常生活，一扫之前西化、刻板冰冷的自然科学教科书风格。在以杜亚泉、周建人为代表的编辑群体努力下，科学中国化楔入自然教科书中，语言风格和价值追求向趣味化、日常化、本土化转变。"我们愿意自己，并且希望大家，在'科学的中国化'的标识下做些

---

① 周建人编：《生物学》（上册）师范学校教科书》，第1页，商务印书馆，1935年。

工作。"[1]这种转向，顺应了科学大众化和科学中国化运动潮流，是浙东知识分子所具有的感性与理性精神交互的集中体现，是近代中国社会变革所带来的政治、学术和科学自身发展变化的产物。实际上，任何知识图景生成都是在社会因素中被加以选择的，任凭科学教育形态如何变化，科学知识与社会关系始终紧密，从这个角度看，自然教科书编写代表了新社会语境下一批浙籍知识分子的知识图景和学术特征，体现了他们对中西方科学知识想象的变化和科学中国化的理想追求。

这种编辑风格的教科书，是编辑人生经历、对科学自我定位与社会语境的多重耦合，为中小学科学教科书编写提供了鲜明典范，不仅框定了商务版自然教科书编辑风格，还迅速被中华书局、开明书店等中小学自然教科书编辑者所效仿，并进而影响到新中国自然教科书的编写。他担任了新中国第一套生物教材主编，由人民教育出版社出版，"本书是初中自然教科书动物学之部"[2]，供全国范围内初级中学使用，影响巨大。如果说"从梁启超到杜亚泉，在近代中国思想史上始终存在着一种调适的变革线索"[3]，那么杜亚泉之后的《自然界》主编周建人及其后续的博物教科书的出版，则是梁、杜之后调适变革线索的延续，一直影响至今。

---

[1] 《发刊旨趣》，《自然界》，第1卷1期，1926年。
[2] 周建人主编：《动物学》（初级中学）（上册），第1页，人民教育出版社，1950年。
[3] 许纪霖：《杜亚泉与多元的五四启蒙》（代跋），详见：许纪霖、田建业编《杜亚泉文存》，第496页，上海教育出版社，2003年。

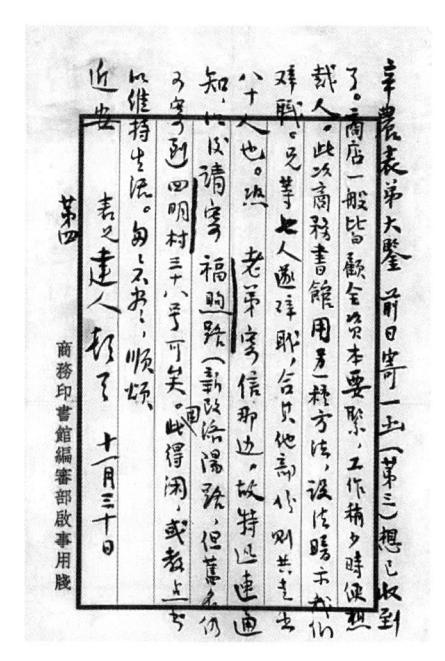

第三章　因祸得福：出任《自然界》主编及编教科书

周建人致表弟辛农信函（1944年）

或许是听从了大哥"一心于馁，三缄厥口"的八字箴言，复职之后的周建人在商务印书馆编辑生涯甚为顺畅，一直持续到1944年下半年，因战事吃紧，困守孤岛上海的商务印书馆分部馆务基本停顿，周建人等七人辞职，在给表弟辛农的信中（见上图），他谈到"商店一般皆顾全资本要紧，工作稍少时候便想裁人。此次商务书馆用另一种方法，设法暗示我们辞职。兄等七人遂辞职，合其他部分共走出八十人也"[①]。周建人辞职之时，恰逢王云五去职。周建人将更多的精力转向撰写评论性文章，投身于民主党派的政治呼吁。

① 《周建人致辛农信函》，藏于绍兴鲁迅纪念馆。

第四章
伯埙仲篪：卷入"妇女问题"的笔战

五四前后大量西方思潮被译介，知识界以此作为讨论中国妇女问题的理论凭借，"父母之命、媒妁之言"及贞操观等被作为钳制中国女性解放象征，受到知识分子前所未有的抨击。从五四时期到20世纪30年代，随着社会局势变迁，以男性知识分子为主体，在个人主义、科学主义、优生学说以及革命集体主义、国族主义的时代潮流底色下，他们将妇女解放诉求，放置于恋爱、婚姻、职业、节育、贞操等问题的讨论脉络中，恋爱与欲望、贞操与性道德等讨论成为焦点。很有意思的是，知识界虽多以西方观点来讨论中国妇女问题，却因解读角度不同爆发数次规模不一的笔战，不仅《妇女杂志》《新女性》《民国日报·妇女周刊》等女性杂志成为双方论争的战场，而且《现代评论》《莽原》《新文化》《一般》及《生活周刊》等亦被延拓进来，经过近代报刊再生产的舆论作用，恋爱自由、性道德、贞操观等讨论向深广扩展。1925—1933年期间，周建人三次卷入，大哥鲁迅、二哥周作人先后下场协助，二周失和后，却因助战三弟而再现伯埙仲篪、兄弟怡怡的温情画面。

第四章　伯埙仲篪：卷入"妇女问题"的笔战

一、与北大教授陈百年：三兄弟齐上阵

1925年周建人因《妇女杂志》刊"新性道德专号"惹祸，北大教授陈百年率先发难。陈氏在《现代评论》上以《一夫多妻的新护符》为题，指出新道德观为一夫多妻张目："不料以指导新妇女自任的《妇女杂志》的'新性道德号'中竟含着一种议论，足以为过一夫多妻的生活的人所藉口，足以为一夫多妻的新护符。周建人在《性道德之科学的标准》里说及各种性道德的观念，……""中国现在的家庭大有改革的必要。而我的偏见以为严格的一夫一妻制的小家庭最合理想，古来一夫多妻的坏风俗非极力打破不可。今以改革自任的新性道德家竟有许可一夫多妻的言论，竟挺身出来作一夫多妻的新护符，我不得不提出一种抗议了。"[①]1912年民国初立，颁布的《临时约法》规定一夫一妻制，但社会上妻妾现象大量存在，被作为社会旧弊遭到知识分子的猛烈抨击。陈百年批评言论，加上上海《晶报》《时事新报》副刊的非议，一时间舆论大哗。陈氏作为北大知名教授、以"公共论坛"为目标[②]的《现代评论》的主笔，他的批评引起商务印书馆高层的极大重视。

陈文发表于3月14日，章锡琛、周建人作为媒体人，深知舆论的力量，迅速回应，次日便写辩解文章寄给《现代评论》编辑部，却迟至5月9日在第22期"通信"栏目发表，同期还刊发陈

---

① 百年：《一夫多妻的新护符》，《现代评论》，第1卷14期，1925年。
② 1924年12月创刊的《现代评论》，在创刊号上发布《本刊启事》，声明该刊"精神是独立的，不主附和"，"态度是研究的，不尚攻评"，"言论趋重实际问题，不尚空谈"，做"同人及同人的朋友及读者的公共论坛"，这种稳健持中、不趋时潮的办刊理念得到学界的不少认同。详见《本刊启事》，《独立评论》，第1卷1期，1924年。

百年的回复文章。细看三人答文，章氏称"近来颇有几位要好的朋友常常向我劝告，说我的思想似乎太偏激了，应该放和平一点才是。……现在陈先生第一个给与我这样的指示，使我可以知道自己谬误所在，那我的感激自然不可以言语形容的"，接下来话锋一转，"陈先生以为我的性道德观，足为一夫多妻的新护符，那固然不错。但我的意思，以为无论什么主张，似乎只该考察它本身的是非，不能对于所有的流弊一一防到。"并借陈百年境遇顺手一击："我很知道陈先生是亲身受过旧式一夫多妻制的苦痛的人。……因为痛恨多妻制的缘故，不免从感情上把性的解放与旧式多妻制认为同物，这正像我们故乡的俗语所谓一回被蛇啄，二回怕烟草索，也正是无怪。"①周建人则直接抨击陈文中所讲"至于说同时不妨恋爱二人以上的见解"，"陈先生说'此处周先生似乎只说到现在中国社会上有这一种见解，似乎并不是自己的主张'"缓颊之词不以为然，"这里我要说明，我自己确实也是这样主张。所以不必说自己的主张者，因为把恋爱看作极私的事，如果是成年以上的，健全的，纯粹是爱情的关系，社会应当看作中性道德的话，瑞士的福莱尔、英国的罗素等都说过，只要客观的说出就好，我当然是赞成这种意见了。""但我觉得超一男一女以上的恋爱关系，社会必须认为不道德总是一种压迫，而陈先生明知'这些新的见解以男女平等为原则'而犹说旧道德多妻制作护符，未免'深文周纳'了"。②指责陈氏妄加罪名。面对两人辩词，陈百年重申自己主张，称"对于章周二先

---

① 章锡琛：《新性道德与多妻：答陈百年先生》，《现代评论》，1卷22期，1925年。
② 周建人：《恋爱自由与一夫多妻：答陈百年先生》，《现代评论》，1卷22期，1925年。

第四章 伯埙仲篪：卷入"妇女问题"的笔战

生的主张始终不敢苟同"："章周二先生似都以我的批评态度，为过于苛刻。……主张本身并无某种流弊，只因被人假借了，于是酿成某种流弊；换言之，即此种流弊本非该主张预料所及的，本非该主张所许可的；我们现在若专从此种流弊攻击该项主张，自然不免有失公平，自然是不应该的。若主张本身本已许可某项流弊，含有某项流弊，即某项流弊直接出自主张本身，不待被人假借而后才有，则主张本身似不能不对于该项流弊负责任了。我们从这种流弊批评那流弊所自出的主张，似乎也不能说有失公平"。① 对章、周二人的辩解不以为然。

双方笔战焦点集中在三个问题上：（1）新性道德与一夫多妻制之间的关系；（2）新性道德与纵欲之间的关系；（3）恋爱与占有欲、妒忌之间的关系。这3篇答文虽有交锋，但火药味尚不浓厚。5月15日《莽原》周刊出版，刊有周、章二氏另一面目的答文及主编鲁迅《编完写起》，悄然将笔战推向高潮。周建人援引据典，语锋犀利，指出陈文是牵强附会，直抒愤懑心情：

主张恋爱可以这样自由，当然有讨论的余地，如果有人能够屏除一切偏见和从古代遗传下的 Taboo 思想，用科学的态度，来说明一夫一妻以外的性关系，纵使由于健全的成人的自己意志，也决不能任其发生，这自然是我们应当感谢的，但很不希望牵强附会地拉到本题以外去。这实在是很有趣味的事，恋爱应当绝对自由的话，在别国已经说的太多而且太久了，读者似乎并不为奇，而一出于本国人之口，便大家都来大惊小怪。即如我们这一次说了几句极平常

---

① 陈百年：《答章周二先生论一夫多妻》，《现代评论》，1卷22期，1925年。

的话,《晶报》就最早,说我们教坏青年,《青光》其次说女子可以多夫,"此可忍,孰不可忍!"最后,乃见陈百年先生在《现代评论》上提出抗议,说我们给"一夫多妻作新护符",别的老先生则说我们是提倡自由恋爱。于是我们为一大伙道德家所包围。我们因为尊重陈先生的言论起见,特地作一篇答文,于看到十四期《现代评论》之次日,即行寄请发表。至今前已出到二十期了,终于不见登载。又寄挂号信问现代评论社催问,今已半月有零,全不理睬我们,威严实在可畏!我只好重写一篇,寄到能容许我们说几句话的地方发表去。或者陈先生以为我们的话没有多大意思,不再答复,或者再能给我们极有益的教言,都未知,但我们如果觉得没有再答复的必要时,也就不再答复了。①

从文中可见,章周二氏第一时间将答文寄到北大的《现代评论》后,该杂志并未及时刊出平息舆情,他们去函询问亦无答复,外在的舆论压力与日俱增。同期《莽原》同时刊章锡琛《驳陈百年教授〈一夫多妻的新护符〉》,章氏直言他们的论据全是"抄袭"西方理论家,"陈教授如有抗议,早就该像他们提出的。可是我们中国人往往有一种牢不可破的最坏的下流脾气,就是喜欢崇拜博士,教授,以及所谓名流,因为陈先生是一位教授,特别是所谓'全国最高学府'北京大学的有名的教授,所以他对于我们一下了批评,就好像立刻宣告了我们的死罪一般,这篇文章发表以后,从各方面袭来的种种间接直接的指斥,攻击,迫害,已经使我们够受",友人们替他们发言未有回应,而他们寄给《现代评论》的"反诉"

---

① 周建人:《答〈一夫多妻的新护符〉》,《莽原》第 4 期,1925 年。

第四章 伯埙仲篪:卷入"妇女问题"的笔战

文,"等了一个多月,不但未见采纳,简直也未见驳回,只是给我们一个'留中不发',这实在使我们觉得有点害怕了。我虽是极弱的弱者,但在这'生死关头'当儿,怎敢不作最后的挣扎,所以不得不再向陈教授诉说几句:即使仍然免不了一个死刑,也可以使少数不曾染到下流脾气的人,知道我们的所以理屈,并不是为什么,只为了我们不曾做大学教授。"[①] 这期《莽原》鲁迅亲自撰写了《编完写起》:

近几天收到两篇文章,是答陈百年先生的《一夫多妻的新护符》的,据说《现代评论》不给登他们的答辩,又无处可投,所以寄到我这里来了,请为介绍到可登的地方去。诚然,妇女杂志上再不见这一类文章了,想起来毛骨悚然,悚然于阶级很不同的两类人,在中国竟会联成一气。但我能向那里介绍呢,饭碗是谁都有些保重的。况且,看《现代评论》的预告,已经登在二十二期上了,我便决意将这两篇没收。

但待到看见印成的《现代评论》的时候,我却又决计将它登出来,因为比那挂在那边的尾巴上的一点详得多。但是委屈得很,只能在这无聊的《莽原》上。我于他们三位都是熟识之至,又毫没有研究过什么性伦理性心理之类,所以不敢来说外行话。可是我总以为章周两先生在中国将这些议论发得太早,——虽然外国已经说旧了,但外国是外国。可是我总觉得陈先生满口"流弊流弊",是论利害,不像是论是非,莫名其妙。[②]

[①] 章锡琛:《驳陈百年教授〈一夫多妻的新护符〉》,《莽原》第 4 期,1925 年。
[②] 《编完写起》,《莽原》,第 4 期,1925 年。

热风之外：周建人的生平与志业

鲁迅简要说明前因后果，揪住陈百年文中提及法律和道德关系时所举例子，顺手一击，"章先生的驳文似乎激昂些，因为他觉得陈先生的文章发表以后，攻击者便源源而来，就疑心到'教授'的头衔上去。那么，继起者就有'拍马屁'的嫌疑了，我想未必。但教授和学者的话比起一个小编辑来容易得社会信任，却也许是实情。因此从论敌看来，这些名称也就有了流弊了，真所谓有一利必有一弊。"[①] 此期《莽原》篇幅共 16 页，周、章二氏文章占据 9 页之多。由此可见大哥是挟《莽原》及自己社会声望与《现代评论》的陈百年角力。

鲁迅的按语，具有相当的冲击力，陈百年专门写了《给周章二先生的一封短信》寄给《莽原》，解释《现代评论》未及时刊登、答复的前因后果，称回京后杂务缠身，以致搁置多日才执笔作文，"都是我不勤作文的罪"，与现代评论社无关，对于章文所说的"指斥、攻击、迫害"等，"我万万想不到我的信口胡说竟会引起这样的恶影响，万万想不到不值一文的教授头衔竟会这样作怪，鲁迅先生也说'……妇女杂志上再不见这一类文章了'，这不但使鲁迅先生毛骨悚然，连我也不免要毛骨悚然。我早知这样，我当时决不多嘴。但我也要吃饭，不能为了要胡说而牺牲教授的头衔，所以我以

---

① 《编完写起》，《莽原》，第 4 期，1925 年。

第四章 伯埙仲箎：卷入"妇女问题"的笔战

后对于这个讨论，只好暂时不参加了。"[①] 短信虽注明给"周章二先生"，信中却只引章氏驳文内容，并专门提及鲁迅的《编后写起》，因"要吃饭"原因不再参与讨论。据《鲁迅日记》记载：陈氏"一封短信"于 5 月 18 日收到，25 日"下午得三弟信并稿，二十一日发"，内中附有《再答陈百年先生论一夫多妻》，次日"得章锡箴稿"，章锡琛的《与陈百年教授谈梦》寄到，27 日"下午寄三弟信"。5 月 29 日，鲁迅将陈百年《给周章二先生的一封短信》在《莽原》第 6 期刊发，一周后，6 月 5 日，周建人、章锡琛的再辩文章在《莽原》第 7 期刊出，两文长达 14 页，在 16 页的总篇幅中，几乎算是"专刊推出"了。

对照《鲁迅日记》记载，周建人、章锡琛的再辩文是 5 月 21 日发出，远在上海的他们或许不知陈百年 5 月 18 日给鲁迅的"一封短信"，但于鲁迅，他已知陈百年无心恋战，在 5 月 27 日"下午寄三弟信"中是否谈及此事不得而知，随后在《莽原》第 6、7 期

[①] 文中开首写道："在莽原第四期上读了两位先生的大作后，有不得不声明的一件事情，就是现代评论所以大作迟迟发表的原因。我接到两位先生的大作时，适我正要回南，没有功夫作答。我便将两篇大作交给现代评论社，并言明，俟回京后，我再作答。现代评论社以为辩难的文章最好在同期发表，俾阅者同时看见，印象可以格外明显些。因我既有预约，所以想等我的文章作好后，一同登载。两位先生寄现代评论社催问的信，恰于我回京前一两天寄到。现代评论社以我既回京，大作和拙作不日可以发表，似无写回信的必要，所以没有奉复，并非故意不理。想不到我回京以后，为了各种事情忙不过来，搁了许多日子，才能执笔作文，所以一直到了现代评论第二十二期始得发表。现代评论将大作发表的如此之迟，都是我不勤作文的罪，并非现代评论社的威严可畏，也非有意'留中不发'。因我的过失而使现代评论社受人误解，我心中常觉不安，所以将源委叙明，请求两位先生的谅解。"陈伯年：《给周章二先生的一封短信》，《莽原》，第 6 期，1925 年。

热风之外：周建人的生平与志业

的布局，看似隔空打物，实则用自己的社会声望来为三弟等人争取舆论空间。[1]这一点，紧随两文之后刊登的《编者附白》，说明了这一切：

  莽原所要讨论的，其实并不重在这一类问题。前回登那两篇文章的缘故，倒在无处可登，所以偏要给他登出。但因此又不得不登了相关的陈先生的信，作一个结果。这回的两篇，是作者见了《现代评论》的答复，而未见《莽原》的短信的时候所做的，从上海寄到北京，却又在陈先生的信已经发表之后了，但其实还是未结束前的话。因此，我要请章周二先生原谅：我便于词句间换了几字，并且将"附白"除去了。大概二位看到短信之后，便不至于以我为太专断的罢。六月一日[2]

大哥鲁迅先后援手，二哥周作人也在隔空助阵，周作人以"开明"笔名，在《语丝》第26期上发表《与友人论性道德书》，以挪揄口气"劝说""雨村兄"——主编章锡琛要清楚《妇女杂志》是营业性质的杂志定位："我如要称赞你，说你的《妇人杂志》办的好，即使是真话也总有从后台喝采的嫌疑，那是我所不愿意说的，现在却是别的有点近于不满的意见，似乎不妨一说，你的恋爱至上的主张，我仿佛能够理解而且赞同，但是觉得你的《妇人杂志》办的不好——因为这种杂志不是登载那样思想的东西。《妇人杂志》

---

[1] 有研究者指出这次新性道德论战牵涉的明枪暗箭，背后隐藏着鲁迅与《现代评论》之间的新仇旧恨。详见许慧琪：《1920年代的恋爱与新性道德论述——从章锡琛参与的三次论战谈起》，《近代中国妇女史研究》，第16期，2008年。

[2] 《编者附白》，《莽原》第7期，1925年。

第四章　伯埙仲篪：卷入"妇女问题"的笔战

我知道是营业性质的，营业与思想——而且又是恋爱！差的多么远！我们要谈思想，三五个人自费赔本地来发表是可以的，然而在营业性质的刊物上，何况又是 The Layies Jourrial……那是期期以为不可。我们要知道，营业与真理，职务与主张，都是断乎不可混同的，你却是太老实地'借别人的酒杯自己浇的块垒'，虽不愧为忠实的妇女问题研究者，却不能算是一个好编辑员了。所以我现在想忠告你一声，请你留下那些'过激'的'不道德'的两性伦理主张预备登在自己的刊物上"，并给了章一条酬世锦囊妙计，消灾纳福，"把气力卖给别人，把心思自己留起"，"我劝你少发在中国是尚早的性道德论"，"以致被道学家们所烤"。① 文风风趣幽默，着力点虽不同，但同样在用自己的社会声望为三弟转移火力。

两位兄长襄助，友人顾均正、许言午亦撰文声援，章、周二人亦采取自救措施，在《妇女杂志》上开辟"读新性道德号""甲种征文"，借读者之力试图缓解舆论，周建人还在北京的《晨报副刊》发表《再论产儿制限与性道德》文章，但这些努力却难以扭转商务印书馆"弃车保帅"的决定。1925年8月，商务印书馆撤掉章锡琛的主编职务，周建人被调至理化部编辑自然教科书，"新性道德号"引发的风波以章、周去职而黯然收场。章氏转而自立门户，创办《新女性》，继续高扬恋爱神圣与新性道德大旗。周建人1926年1月起担任新创刊《自然界》主编，主要精力转向"花鸟虫鱼"等

---

① 周作人以雨村兄为假托，开篇写道："雨村兄：长久没有通信，实在因为太诧熟了，况且彼此都是好事之徒，一个月里总有几篇文章在报纸上发表，看了也抵得过谈天，所以觉得别无写在八行书上之必要。但是也有几句话，关于《妇人杂志》的，早想对你说说，这大约是因为懒，拖延至今未曾下笔，今天又想到了，便写这一封信寄给你。"详见开明：《与友人论性道德书》，《语丝》，第26期，1925年。

热风之外：周建人的生平与志业

自然科学，他的职业身份逐渐从"妇女研究专家"向"知名的科学记者"转换。当然，妇女问题中的恋爱自由、两性关系依然在他视域中，在《新女性》《妇女周刊》持续发表的40余篇文章是很好佐证，与之前相比，行文风格倾向客观的科学层面解读，为第二次笔战埋下伏笔。

二、与张竞生：《性史》书评与二哥助战

第二场笔战发生在1926—1927年间，起因由周建人写的一篇书评引发。这次论战对手是前北大教授、留法哲学博士张竞生。与陈百年不同，张氏因发起"爱情定则讨论"[①]被世人视为思想前卫的激进之士。

1926年2月2日，张竞生在《京报副刊》上以《一个寒假的最

[①] 1923年时年33岁、北京大学生物学教授谭熙鸿丧妻两个月后，与22岁的妻妹陈淑君相恋同居。与陈淑君有口头婚约的沈原培闻讯赶赴北京，在报章著文痛斥谭熙鸿无行、陈淑君负义。当时主流舆论既不齿陈淑君的变心，更深恶谭熙鸿利用教授地位夺人之爱，舆论呈一边倒之势。4月16日，作为谭熙鸿留法同学、北大同事的张竞生在孙伏园主持的《晨报》周刊上发表《爱情的定则与陈淑君女士事的研究》一文（上海《时事新报》1923年5月7日亦全文刊登），为谭熙鸿、陈淑君辩护，并提出爱情的四大原则，（1）爱情是有条件的；（2）爱情是可比较的；（3）爱情是可以变迁的；（4）夫妻为朋友之一种。张竞生的文章刊出后，《晨报》周刊先后收到60余篇来稿来函，引发了大范围的爱情问题大讨论，讨论者各持己见，互不相让，面对如此多的异议，6月20、22日，《晨报副刊》刊登张竞生发表公开答辩文章《答复"爱情定则的讨论"》（上、下），表示要结束这场讨论，张竞生答辩完后，《晨报副刊》还刊登了三封有关来信，在《晨报》周刊上讨论了两个月的"爱情定则大讨论"才告一段落，张竞生由此被称为"爱情博士"。

第四章　伯埙仲篪：卷入"妇女问题"的笔战

好消遣法》，以代"优种社"同人启事的名义，面向社会征集个人性史记述："尚望作者把自己'性史'写得有色彩，有光芒。有诗家的滋味，有小说一样的兴趣与传奇一般的动人。但事情当求真实不可杜撰"；"来！来！来！给我们一个详细而且翔实的性史，我们就给您一个关于您一生性的最幸福的答案。您给我们材料，我们给你方法，两相益，两勿相忘！"①这场中国第一次公开征集性史，得到全国各地来稿 300 余篇。张竞生从稿件中挑选出 7 篇②，他在每篇后加上点评，介绍阅读心得，题写"序"和"赘语"，以《性史》(第一集)为名，由光华书局 5 月初结集，初版 1000 册（定价四角），出版后引发强烈的社会轰动。林语堂曾描述过《性史》在上海热销情形："日销千余本。书局铺面不大，挤满了人，马路上看热闹的人尤多。巡捕用皮带灌水冲散人群，以维交通。"③光华书局的两个伙计专事顾客购买《性史》，收钱、找钱、包书，忙个不停。各地青年男女"一见着《性史》，竟会如蚁附膻"，④天津大、中学校的学生，几乎到了人手一册的场面。南开学校校长张伯苓召开全校大会，亲向学生训话，宣布凡发现读《性史》的，要给予记大过或斥退的处分，此后又一纸公文告到京津警察厅，要求查禁《性史》《情书一束》等五种"淫书"。不少社会名流也纷纷响应，如梁

---

① 张竞生：《一个寒假的最好消遣法——代"优种社"同人启事》，《京报副刊》，第 403 期，1926 年。
② 包括《我的性经历》(一舸女士)、《初次的性交》(江平)、《我的性史前几段》(白苹)、《我的性史》(喜莲)、《我的性史》(苹子)、《我的性史》(乃诚)、《幼时性知识获得之回顾》(敬仔) 七篇，作者均为在京读书的大学生。
③ 一得（林语堂）：《张竞生开风气之先》，详见《绕平文史》第 6 辑 张竞生博士诞辰一百周年纪念专辑，184-185 页，自刊，1988 年。
④ 良斌：《性史讼》，《上海日报》，1926-11-15。

・141・

热风之外：周建人的生平与志业

秋实直接呼吁以后禁止张竞生出书，连张竞生的老同学宋子文也怒斥张氏倡导"乱爱"。6月3日，北京警厅宣布查禁《性史》，张竞生亦因此被北京大学婉言辞退。为平息舆论是非，张竞生通知光华书局，除最初的1000册外，不可再印，但依旧于事无补，京津警察厅查禁了《性史》后，7月份上海总巡捕房以光华书局发行《性史》予以罚款，并要求"以后不准再售同样书籍"[①]。被冠名"性学博士""性欲专家"的张竞生避居上海，接受了上海艺术大学教务长的聘书[②]，活动中心从北京转移到上海，但依然避不开《性史》带来的纷挠。

虽《性史》被列为禁书，书局不敢公然出售，但"天下第一乐事，莫过于闭门读禁书"，[③]黑市销路却异常畅旺。据1926年8月3日《民国日报》载，仅在广州就售出五千余本，书店更向上海订购了五千本。"书尚未到，已为各校学生定尽。以城北及城东两女小学生为最多。自从看了性欲博士的《性史》后，一班青年男女，弄得好像饮了狂药一般。"到了1927年3月，"性史这本书，那个不知，何人不晓，现在虽已列入禁书之类，可是他的潜势力，确仍旧非常之大，不信，但看各书局仍在那里秘密出售，生意却更变以前来得好了，销路也更加发达了，所以张竞生博士要把他这本书，当祖宗般看待哟。"[④]7月份更是有增无减："性史初出，书局皆不敢公然出售，即有售，亦非熟人不办，盖非如是，恐被警局查悉，有干法律也。故其时，一般读者，虽有志一读，终以有钱无购处，亦只

---

① 《光华书局发行性史被罚》，《时事新报》，1926-7-29。
② 哀夫：《张竞生任艺大教授矣》，《小日报》，1926-9-26。
③ 兰：《〈性史〉成了〈禁书〉了》，《时事新报》，1926-6-3。
④ 乖乖：《性史之魔力》，《钟报》，1927-3-20。

第四章　伯埛仲簾：卷入"妇女问题"的笔战

得望洋兴叹已。谚曰，物极必反，今则以轻易不能购致之性史，竟然满街飞舞，俱凡街头巷角，莫大陈列殆满，虽闹事区域，亦居然出售，岂青天白日旗下，无事不可公开活动欤。"①《性史》一书在社会上火爆程度，由此可见一斑。

關於性史的幾句話

周建人

西洋的教育家醫學家等感到性知識的重要年代原不很久遠這種「潮流」的傳播到中國自然更是近年的事了但在最近幾年中國的出版界關於性科學的書籍却也出了不少其中最為一般人所注意的恐怕要推張就生先生編的性史（性史第一集定價四角不寫出版處只說代售處各書局）了當此書預告登出來的時候便引起多數人的注目五月間印成出版大家爭先購閱但不久即在北京被禁止了不過禁的只管禁賣的仍然賣看的依舊看開北京翻印本已不止一種上海也有可見此書的受社會歡迎了

性史全書一四〇面除在首尾的是幾則贅語外有性經歷的白述七篇各篇是獨立的並沒有统系上的關連所以本書不是有統系的科學的著述只是幾則論料（data）的結集。

「論料」在科學上是重要的，因為科學上的公例和推論都須以論料為依據不過論料的趣味只在專門家纔有在普通讀者看來是很少趣味（此就純科學的論料而言若性史中的小說的描寫不在此例）也很少利益。

科學的進步基在搜集新事實和歸納複雜的事實為簡單的定律和說明上換一句話即專門家搜集論料歸納

周建人发表在《一般》杂志的"性史"书评剪影（1926年）

---

① 《性史满街飞》，《笑报》，1927-7-26。

· 143 ·

热风之外：周建人的生平与志业

　　1926年9月，立达学会创办《一般》杂志，创刊号上周建人在"书报评林"专栏发表《关于〈性史〉的几句话》，开篇谈及该书的影响力："当此书预告登出来的时候，便引起多数人的注目，五月间印成出版，大家争先购阅。但不久闻在北京被禁止了。不过禁的只管禁，卖的仍然卖，看的依旧看。闻北京翻印本已不止一种，上海也有，可见此书的受社会欢迎了"，"《性史》全书一四〇面，除在首尾的是张先生的序和赘语外，内有性经历的自述七篇，各篇是独立的，并没有统系上的关连。所以本书不是有统系的科学的著述，只是几则论料的结集"，而这些论料没有科学上的说明，且书中"张先生的按语常有错误和偏见的地方"，[①]不适合给中学生和一班普通人阅读。在书评中，周建人援经据典，一一指出书中错误所在。面对周氏质疑《性史》，张竞生颇为不屑："多蒙世人厚爱，到如今对于《性史第一集》批评者确实不少，可惜误会者并未见其不多。周先生此次批评，'不幸得很'，也不免是误会中之一。凡他所批评要不得的，便是我们已知道而固（原文）意要如此的。"并称"我虽不是报上所说的'性欲博士'，但我看的性书也有相当的积量，而我的主张常有超过一班普通自命性学家的思想范围之外，这是我的抱歉处，也是我值得骄人处"[②]。周建人再以《答张竞生先生》应对，认为性知识的传播不应以"阅读趣味"凌驾"科学知识"上，"我始终不敢赞同。我以为科学文字能做得有趣味固然好，但没有趣味也不要紧，只要所说是真理；如果不真，有趣味也是无用"，"盖据今日专门家之研究，足以证明张先生的推测为不合事

―――――――

① 周建人：《关于性史的几句话》，《一般》，第1卷1期，1926年。
② 张竞生：《答周建人先生〈关于性史的几句话〉》，《一般》，第1期3期，1926年。

第四章 伯埙仲篪：卷入"妇女问题"的笔战

实"，称"我是很感情作用的，见中国人被人斥责，多少感到不快意，但看到本国人的一种伪科学的态度，其不快更甚于被人说无科学的著作狂"，将《性史》判定为是打着科学旗帜却又混淆科学真义的"伪科学"。①周建人不妥协的态度，激怒了张竞生，一场轰轰烈烈地"性史讼"②的笔墨官司就此拉开。

1926年12月，封面上标注"中国最有新思想的月刊"《新文化》创刊，张竞生担任主编，一切刊文以"新文化"为标准："我们大胆地挂出这个'新文化'招牌来，一切一切皆以这个新文化为标准；若他是新文化，不管怎样惊世骇俗，我们当尽量地介绍，并作一些有系统的研究。若他不是新文化，不管他在历史及社会上多大势力，我们当竭力攻击到使他无立足地然后已。所以我们对于本刊预备二大特色以供给阅者：第一，他所选材料必定新奇可喜，当使阅者兴高采烈，不似一般杂志抄袭陈腐令人生厌；第二，专辟'辩论'一栏，务使各人对各种问题，淋漓发挥，尽情讨论，而使阅者

---

① 周建人：《答张竞生先生》，《一般》，第1卷3期，1926年。
② 良斌在《上海日报》发文谈及周建人与张竞生之间的笔战："张竞生博士虽然会写别字，可是自从他老先生手编的性史第一集出版了以后，怪陌生的张竞生三个字，连我的脑筋里也被印入了。……但是不幸，当我正要汇钱去购性史的时候，恰巧一般杂志呱呱坠地，在该杂志中我读到了周建人先生的《关于性史的几句话》后，性史的内容描写'性'的种种忠实不忠实的问题，便给我一个答案了。我一面停止了去购的动机，一面不禁太息我们贵国的博士是如此如此，我们贵国的青年'盲从'的程度是这般这般，虽然周建人先生的性欲学识或不及性欲博士张竞生，但是他那篇'关于性史'我认为是公正的。最近一般杂志十一月号出版了，我昨晚上约略地看了一回，见到里面有竞生先生驳周先生的文章，也有周先生答竞生先生的文章，哈哈，他们俩竟打起笔头官司来了。"详见良斌：《性史讼》，《上海日报》，1926-11-15。

热风之外：周建人的生平与志业

觉得栩栩有生气，好似身临千军万马的笔墨战场一样。"[①] 对《一般》杂志顺手一击的同时，还高调宣称要专门开辟一个栏目，用作"笔墨战场"，创刊号"批评辩论"栏刊登了6篇文章[②]，除去署名"子修"的主要矛头对准商务印书馆的销路最广的《东方杂志》外，其他5篇从不同角度，意涉张、周二人的笔战内容。张竞生的《新淫义与真科学》打头阵，对周建人《性史》为"伪科学"的指责予以回应，措辞激烈：

> 我因"淫义"一问题未免过于深奥尤其是对了中国人说的更难懂，所以不敢提出与《一般》的阅者讨论。不意由此使周建人先生说了一篇什么真科学，什么假科学。在《一般》看来必定承认周君是一个真的科学家了！所以开合口说人是假科学家，"无科学"家。
>
> 其实，我不是真科学家，也不是假科学家，更不是"无科学"家。但我比此更高然超然的。我是一个"常识家"，有时又是哲学家，有时更是艺术家。我所说的，不过是一班普通人能懂的常识，……不意自称为科学家的周君，连这样的常识也不懂，这真叫人要骂科学家太误人了，或者愈深于科学者愈成傻子也未可知。

[①] 《〈新文化〉月刊宣言》，《新文化》创刊号，1926年。
[②] 6篇包括《新淫义与真科学》（张竞生）、《看过了两集〈性史外集〉之后》（达公）、《东方杂志与〈臭绅士〉态度》（子修）、《每况愈下的〈新女性〉》（娜丽女士）、《调笑〈一般〉之所谓主干也者》（张竞生）、《法国通讯》（赖美生）。最有意思的是《法国通讯》这篇文章，借留法学生赖美生之口，不仅大力赞扬张竞生的文笔（诸如"先生的文字，既有科学方法的切实，又有哲学方法的灵巧，总而言之，先生的文字就是艺术化，所以能动人如是之深"），更将不赞同张竞生意见者统归入"登徒子"之列。

第四章 伯埙仲篪：卷入"妇女问题"的笔战

在回应文章中，张竞生指斥周建人不仅缺乏常识，更无哲学、美学方面的修养。"用哲学来解释淫义，已够令周君一班人头昏了，而我今再进一层以艺术的眼光来解释'新淫义'，这恐更使周君辈大跳起来。"讽刺周建人是死板的、抄袭的傻"中国式的科学家"，用"呆蠢歪缠法"阻碍科学的发展。① 在创刊号上，张竞生还借《性史之史》一文为自己辩解："语云，少见多怪，性史第一集出版后，居然风行一时。有一班人说是淫书，有一班人说是性教育，就我个人观察，则以为皆是而皆非也。他不是淫书，因为本书目的，乃在给人一些性学大纲，而使人利用艺术方法以便达到最大的性趣。"② "娜丽女士"延续张竞生文风，对与周建人关系密切的《新女性》严厉批判，认为《新女性》完全背离了该刊"努力青年男女之心的改造，建设新性道德的底层基础"的办刊宗旨，不仅"内容贫弱，不能名符其实"，"取材单调"，而且，"便是连文字都弄得不很妥帖"。奉劝章锡琛主编，"章先生还是多读些心理学生理学等科学吧"。③ 张竞生对《一般》杂志编辑夏丏尊给予"调笑"④。面对张竞生的出语相讥，周建人遂在《一般》新年号中作答，行文中亦沾染几分情绪：

---

① 张竞生：《新淫义与真科学》，《新文化》创刊号，1926年。
② 竞生：《性史之史》，《新文化》创刊号，1926年。
③ 娜丽女士：《每况愈下的"新女性"》，《新文化》创刊号，1926年。
④ "夏君既然戴上《一般》无冠帝王之帽，手拿上一枝不值一文的'毛枪'遇着他佬（粤音粤字）不舒服时就不管三七二十一随手添加上许多'原文'二字丁后头，如我这样不幸的人，恰巧在他贵刊十　月号得了这个七个赏赐。写信问他贵主干加上'原文'二字有何意义？他又假惺惺地打起上海猾头话来说不过依我嘱咐对于原文不敢加减一字吧了。我想这其中有很多'皮里春秋'，故不免依原文次序自己来表白一番。"详见张竞生：《调笑〈一般〉之所谓主干也者》，《新文化》创刊号，1926年。

张先生在《新淫义与真科学》里几次称我为"不意自称科学家的周君",这原没有什么要紧,不过我记得前次回答张君的文中并没有说过"我是科学家"的话,今张君说我自称,又从而非笑之,这种攻击论敌的方法,不免近于卑劣,据理我就不应再和这种人再辩论。但现在张君假哲学家兼艺术家的招牌来宣传道教思想,使我禁不住又要出来说几句话了。至于张君以为"中国式的科学家"比之于无科学或假科学家都劣等,则我用不着辩论,只有自惭是中国人和同时艳羡张先生西洋化的荣耀而已。①

周建人认为灌输性知识的目的是谋青年的心身健全,在文末他坦言"我和张君素不相识,更无丝毫的嫌隙,现在他要把这等谬误的思想灌注给一般青年,这实在使我忍不住又要提出抗议了"。从《性史》一书的争论延宕开来。紧随周文的是以"本志校者"署名的文章,对张竞生"大肆无礼"调笑夏丏尊予以还击,称"张先生的意思,大约以为这'原文'二字是夏先生所手加而有意挖苦他的,因而恼羞成怒,对夏先生写出这些无礼的话来。但是张先生错了!因为加入这'原文'二字的,是校者,并不是夏先生",加入"原文"二字唯一原因是面对用字与一般人不同的张文,"当然不敢妄改,但恐夏先生及读者要疑心到校者的疏忽",并进一步强呛:"至于张先生所用的字是否合于通用的规则,张先生自己已经说明,明眼人很多,用不着校者多说。况且只要张先生大文中的理由确是正当,即使满篇都是别字,也不会失其'博士''洋翰林''大学教

---

① 周建人:《读"新淫义与真科学"并答张竞生先生》,《一般》,第 2 卷 1 期,1927 年。

第四章 伯埙仲篪：卷入"妇女问题"的笔战

授''常识家''哲学家''美学家'的尊严；否则张先生即使写成全篇的'说文'，也不能靠着这些头衔而强迫一般人加以信仰"[1]。1月16日，周建人为新出版的《性与人生》一书写下自序："这本小书是凑集几篇不相关连的文章而成的——有几篇是译文，有几篇是写的。我译或写这些文章的动机，有时候是在得稿费，有时候因受朋友的嘱托，推却不得，写一点以塞责。虽然有时也想发表一点意见，但苦于读书不多，思想不熟，写下来没有一点精炼的意思，……但我希望我的译文虽不免会错，或不至于极荒谬，写的虽然浅薄，然不至于说谎，这是可自信的。我希望这小册子到读者前面时，虽然不能够从这里得到益处，但损害读者的思想或者也不至于。"[2] 面对这样态度强硬的回应和"序言"的言外之意，张竞生遂提笔再战，在《新文化》发表《一个抗议》：

> 周君要以"道家思想"污蔑我是不能的，他所以出此卑劣手段者，无非对于"第三水"那问题辩输了，故不能不作些无赖的反噬。……但此种见解太深奥了，又何必向周君解释而引起更多疑难也。
>
> 末了，我也当如周君所说："据理我就不应和这种人再辩论"，但我极要和"这种人"辩论，不过对一问题只许一二次无理胡闹，也能充充《一般》与《新文化》月刊的篇幅，与迷惑少年的眼光，使人知"生物学家"（用周君好友的说话）的周君"衔学"的苦衷与我"倡道"的无谓了。而且由这样胡闹使我不能不郑重用功，如本期在性育栏的"第三水"……一项，就是这样胡闹的赐物。我

---

[1] 本志校者：《纠正张竞生先生的调笑》，《一般》，第2卷1期，1927年。
[2] 周建人译著：《性与人生》，序言，IX，上海：开明书店，1927年。

热风之外：周建人的生平与志业

再请周君，勿客气，你可尽量胡闹，我不但不怕，而且极欢迎。如说我提倡裸体，便是提倡"可恶的野蛮风俗"，如说我提倡情人制，便是提倡"可恶的乱交制"；如说我提倡使女子出第三种水，便是提倡"可恶的淫水"，其他其他，尚多尚多。你愈胡闹，我愈有文章可做。你愈摆起科学家的架子来，我愈有打破科学家的张天师符咒，急急如律令，你"可恶的道家"千万嘱咐你哪！①

此外，同期杂志上，张竞生还另撰《是也上海流氓的一种》一文，将《创造社》社员（除郭沫若及郁达夫一班人外）等人斥为"文氓"，"这班文氓，确实代表上海一班文人堕落为流氓者的好榜样"。②《新文化》第1卷3期中，张竞生又将反对《性史》的卢施福、克鲁伯、顾寅等医生列入"上海流氓"行列③，这种顺手一击波及其余的笔战风格，加上话题性十足的论题，吸引愈来愈多人列队加入，如培良在《狂飙》周刊上撰文："关于性史我不愿意说许多话。张竞生只是一个毫无常识的昏人，他的话真是神话鬼话而已。或者有人以为他能够公开地讨论性欲底事实为可贵，但我不知道张竞生所能公开讨论者是何物。……性史里面的按语，……完全都是鬼话，毫无科学常识。""我自己对于这方面的知识是很浅薄的，只能从普通的知识判断，而不能立下一个科学的基础。我希望有科学知识的人（这样的人，决不是张竞生之流伪托科学名目的，就现在所见，周建人仿佛近似，至少他有努力于这方面的资格，但我想总

---

① 竞生：《一个抗议》，《新文化》，第1卷2期，1927年。
② 竞生：《是也上海流氓的一种》，《新文化》，第1卷2期，1927年。
③ 竞生：《〈医氓〉与性学》，《新文化》，第1卷3期，1927年。

第四章 伯埙仲篪：卷入"妇女问题"的笔战

应该还有）出来说话。"①有助威的，有煽风点火的，还有看热闹不嫌事大的，在各路英豪加持下，论战双方言辞渐趋激烈，迅速漫溢出对《性史》内容争论的堤坝。

三弟建人与张竞生的激战，二哥周作人洞若观火。1927年2月17日，《世界日报·副刊》主编张友鸾在副刊中发表《性史与张竞生》一文，在文末披露周作人的私下态度："启明先生日前说起一句话，张竞生'时髦'的行运，到十五年底为止，一交十六年的元旦，恐怕运气就要坏了。"②被点到名的周作人，遂于23日作《时运的说明》，刊在2月26日出版的《世界日报·副刊》上，文中认为张竞生的性学运动可划分两个时期，民国十六年以前，"他的运动是多少有破坏性的，这就是他的价值所在"，用语中肯，"《美的人生观》不能说是怎么好书，但是这一点反礼教的精神，打破古来对于性的禁忌——这两个字我是想拿来译'达布'（Taboo）这术语的——于性道德的解放上不无影响。就是《性史》我也以为不可厚非，他使人觉得性的事实也可以公然写书，并不是如前人所想的那样污秽的东西，不能收入正经书的里边去的……可是到了民国十六年，从一月一日起，张竞生博士自己也变了禁忌家，道教的采补家了。他在《新文化》的第一期上提倡什么性部呼吸，引道士的静坐、丹田，以及其友某君能用阳具喝烧酒为证，喔，喔，张博士难道真是由性学家改业为术士了吗？"③不认同张竞生《新文化》所刊内容，但点到为止。

笔战双方的主将，你来我往，笔战酣热。张竞生不屑周建人没

---

① 培良：《有话大家说》，《狂飙》，第17期，1927年。
② 张友鸾：《性史与张竞生》，《世界日报·副刊》，第8卷17号，1927年。
③ 岂明：《时运的说明》，《世界日报·副刊》，第8卷18号，1927年。

有留洋背景，他直斥周建人只懂"通俗"，"近阅周建人先生在新女性'性教育运动的危机'一文，不免又使我来说几句话。……他所汲汲者惟在通俗一面的工夫，而竟忘却了一种提高的工作。原因是他不懂科学的真意义。""周君所知道的是一些通俗的智识，假使他自己知道自己是什么程度，也未尝不是藏拙之道。而他偏要来干涉他人一些较为提高的讨论，所以他处处讨人厌恶。因为他知道的，是人人所知道而不用我说的。而我所要说的，当然为他所不能知道而不免使他大惊小怪哓哓饶舌了。"① 周建人不甘示弱，对张以留学生身份在《新文化》提倡"糟粕"予以挖苦，认为其患上了"道德视差"精神病，要其"爱护你的留学国的面子"。② 张竞生在《新文化》发表针对前妻褚女士特别启示及广告③，被周建人拉入笔战内容。而这一点，同样被二哥周作人所注意，成为双方笔战的转折点。

1927年3月12日，《女伴》编辑叶正亚投稿《语丝》，开篇便

---

① 张竞生：《性教育运动的意义》，《新文化》，第1卷3期，1927年。
② 在这篇文章中，周建人认为张竞生办理的《新文化》有三大工作："攻击他的爱人褚女士"、"他的声明"与"对我的抗议"。周建人：《张竞生博士最近的工作》，《一般》，第2卷3期，1927年。
③ 《新文化》第1卷3期刊登了张竞生的长文《美的情感》一文，对前妻褚女士予以口诛笔伐，而在《新文化》第1卷2期上，张竞生特提前刊登了一则特别启示和两则广告，起因是得到确切消息称前妻褚女士拟在上海发文章骂他，便"不必客气"发文说明前妻褚女士跟从情人而去、抛弃他与两岁孩子的隐情，将板子打在褚女士身上。在《广告二》中称："又此妇从发到骨到足皆是假的，可说她'无假不成话'。我固然不怕她的假话，因我于新文化下期，即把我的'真话'详细写出来。但现在离此期间的发表期尚远。恐怕她的假话说的太响了，反成为真，而我的真话说出太缓，恐怕被人误为假。遂不得不在此预先表明一句：几此妇所说的皆是假话，她的性情，实在是'无假不成话'的。

第四章 伯埙仲篪：卷入"妇女问题"的笔战

讲："岂明先生：我在《语丝》上读到先生的闲话里说：'张竞生于〈新文化〉出版时就已脱皮换骨，已不是先前的张竞生了'——是这样的意思，辞句或有不同之处，但意思是记得的。"在文中详细披露张竞生与妻子褚松雪感情纠葛及出走经过，抨击张氏"是一个阴险、奸诈、凶恶的伪善男子"，并在文中援引周建人的观点来作证据，"在褚的本身，固然并非没有可批评的地方，但这回的事件，确实是出于张的凶恶卑贱所造成，应当由张负责。我相信，'中国现在即使有极坏的女子，但她终坏不过坏的男子'，这是高山先生一天和我闲谈中的话，我极以为然。"①周作人全文刊登，并在文后接"岂明案"，借回复叶女士疑问之契机，亮明自己的态度：

  张竞生先生我是认识的，他做《美的人生观》时的大胆我也颇佩服，但是今年他在《新文化》上所讲的什么丹田之类的妖妄话，我实在不禁失望。褚女士和他离婚事件本是私事，我们可以不问，不过张先生既然先在《新文化》上大登其启事与广告，而其态度又很恶劣，……也就想批评他几句。叶女士我也是认识的，她寄这份封信来叫我们发表，我相信叶女士所说的话一定有她的根据，可以稍供参考，所以就照办了。

  张先生的《美的情感》我们还没有能够拜读到，但看了那几个启事和广告，已经觉得很妙了。我们即便完全不理褚女士的"CP党及你情人党"的话，只看张先生自己的辩解，也就尽够引起恶感：证明张先生自己同《情波记》的著者一样，是一个思想错乱，行为横暴，信奉旧礼教的男子。张先生在攻击褚女士的告白中，四

---

① 高山为周建人的笔名。叶正亚：《〈新文化〉上的广告》，《语丝》第124期，1927年。

次提到"情人"字样；倘若张先生是言行一致的，便不应这样说。在张先生所主张的"情人制"中，这岂不是没有什么吗？而张先生以为犯了弥天大罪，屡说有情书可证，这岂不是临时又捧礼教为护符，把自己说过的话抛之九霄天外么？张先生又力说"伊与我情感不好"，另有情人，那么这又岂不是证明张先生自己"爱的艺术"之失败，犹如癞蛤蟆之不能治愈本身的疙瘩，更有失信用么？

……

我们看了这节横暴的话，会不会想到这是张竞生先生对他三年前恋爱结婚的那位夫人说的？爱之欲其生，恶之欲其死：这正是旧日男子的常态。我们只见其中满是旧礼教，不见一丝儿的"新文化"。[1]

这篇"岂明案"写于3月20日，124期《语丝》3月25日刊出，此时正处于张竞生与周建人胶着鏖战之时。作为北大教授，周作人在新文化运动及《语丝》积累的社会声望[2]，加上独到的"刀笔功夫"，"以子之矛攻子之盾"，这绝非自修成才的三弟周建人所能比拟。而且，作为北大时期的同事，周作人与张竞生还算有点私交，张氏亦在不同场合多次表达自己对周作人景仰，周作人对其颇

---

[1] 岂明：《岂明案·〈新文化〉上的广告》，《语丝》，第124期，1927年。
[2] 经历五四一役，周作人一战成名，1920年的周作人已是北京大学的名教授，据茅盾回忆《小说月报》改刊，专门登载启事，"本刊明年起更改体例，文学研究会诸先生允担任撰著，敬列诸先生之台名如下：周作人、瞿世英……"，第一期论文题目呈现"百家争鸣"的局面，周作人撰写的《圣书与中国文学》被排在第一篇，文中所提的文学研究会，就是周作人发起成立的。详见茅盾：《商务印书馆编译所和革新〈小说月报〉的前后》，192页。

第四章　伯埙仲篪：卷入"妇女问题"的笔战

为提携①。此文一出，对张竞生无疑是致命一击，他迅速将周作人列入"恶仗"名单。张竞生撰写《打倒假装派》，专门予以回应："叶正亚在语丝《新文化上的广告》一段，扯了一篇满纸荒唐话，而且极有党同伐异的嫌疑"，"岂明案"则是周作人为"乃弟周建人君报仇"，将笔战的主要锋芒对准周作人：

> 我的情感是极热烈的，故可爱时真实爱，可恨时则真实恨，断不肯如叶及周作人一班人的阴险吞吐，半生半死的情感。可是，我终是一个好人。假我杀人，尚是好人，引我所杀的皆在可杀之列，而况如叶所说我对褚某不过打骂而已，而且就叶所说褚终竟说我是好人，若使我如叶所说那样凶恶卑贱的人格，既身受之人断不肯再说我是"好人"。
>
> 我们与这班假装者的作战正在开始，今后的炮火正加剧烈。我

---

① 周作人在1925年为张竞生《美的人生观》发声支持，张竞生还专门发文致谢："我极感谢周先生公正的批评，希望他人也如周先生的公平态度来批评，以便此书再版时的讨论和订正。"在张竞生《性史》被围攻时，特别是张伯苓要求警察厅作为禁书查禁时，1926年10月9日，周作人曾在《语丝》发文为其缓颊，称"这五种'淫书'除《夫妇之性的生活》外，我大抵都曾经看过，觉得并没有什么。据'他们'说，我已经'老'了，头脑呢我自己也觉得很有点旧而顽固，但是我不觉得这些书的害甚于洪水猛兽。老实说，我并不因为认识张竞生章衣萍诸君而想替他们辩解，我不说这些书于科学上或文学上有怎么大的价值，我也不想拿去给自家的或友人家的子女读，然而我也不觉得怎么可怕，自然更没有'查封'之必要。假如我的子女在看这些书，我恐怕也要干涉，不过我只想替他们指出这些书中的缺点与错谬，引导他们去读更精确的关于性知识的书籍，未必失色发抖，一把夺去'淫书'，再加上几个栗暴在头上"。详见张竞生：《〈美的人生观〉后序：并答周作人诸先生》，《京报副刊》第30期，1925；岂明：《南开与淫书》，《语丝》第100期，1926年。

们幸而打倒这班"假的情感人"或不幸被他们所打倒,胜败原是常事,但我们终不肯妥协,终不肯如周作人的戴中庸的面具。我们要的是将一班假人赤裸裸地攻击到无一点能再去欺骗世人。这也不是有什么恶意,只为保存一点真气于人间罢了。

……

至于周作人君说我的"思想错乱,行为横暴,信奉旧礼教的男子',恰好此语转以奉赠周君。……爱之爱得其道与恨之恨得其法,对待女子也应如此态度的,必要如此而后才是信奉新礼教的男子,若周君的一味"女性狂"才是礼教的拜倒裙下的恶劣状态呢。……若说我攻击应该攻击的褚某为横暴,那么,周君与我们不相干,只凭叶某的片面语,而又自己信口对我漫骂,这样的行为不是横暴吗?有说他为乃弟周建人君报仇,其或然欤![①]

为了留出充分时间迎战,张竞生将原本应在4月份出版的《新文化》1卷4期推迟至5月,在这期的"批评辩论栏",张竞生一人发5篇文章,正式将周作人、周建人列为同一阵营进行猛烈还击,并将周作人作为头号目标,详密布局,该期目录如下图所示:

---

① 张竞生:《打倒假装派》,《新文化》,第1卷3期,1927年。

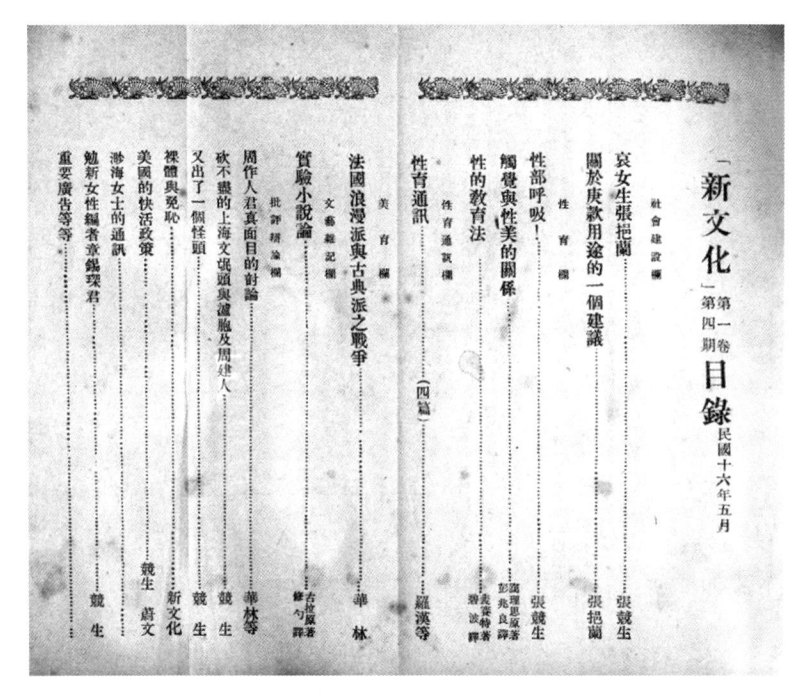

第四章 伯埙仲篪：卷入"妇女问题"的笔战

《新文化》第 1 卷 4 期目录书影（1927 年）

如上图所示，张竞生以《周作人君真面目的讨论》为题，邀请华林、湘萍二人联手，对周作人进行笔伐。华林称"万万想不到，大文豪竟有如此下井投石之巧技！"[1]湘萍则借1926年投稿《语丝》被拒旧事，将周作人定义为"一个虚伪者""带假面目偶像式的学者名流"，文末还专门附上"给竞生先生信件"："现在所谓一等文人也都带些帝国主义的态度和口吻，只容你喝采捧场，不许你看出破绽来喊句倒好。所以我主张同帝国主义一样的看待而打倒！"[2]在

---

[1] 华林：《华林致周君的一封信》，《新文化》，第 1 卷 4 期，1927 年。
[2] 湘萍：《湘萍由金罗的事情想到了周作人先生》，《新文化》，第 1 卷 4 期，1927 年。

· 157 ·

热风之外：周建人的生平与志业

两封来信的铺垫下，"竟生看了二信后，又以自己亲身得到周作人的事实不少，遂特于此附说几句"：

一班少年说周君的头好比太太们缠过的脚，虽自己努力解放，但终不免受旧日束缚的影响以致行起来终是不自然。这个说得极好。周君终是抱守中庸之道的，说好点是稳健，说坏些是不澈底，不新不旧，非东非西，骑墙派的雄将，滑头家的代表。但各人有自己的性情，若周君以此为他个人立身之道我们也可不管了。最令人不满处，就是他偏要以此为准绳去批评人。

因为他是骑墙派的滑头家，故凡对一切澈底及极端的事情皆认为不对的。根本上他就不知澈底的情感是什么事，不必说极端的恨为他所攻击，就以极端的爱说，如恋爱一人至于憔悴为情而死的，也必被他骂为颠狂。他理想最好的行为就是普普通通平常无奇的人物，若有一些超群拔萃的举动，他就容受不得了。可恨是在这个死气沉沉的中国，他竟得了一部分人的同情而说他的批评是极稳健的，而不知他的遗害极大。

周氏为人甚阴险，这个自然与他的滑头态度有相关的。他的阴险事实甚多：如他家门前挂起日本旗，被人骂后，他就说他家内有"妻党"的日本人住在家内的缘故。……语丝他为主办的人，除载些无聊赖及攻击他人阴私的文字外，毫无正当澈底的主张，而处在北京军阀黑暗势力之下，此报竟能长时平安无事继续出版，这可见周君的滑头态度善于对付时局了！他的阴险事实尚多。有些太过于伤厚道，故我只好待到不得已时再说。

周君自认为有"师爷态度"的，这个尚有自见之明。师爷态度以之对付前时的官场文章则可，若以之对付现时的青年界则大大不

第四章 伯埙仲篪：卷入"妇女问题"的笔战

可，此风流传，我恐少年除具有根基雄厚不受蛊惑者外，不免受了他那种师爷的态度，阴险狡猾，毫无特立独行的气概。故我以为章炳麟一班腐败人的势力不足畏，因为人皆知其腐败而不肯听了，而最足畏者是章氏弟子如周作人君这班人，因为他们把少年人活泼浪漫之性情摧残了，而养成了一班阴险狡猾的人物，其为害于社会甚大。又因他将人类澈底，和极端之性压抑了而奖励一班平常无奇的人物，其阻碍人群的进化甚大。

在文中，张竞生在言论中将周建人门前悬挂日本旗、定日文杂志、对"倒运"章太炎"谢本师"等数例，认为周作人这种"阴险狡猾"的人物对社会、人类进化都"危害甚大"。文章结尾尚余恨未了，"我在此仅就周君的德行及批评的态度说一说；至于他的文章，其油滑无骨气一如其人，因非本题，恕不在此多论列了。"[①]从德行、师爷态度延展至其文章，全盘否定了周作人，行文中情绪激烈，不仅舍弃之前对周作人"先生"的称谓，更全然忘记两年前再三援引"周先生文章"为专著背书之事。多年之后，张竞生在自传

---

① 竞生：《竞生的评论》，《新文化》，第 1 卷 4 期，1927 年。

中回忆此事,称"那时真是情感焚烧了我的全部理性了"[1],流露出对当时逞一时口快的悔意。

在同期杂志上,还刊登了《渺海女士的通讯》,信中称"在新文化上似乎你替几千年地层下的女性翻石头呢,对于女性的性的问

[1] 此书写作于 20 世纪 50 年代中期,先在新加坡《南洋商报》副刊连载,后由新加坡夜灯报社出版单行本。在香港《大成》杂志连载时又名《张竞生自传》。在该书中,他对当年之事做了辩解,称自己不为钱不为名,只是被人误读而已。"我当时是哲学博士,北京大学教授。在我未出《性史》之前,我已在社会上蜚声我的《爱情定则》与《美的人生观》了。就当时说,我的经济极优裕,对于傥来物的钱财我是看不上眼的。那么,是为名吗?这也不是。我那时纯粹是一个书呆子;说好些,是一个学者,只是发表自己的意见,并未想到在社会得到什么名誉与什么不名誉呢。"接下来他谈了自己的三个动机:第一,我当时是"北大风俗调查会"主任委员。在调查表中由我编出了三十多项应该调查的事件,其中有性史的一项。会员们(都是教授)在讨论之下,觉得性史的调查,恐怕生出许多误会,遂表决另出专项。所以我就在北京报上发出征求的广告了,这个可见性问题在我们当时看来,也是风俗的一门,应该公开研究的。第二,我当时受了英国大文豪蔼理士(Haveloke, Hellis)那一部六大本世界闻名的性心理丛书极大的影响。在这部书中,蔼氏于论述各种性的问题后,就附上许多个人的性史。因为要成为一种科学,当有这件科学的证据做材料。那么,假如性也要成为科学,当然要先有性史做材料。性史就是"史",就是性的材料愈多愈好,不管它是正常的,或是变态的,都应一齐包括,搜集起来,然后就其材料整理,推论它的结果,而成为一种科学的论据。我当时抱着这个野心想在我国人性行为中,做出一点科学的根据,所以我也学蔼氏先从性史搜集材料了。第三,确是我在法国习惯了性交的解放与自由后,反观了我国旧礼教下的拘束,心中不免起了一种反抗的态度,所以我想提倡性交的自由。在我当时以为这样可以提高男女的情感,得到美满的婚姻。而且我痴心由这样春情奔放,可以生出身体强壮,精神活泼的儿女。当然我所希望的性交自由,不是乱交,如禽兽一样的无选择性的。我在《性史》出版之前,已经发表我的情人制了,在一本《美的社会组织法》中我所希望男女的结合是一种情人制,不是如我国那时的婚姻制。我以为性交能得到自由发展就可帮助情人制的发展,就是把旧时婚姻制打垮了。详见:《张竞生自传》,第 1—2 页。

第四章　伯埙仲篪：卷入"妇女问题"的笔战

题，财产问题，给了女性一个霹雳似的惊醒，无论宗法宗教的信徒怎样对于你反响，我以为头脑清醒些的人们总承认你是妇女们的救主"，将张竞生称为"革命先锋""革命创造者"，铺垫一番后，话锋转向笔战，"你看那班市侩正借了你的呼声，大唱他的反二簧。"①从行文提到"性杂志"和对笔战熟悉程度看，可以推测张氏与这名"渺海女士"渊源颇深。

张竞生对周建人、潘光旦、章锡琛的反击，则布局简单轻松了很多。他直接将周建人称为"上海文氓"："相传希腊有个怪物，把他头斩去了，他就再生出几个头！盛哉奇哉，我今竟见上海文氓有这样的大观！"他认为层出不穷的批判文章分为两类，一种是一人采用多个化名在各报发表，一种是不同人之间"彼此互约东抄西偷，你云我云，以便拾唾成风啜涔为杰"，在文中，张氏极尽挖苦之能事，认为"自称为生物科学家的周建人君尚且不懂"他所讲的粗浅的学理，"别的参考书稍难，我今就请他查一查最易得的程浩所编的《节制生育问题》第廿一页说……"，他还拉扯出周建人的私生活：

周君说我骂褚某的"可怜无耻的妇人……"为不应该，这是拾他令兄的口水，比前拾上海流氓的较进一步。但"无耻的妇人"上加下"可怜"二字，可见我的恕心了。我对于无耻的妇人而尚可怜，其对待爱神不比周君的对日本妇，与伊已绝情不能同居而又彼强迫地月出百元以供奉伊不知为何人的便宜较为无愧吗？

---

① 《渺海女士的通讯》，《新文化》，第1卷4期，1927年。

· 161 ·

热风之外：周建人的生平与志业

文末高扬斗志，"我也知道周君辈在上海的怪头极多，但你留心我的斩妖剑吧！"①对于潘光旦斥其为"假科学假艺术者"②，张竞生回击："光旦在时事新报发表了一篇新文化与假科学——动不动以假科学加我罪名之上，可见他们骂人者有一致的组织了"，并将周建人、潘光旦等拥泵的英国优生学专家戈尔登归入玄学，"戈氏的优生学是玄学的，我们的才是科学"，并在文末调侃，"故我请作者除研究些'戈学'外，请你谦恭地研究些'竞学'吧"，并警告《学灯》编者："你在学灯那篇丹甫来信骂我的按语确实坏透。你须知你是什么人格，我是什么人格。但我对你辈一般上海文氓，除非万不得已时，我终不要学你辈的破口大骂，总望于事实上多所讨论为佳也"。③《新女性》主编章锡琛亦发表《〈新女性〉与性的研究》一文，直指《性史》和《新文化》中教人用性部呼吸的"方士思想"，"徒然满足青年的性欲望，却无法有教育性的启发"。④在文中，他强调《新女性》重在培养健全的性道德，而非《新文化》那样教导人们寻求性愉悦。面对同为主编的章氏，张竞生自不甘示弱："大凡一个人要有独立的言论，不是人云亦云就可主持一本有希望的杂志的。……新女性就是新女性，谁叫你变成为什么性史，性杂志。新女性就是新女性，谁要你来比较《新文化》，今你既来批评新文化了，只好请你好好认清题目勿太胡说"，张竞生认为"方士思想"是"周作人周建人二君的瞎说硬指"，并意味深长地提醒章

---

① 竞生：《砍不尽的上海文氓头与沪胞及周建人》，《新文化》，第1卷4期，1927年。
② 光旦：《〈新文化〉与假科学——驳张竞生》，《时事新报》，1927-5-5。
③ 竞生：《又出了一个怪头》，《新文化》，第1卷4期，1927年。
④ 章锡琛：《〈新女性〉与性的研究》，《新女性》，第2卷3期，1927年。

第四章 伯埙仲篪：卷入"妇女问题"的笔战

氏，"周君等的阴险，每每借题发挥，章君'你本佳士何必从贼'？大概周君辈能够帮助新女性，章君遂昧却良心不能不附和吗？……寄语章君，好好办你的新女性吧！若你要做批评家则当有批评家的学识和态度，不是跟随那不值一驳的周作人周建人的议论就可提笔葫芦呵！"[①] 高高在上的讨伐姿态，与回骂周建人、潘光旦的文风一致。

张竞生论战中不容他人置喙态度及攻击性的语言风格，树敌甚多，加上科学逻辑上的缺陷以及"自由浪漫"的"艺术"书写，实在难敌逻辑严密的科学推演，社会声誉一落千丈，从倡导"爱的定则"、"美的人生观"的权威变为"道士方术"的"异端"。1927年7月，发行6期的《新文化》被当局查禁、美的书店随后亦遭查封，张竞生被迫赴法避风头。数年后，周建人卷入第三场笔战时，曾提及与张竞生的战绩："性学博士不是已为读者所唾弃了吗"[②]，颇有几分扬眉吐气的气概。

相对于第一场笔战中的被迫迎战、仓促上阵，这次周建人多了几分主动，战至酣处，二哥周作人亦提笔作文助战，夏丏尊、潘光旦、章锡琛亦先后加入，战火蔓延至《语丝》、《狂飙》周刊、《新女性》等，论战对手张竞生情绪激烈，日渐沾染了人身攻击色彩。这次笔战，比第一次"新性道德"争论规模大、持续时间长、卷入人员多，论战双方争执主要有两方面，一是《性史》科学知识是否科学，一是性知识内容及方法的传播，焦点集中在性知识的科学书写及传播之道。周建人认为性教育书写必须以科学为依据，不能以推测、个人体验来妄下定论。这一观点赢得多数知识分子赞同。相

---

① 竞生：《勉新女性编者章锡琛君》，《新女性》，第1卷4期，1927年。
② 克士：《我先有几个质问》，《生活》，第8卷29期，1933年。

对而言，张竞生仅以"通俗"和"提高"来界定性教育运动，并以个人经验演绎推测作为"科学的真意义"，难以服众。这场笔战，双方由对性研究的认识论、方法论差异引发，你来我往，渐渐陷入意气之争，论战双方很难再就性教育、恋爱自由等问题本身做心平气和的学术讨论，甚为遗憾。

周建人著《性教育》书影（1929年）

这次笔战，是在后五四时期科学旗帜下，展示了不同知识分子主体对性学书写的尝试、辩论及话语权的争夺过程，是中国知识界关于性教育书写、性道德讨论的一次集体抉择，经过这次笔战，论证严密、表述严禁的性教育科学范式逐渐确定。很有意思的是,第一场笔战中因提倡新性道德被认为激进的周建人,这次却被对手斥为保守迂腐,在二哥援助下,三弟周建人累积了"性学研究专家"的社会声誉。1928年周建人著的《性教育》(见上图)被列入王云五的"万有文库",由商务印书馆1929年10月出版发行。这本仅仅69页的小册子,时隔90年后,北大知名教授陈平原给予了高度评价:"我相信,'把两性间的自然关系毫不隐瞒地告诉他们,使他们能够照着自然而健康的法则去做',这个提议,两位兄长也会举双手赞成的。……不说此等文字当年虎虎有生气,即便放在今天,其视野之开阔与思想之通达,也仍然值得赞许。"[1]由北大教授陈百年批判的性道德,经过九十年的时光流转,却得到同一所大学知名教授的嘉许,历史真是有趣。

三、读者擂台赛:一个人就是千军万马

1933年4月,应《生活》周刊主编邹韬奋邀请,周建人以"克士"名义发表《恋爱与贞操》,称面对苦闷现实"我在无话可说之中谈谈恋爱与贞操",以便青年人"庶几将来的结合不至于陷入不道德"。在短文中,周建人修正了自己在1922年关于贞操与恋爱的

---

[1] 陈平原:《二周还是三周——现代中国文化史上的周建人》,《中国现代文学研究丛刊》,2019(1)。

热风之外：周建人的生平与志业

观点[1]，认为恋爱是男女两方欲望趋向于一致，欲望是基础，而贞操是对女性的一种约束，并非恋爱要素，"贞操观念原和恋爱并不起于一个来源，其性质也自各异，欲加以融合和改作，是根本不可能的事"。[2] 该文后紧接"编者按"："克士先生的这篇文，也许要引起激烈的反感，倘读者有所赐教，不胜欢迎，当在信箱内讨论。我个人对于这个问题的意见，暂时保留，先听听读者各位和克士的高见，景观先生对于这个问题也很有研究，将来也要请他加入'战线'。我现在先介绍几本关于这个问题的参考书如后……"[3] 在编辑邹韬奋的精心策划下，超过50位读者来函"围剿"，周建人作为从业十多年的资深编辑，深谙热点舆论制造之道，笔走偏锋，舌战群雄，以一己之力"守擂"四月之余，吸引了数万计读者目光。一封读者来信颇有代表性："贵刊似乎是要对恋爱与贞操作一个重新的估定，作了一个公开讨论的号召，尤其被号召到的是我们这些女

---

[1] 1922年，吴觉农发文称贞操是附属于恋爱中产生的一个名词："恋爱是发达两人心灵与肉感的元素，贞操是使恋爱者的两方，负相互的内在的一种责任"；周建人与之唱和，认为"承认贞操，不过是恋爱中的诚意，除却恋爱，更没有独立的贞操可以存在的。"在他们恋爱自由为思想核心的诠释下，贞操等同为因男女恋爱而存在的新性道德，两者在相关论述中经常被作为同一词汇交互使用，这一时期《妇女杂志》主要作者群就恋爱与新性道德（贞操）之间"灵肉合一"的紧密联系达成共识，其中包括周建人。这种基于恋爱自由、旧瓶装新酒的贞操论，被章、周二氏进一步发挥，引发了1925年"新性道德号"风波。

[2] 克士：《恋爱与贞操》，《生活》，第8卷15期，1933年。

[3] 编者列出四本参考书：（1）《新性道德讨论集》章锡琛编，（2）《加本特恋爱论》樊仲云译，（3）《性与人生》周建人译著，（4）《近代的恋爱观》夏丏尊译。并专门注明"以上各书均由开明书店出版，生活书店有代售"。详见：《编者按》，《生活》，第8卷15期，1933年。

第四章　伯埙仲篪：卷入"妇女问题"的笔战

子，这在我们当然是无量的欢迎。"①在笔战刺激下，《生活》周刊发行量突飞猛进，遽增至15.5万份，创下中国期刊发行量纪录，一时间风头无两。

从笔战重点看，周建人"恋爱基于性欲"（欲望是男女恋爱的基础）的观点遭到的批评最多，几乎所有读者来信都持否定态度，尤以成纯、周萍子、吴蛮人、丁庆生、钱阜虞、锡斌、黄养愚、泽民等最具代表性。成纯还重提与周建人曾论战过的性学博士："因为要促进恋爱，据我的愚见只有一条路：就是证明社会的现实，对于现实负起能负的责任来，却把恋爱在这前提之下去进行。但他却把社会关系都加以舍象，取禽兽也是存在的性欲做中心，说这就是恋爱的本质。这与性学博士说有什么两样？就其作用说，更有什么两样？"②周萍子认为欲望仅是恋爱的必要条件，而不是充分条件，欲望与人格结合叠加才能构成"真挚的恋爱"，而且恋爱与人格结合比与欲望更有利于社会稳定；③吴蛮人专门就"人格的结合"解释："是指两性的结合须以思想、感情和行为的能否合作为条件而言"，"我的恋爱观念的公式是：双方的欲望趋向于一致＋人格的结合＝真挚的恋爱"④；丁庆生指出周建人的"思想感情等作用不是发生和持续恋爱的基本条件"⑤是倒果为因，不合逻辑。锡斌则更直接列出恋爱不仅是性的满足："男女间之恋爱除了性之外还有性情相投，学识相合，年龄相当，思想相洽等等条件，即如同性间之爱好

---

① 心病：《展开恋爱与贞操的本质》，《生活》，第8卷23期，1933年。
② 成纯：《答案》，《生活》，第8卷30期，1933年。
③ 周萍子：《关于〈恋爱与贞操〉的读后感》，《生活》，第8卷17期，1933年。
④ 吴蛮人：《人格的结合》，《生活》，第8卷19期，1933年。
⑤ 丁庆生：《几个疑窦》，《生活》，第8卷20期，1933年。

亦是有条件的,所以恋爱不只是'猫求鱼'之单纯欲望。"①黄养愚反诘周建人:"恋爱若果是只有性的欲望,而无其他一切条件,那为甚么人们不满意旧式婚姻呢?……那为甚么每日的新闻纸上的离婚新闻和广告,都标着甚么意见不合而愿脱离等等?"②泽民则认为:"'人格结合'可使恋爱关系较美满较合人类理想的作用。"③面对各路人马的反驳,周建人坚定捍卫自己观点:"我所说的意思是说现行的恋爱理想即性道德,虽然说得'很抽象而且很复杂',然事实上无非由于性欲。"④他在《答丁先生与钱女士》一文,曾言说自己如此坚持的原因:"丁庆生先生钱阜虞女士写信给韬奋先生,都不承认恋爱以性的欲望为基础这事实,都主张恋爱更基于思想、行为等的投契。……过去的社会大抵是蔑视欲望而重视'精神'的,我觉得这种观念根本错误,照我的价值判断说,生活上自然的欲望都不当加以蔑视。"⑤

恋爱与贞操的关系,是争论的另一个焦点。相对于对"欲望是恋爱基本条件"的一边倒的批判,贞操问题的争论则复杂不少,论战方或不屑讨论,或直接更换措辞。"贞操问题我觉得没有多大可以讨论的地方。要是两性间的性欲能满足,思想能调和,那末他们为什么还要转别的念头呢?反之若恋爱的条件不能满足,则恋爱早不能成立,还谈得到什么贞操不贞操?我觉得贞操只是封建时代女子奴隶制下特有的名词,在女子商品化的资本主义社会里即已失

---

① 锡斌:《我也谈恋爱与贞操》,《生活》,第 8 卷 22 期,1933 年。
② 黄养愚:《应先确定标准》,《生活》,第 8 卷 24 期,1933 年。
③ 泽民:《恋爱的原料与加工》,《生活》,第 8 卷 34 期,1933 年。
④ 克士:《附在〈展开恋爱与贞操的本质〉之后》,《生活》,第 8 卷 23 期,1933 年。
⑤ 克士:《答丁先生与钱女士》,《生活》,第 8 卷 20 期,1933 年。

第四章　伯埙仲篪：卷入"妇女问题"的笔战

其重要性。欧美社会对贞操已不十分重视，就是明证。"①蔡慕晖在来信中这样表述："韬奋先生：前信未提'贞操'，虽说是怕篇幅太长，却也是因为我直觉地有点厌恶'贞操'这两个字的封建气味太浓厚的缘故。""为要避免厌恶之感，又为要省除误会起见，让我们索性将这饱含封建气味的二字改去，另换色彩比较稀薄的'专一'二字罢。"②锡斌也认为："在这时候来谈贞操，好似有点落伍。其实贞操两字有他的价值。从一而终的贞操我固然不能赞同，而欺骗着乱来，我也是要否定。"③很有意思的是，除去极少数读者声援外④，多数站在周建人的对立面。翼之来信称："记者先生：关于恋爱与贞操问题的讨论，照克士先生这样强词夺理的不肯认输，我觉得无法来把它结束的，为着《生活》宝贵的篇幅，实在是一种奢侈。……在恋爱问题上克士先生顽固地负隅着生物学的偏见，但在贞操问题上，他却武断地认贞操单纯地为封建社会对女性的一种桎梏，而忘却了生物的立场。"⑤心病认为"恋爱与贞操，同是某一时代的一种意识形态的两面表现。有某种的恋爱，就有某种的贞操。要完全铲除贞操就得同时也否定恋爱"，认为周氏命题错误，自相矛盾，"纯然把恋爱归之于性欲，则一般的反响，很容易使青年们走到色情的追逐，以性的满足为前提。这样的发展，一方面可跑到恶魔的肉的享乐，另方面可趋向于颓废的浪漫即恋爱的游戏。这是中国广大的青年所需要的吗？这是能领导他们向正确的战斗的道路

---

① 冯觉非：《积极的说明》，《生活》，第8卷26期，1933年。
② 蔡慕晖：《专一》，《生活》，第8卷27期，1933年。
③ 锡斌：《我也谈恋爱与贞操》，《生活》，第8卷22期，1933年。
④ 如叶秀自称来信"可算是克士先生那篇文字的注脚"。详见叶秀：《我对于恋爱和贞操的解释》，《生活》，第8卷32期，1933年。
⑤ 翼之：《不肯认输》，《生活》，第8卷30期，1933年。

走的吗？"①直接上升到民族国家的道德高度予以审判。周建人避其锋芒，在《附在心病女士的信后》予以轻松回应：

> 心病女士以为把恋爱归之于性欲，会发生有害的影响，这的确非我意料之所及，倘若有人恶魔的肉的享乐，唯心论的恋爱观之下未尝不可以，便是禁欲主义之下也是可以的。不必待我揭穿了性的底子才去这样做。据我所知，劳动者从来没有作此颓废的浪漫的肉的享乐过，推之于未来，也是不会的，知识分子中进步的青年，当然不会陷于颓废，历史告诉我们，颓废与浪漫的倒往往是布尔乔亚们，对于他们，我的确没有代为忧虑过。②

对于论战双方的认识差异，吴景超将之归为"关公战秦琼"："克士先生只在那儿讲恋爱，而读者却在那儿谈婚姻。所以这个说无条件，那个说有条件，弄得缠绕不清。"③这一判断，深得周建人认同："景超先生对于我和几位读者关于恋爱的讨论看得非常清楚"，"我以上说明婚姻和恋爱为二事，系客观的观察，并非主观的见解，……我这里只要说明从婚姻制度的立场来说恋爱和我的分析恋爱的本质完全是两件事就行。"④真实反映出论战双方的隔阂和疏离。

这种局面的形成，与《生活》采取"通信"方式有直接关系。读者来稿经过编辑筛选，"因为篇幅所限，我们所能发表的，还不

---

① 心病：《再谈恋爱与贞操答克士先生》，《生活》，第8卷35期，1933年。
② 克士：《附在心病女士的信后》，《生活》，第8卷35期，1933年。
③ 吴景超：《恋爱与婚姻》，《生活》，第8卷31期，1933年。
④ 克士：《附在吴景超先生的信后》，《生活》，第8卷31期，1933年。

第四章　伯埙仲篪：卷入"妇女问题"的笔战

到一半"①。就笔战氛围看，大多数能平心静气地讨论②，但成纯例外。成纯与周建人你来我往的数次交锋，最为犀利，也最为吸引读者注意。秀戈曾说"我是一向以旁观的态度来瞧热闹的"，在《一个看官的话》中写道：

编者先生：二月来关于"恋爱与贞操"问题的讨论，真是再接再厉，假如仍用成纯先生"打擂台"的话，那末在下这个看客和许多看客，瞧的好不热闹！克士先生一点也不错，极像摆擂台的江湖好汉，看他拳打天下脚踏五洲的样子，是非要坚定他的"盟主"的地位不可。不过近来克士已经不觉得怎样威风了（至少我们看官是这样觉得），因为，他以前用的是"唯物"槌子，自然一些虚浮的拳脚，都给他似乎杀得起劲，但忽地里跳出一位成纯先生也要用一对"唯物"锤子来厮杀，并且这一对锤子是比克士先生的来得坚实，所以，克士先生不得不在跌了一交之后，爬起身来说"还有问题"了。③

成纯说了什么针锋相对的话，惹得一众看官如此雅兴围观？7月4日，成纯给主编韬奋发出第二封信，火药味十足："看了两个多

---

① 《编者的话》，《生活》，第8卷35期，1933年。
② 钱阜虞、蔡慕晖态度较有代表性，正式讨论前先定一下讨论的基调："仅仅想把我主观的陋见提出和大家讨论罢了，并不是对于克士先生的卓见有所攻击，这是要请克士先生谅解而息怒的。""克士先生的意见，我以为在这个充斥着被唯心论的成见所牺牲的旷夫怨妇的社会里，实有大胆发表的价值。因为矫枉过正的主张，也很可以帮助怯懦的人们冲破传统思想的恶雾，另外发现新的出路。但如果严格地讲，则其中也还大有应该商量的余地。"详见钱阜虞：《不是无意义的压迫》，《生活》，第8卷20期，1933；蔡慕晖：《大有商量的余地》，《生活》，第8卷24期，1933年。
③ 秀戈：《一位看官的话》，《生活》，第8卷33期，1933年。

热风之外：周建人的生平与志业

月以来克士先生关于恋爱与贞操的言论，我又觉得有几句话非说不可。我这次执笔的情绪也和上次一样，[①]所有的话原来本想不说，而竟被挤出来的一个挤力是《生活》周刊对于克士先生态度的偏袒，对于加入讨论者待遇的不公平。这在你们的主观上或许是无心的，但是事实上你们开头就给人以暗示，好像他是一个权威"，指出不仅编者按语中的不妥，还将每篇来信预先交给周氏看，赋给他"扎彩装扮"特权，并把讨论者文章压置一个多月才发表。"无非使人觉得勉强在那里维持克士先生的擂台罢了"，而且这个擂台"只是反映出颓废的腐败的没落的思潮的擂台"，认为周建人在妇女问题上的意见"现在是无法再维持下去了"，建议周刊将擂台"早该拆掉不要再摆了"。[②]主编收到此封颇有冲击力的来信，除安排尽快登出外，还在文后附上长长的"编者按"，逐条予以解释。周建人也撰文予以回复：

> 编辑先生：成纯先生的信，刻已看到，关于"偏袒"的话，已由韬奋先生答复了，不再由我在尾巴上扎上"一条奇形异状的彩"，这是很好的，我在这里只还要说几句关于我的话。
>
> 成纯先生开首是说我"摆擂台"，我并不会打拳，以前实在不知道这件事情。至于自己发表一点意见，后来有讨论的信来了，必要的时候答复几句，既不虚声恫吓，也不锻炼周纳，自己想起来，倒似乎还不能算怎样欺人。然而成纯先生就判定为"摆擂台"了。这大概因为各人的行业本来不同的缘故。我虽然早经说过：我并不

---

① "上次"指的是成纯抨击胡适：6月7日，成纯写信给《生活》周刊主编，情绪激烈地炮轰胡适。详见成纯：《批判与出风头》，《生活》，第8卷24期，1933年。

② 成纯：《偏袒》，《生活》，第8卷28期，1933年。

第四章 伯埙仲篪：卷入"妇女问题"的笔战

否认人类有思想感情等，并且人和动物决不会混同的，只是说到恋爱的本质这一点上，我说系基础于性欲，这种意见，固然和"精神恋爱"之类不同，而且将恋爱从"神圣"的宝座上拉了下来的危险也是有的，然而照成纯先生看来，却成了"把人类还原为动物"的"在现代社会科学上是如何的一种低级方法，是如何的与一切反动思潮合流的方法……"，这罪名可就很大了。但成纯先生依据的是"为伍的辩证法"，我又不懂这一门学问，他又只定了罪名而没有罪案，使我无从反省。所以我现有几个质问，等待解答，以便由此学习之后，再来从新的考察。

……

成纯先生知道得很明白，读者是"大约没有多少人会把各期的文章汇拢来看"，他也就不必摘集着我的意见的全体，只要囫囵定下罪名，大喝一声，还定下"假如"的将来，比之于性学博士，性学博士不是已为读者所唾弃了的吗？虽然他的塌台并不是为了提倡"机械的唯物论"。[1]

在文末，周建人还提出"我并不想争'新唯物论'的招牌，但也很想学习"。接下来的两人通过信件你来我往，围绕唯物的辩证法，援引大段恩格斯关于一夫一妻制、恋爱与婚姻的论述，作为批判的武器和武器的批判，厮杀在一起，笔战到最后，耐人寻味的是，双方却都选择"不想说什么了，一切愿听编者读者先生们指正"[2]这个态度，表明是《生活》周刊主导着这场笔战的节奏。的确，笔战期间，主编邹韬奋先后向蔡慕晖、詹詹、吴景超等人约

---

[1] 克士：《我先有几个质问》，《生活》，第 8 卷 29 期，1933 年。
[2] 克士：《"如是我"见》，《生活》，第 8 卷 33 期，1933 年。

稿，多次以"编者按"形式，悄然引导舆论进展，维持讨论的热度。

在笔战过程中，曾有读者数次质疑这次讨论的价值意义，认为在抗日救国大潮中，《生活》周刊拿出三分之一篇幅在讲小小的"恋爱"问题，失去刊物的价值，希望将"用在恋爱上脑筋用到抗日救国上而去"。[①]被约稿者如蔡慕晖直接喊话主编："韬奋先生，我虽已因着你的要求说了这么许多的话，但却觉得越说越没有意思。因为我根本就反对克士先生所说的国事已无话可说还是谈谈恋爱的态度。在国家世界没有出路的时候，恋爱怎能独得出路呢？老实说一句，我觉得青年们还是应该以整部的精力去谋求大众的出路。……所以我颇希望你肯早点将自己的意见发表出来，将这次的论战早点告一结束！"[②]在读者的质疑声中，主编不得不频频发布"编者按"解释："我们只是顺从读者的意思，把这些信件择优发表，并请克士先生答复，自然我们并不是故意在这国难深重的时期提倡恋爱"，重点强调克士"辟正这些精神的恋爱观念，直接地引导青年以进于现实斗争的途径，间接地便是鼓起民族社会意识的一种方法，这至少比'念经救国'、'跳舞救国''考古救国'更有意义的多"。[③]"关于克士先生的《恋爱和贞操》一文的讨论，还有已准备发表的几封信刊完之后，即行结束，关于这个问题，如没有特别意见的赐教，不再继续下去。"[④]"关于《恋爱与贞操》问题，因来稿尚多，决继登两期，即行结束。"[⑤]提前预告《生活》杂志要结束这次话题讨论。

[①] 朱先:《"恋爱"和抗日救国的机会》，《生活》，第8卷21期，1933年。
[②] 蔡慕晖:《专一》，《生活》，第8卷27期，1933年。
[③] 《编者按》，《生活》第8卷21期，1933年。
[④] 《编者按》，《生活》，第8卷28期，1933年。
[⑤] 《编辑部启事》，《生活》，第8卷33期，1933年。

第四章　伯埙仲篪：卷入"妇女问题"的笔战

9月2日,《生活》周刊发表《编者的话》,宣告"恋爱与贞操"讨论结束,称"自从克士先生在本刊第八卷第十五期里发表了《恋爱与贞操》一文后,在本刊'信箱'栏内引起了前所未有的大笔战,这笔战历时四个月,……参加战斗的十余位,一个个都是思想界文化界的英勇斗士,在这中间,也有大刀队,也有便衣兵,也有娘子军,却没有一个肯认输。为了真理,大家是怎样地认真地斗争啊!"邹韬奋认为:"最初克士先生所提出的,不过是一个道德问题,后来牵涉到人生观、生物学、心理学、社会学乃至唯物辩证法问题。……编者站在中立者的地位,相信从这场论战,只少是确定了以下的几个原则:

（1）从生物学上说来,恋爱是基于性欲的,超生物学的唯心的恋爱,无有存立的可能。（2）恋爱和人类其他一切活动一般,不能脱离了社会关系去想象,因此恋爱的道德,应从社会关系这一点去着想,当然并不只是以满足性欲为唯一目的。（3）在合理的社会关系中国,恋爱与贞操是一致的,但是在现社会制度下,贞操观念是加于单方面的性的桎梏,所以是根本应该打倒。"[①]

邹韬奋将这三个原则归为论战收获,认为在当今社会"恋爱与贞操"这个问题本身远没有结束,尚有第二次、第三次提出讨论的可能。笔战结束后,邹韬奋迅速将论战文章结集,由生活书店11月出版《恋爱与贞操》一书,希望能再掀热度。

《生活》周刊作为都市文化生活通俗杂志,拥有庞大读者群体,

---

① 编者:《编者的话》,《生活》,第8卷35期,1933年。

使得笔战的社会效应及波及面要远远高于前两次,五四时期的恋爱自由、两性关系问题在新的社会语境下再一次得到广泛讨论。就笔战的形成与发展过程来看,尽管论战双方攻防重点腾转挪移,舆论风向标时有变化,但焦点始终未偏离恋爱与性道德观为核心的两性关系,这两个取道日本传入中国的欧美词汇,迅速捕获了众多知识青年的认同,恋爱自由与五四时期个人主义思想携手,互相强化成为新知识分子批判传统礼教(父母之命、媒妁之言、贞操观等)的重要武器。但由于对西方妇女思潮的解读差异,与当时"主义之争"一样,知识群体阵营内部笔战不断,争论激烈,甚至达到白热化程度,折射出知识界对妇女问题的舆论冲突和多元解读。南京国民政府成立后,新贤妻良母主义、母教主义得到国家政策加持,母亲/妻子家庭角色重塑时代女性的理想言行与生活方式,群体至上的主流意识,女性被重新植入"妇女回家"的社会舆论中。从笔战结果看,原本在 20 世纪 20 年代末已"不值一提"的性欲、贞操等概念,此时却遭到普通读者围剿,彰显了平民文化对妇女形象的定位。20 世纪 20 年代妇女普及运动的成效,远远抵不住国家政策引导对妇女社会形象塑造的影响,复古洪流下,舆论转向再次恢复到五四运动之前的贤妻良母定位,五四阶段高扬"发现女性"个性解放被挤压到角落中去,显示出近代中国女性启蒙经历了传统—近代—传统的螺旋式反复。

如果说第一次笔战周建人是在仓促中提笔而战,大哥鲁迅援手后情绪逐渐平稳。在与陈百年论战中,周建人将两性关系归为私人事情,认为恋爱为基础的贞操美德,自然能调节人类欲望,责问陈百年时,有过类似"气盛于理""以气取胜"的激烈与亢奋。尽管因笔战影响他被迫离开《女性杂志》,但相互尊重的恋爱贞操作为

第四章 伯埙仲篪：卷入"妇女问题"的笔战

新性道德核心的理念日益成型，并延续到第二场与张竞生的激烈笔战中。论战双方围绕科学表述、性道德中道德与性欲的关系进行，周建人不认同张竞生的非科学、情感式书写，更反对利用性欲来打破封建礼教、重建新淫义观点，周建人将恋爱道德、非单纯性解放等内容充实到新性道德体系中。在众人声援下，特别是二哥周作人参战，周建人与张竞生的笔战捷报频传，张氏因"丹田呼吸"及"第三种水"等失了人心。当然，这场因周建人对《性史》书评而起、言论尺度却不为他所能掌控的"性史"大讨论，展示了知识分子对恋爱与性欲二者关系的多重取向，经此一役，周建人开始重新审视"恋爱基本构成"以及贞操等对女性社会形象的塑造。这些思考体现在第三次笔战中。

8年时光三场笔战，在两位文坛领袖兄长的加持下，借助杂志报章这个新型媒介，围绕妇女问题的争辩，周建人从一个没有留学背景、自学成才勉力迎战北大教授的"小编辑"，逐渐成长为坐镇《生活》周刊的"擂主"，一步步走上了历史舞台。三场笔战不仅淬炼了周建人应战经验，更促其搭建起较为系统的妇女问题认识框架。面对国家、社会与文化控制的高压，《生活》周刊以及周建人重提恋爱自由、个性解放，并展开长达4个月的讨论，嗣后并将所刊文章结集出版（1933年12月由生活书店初版，次年3月再版），这次"擂台赛"引发的轰动社会效应，使《生活》周刊销量剧增，从这个意义上算是成全了周建人与邹韬奋一起念的"生意经"。周建人卷入的前两次笔战，大哥二哥加以援手，"百草园"中走出的三兄弟，有童年的欢乐，有青年时期的相互扶持，有大家庭一起生活的委屈以及误会，但最有兴味的还属亲情，三弟作为融合剂，将失和后的两位兄长紧密联系在一起。

热风之外：周建人的生平与志业

第五章
另辟蹊径：科学小品及"克士"的科学世界

  1923年3月，周作人为杭州《之江日报》十周年纪念撰写《地方与文艺》一文，谈及浙江最具地方特色的文艺潮流："近来三百年的文艺界里可以看出有两种潮流，虽然别处也有，总是以浙江为最明显，我们姑且称作飘逸与深刻。第一种如名士清谈，庄谐杂出，或清丽，或幽玄，或奔放，不必定含妙理而自觉可喜。第二种如老吏断狱，下笔辛辣，其特色不在词华，在其着眼的洞彻与措语的犀利。"[①]飘逸与深刻，是周作人对家乡三百年来两种文人不同风格流韵的概括，学界大多认同二周恰是近三百年来浙江文人的两类代表，大哥鲁迅文风如老吏断狱般辛辣，而老二启明则庄谐杂出，颇有魏晋风流。还有学者称林语堂在散文理论与创作上基本追随周作人，故20世纪30年代鲁迅与林语堂那场轰轰烈烈的"小品文"之争，实际上是二周之争，是浙江两大散文流派、观念的冲突。纷纷扰扰中，极少有人注意到三弟周建人的科学小品文，遑论他搭建起来的科学世界。

[①] 周作人：《谈龙集》，第13页，开明书店，1927年。

第五章　另辟蹊径：科学小品及"克士"的科学世界

一、《太白》创刊与科学小品

1934年9月20日，为了"着力提倡大众语运动"，艾寒松、傅东华、郑振铎、朱自清、郁达夫等11人组成编委会，特约艾芜、巴金、冰心、老舍、丰子恺、邹韬奋、周建人、朱光潜等68人担任撰稿人的《太白》半月刊横空出世，陈望道担任主编，上海生活书店发行。鲁迅虽未出现在名单中，却以"公汗"等笔名先后为《太白》撰写了二十余篇文章。[①]"本刊是专登简明文字的语言艺术半月刊，内容有短论，速写，漫谈，科学小品，读书记，风俗志，杂考，歌谣，文选等各门文字，都是短小明快，一般人都可以看的文章；还有浸画木刻等插画，也很能开发一般人新的美感。希望一般人都要看，都喜欢看，将来真个做到'雅俗共赏'的一句话。现在已经征得全国多数作家同意，在这条路上努力。"[②] 刊物创设"科学小品"专栏，刊登小品文和相关理论，培植大众科学常识。

科学小品也叫科学小品文，它借助文学写作手法，将科学内容生动、形象地表达出来，融科学性、知识性、趣味性于一体，有着短小精悍、通俗易懂、语言丰富多彩、形式生动活泼的特点，颇受大众喜欢。"我国刊物上登载科学小品确实从《太白》半月刊开始。《太白》半月刊自始就以刊行科学性进步的小品文为自己的任务"[③]。《太白》作为文艺刊物，开创了一种新的科学文体，这与其强大的

---

① 陈望道：《关于鲁迅先生的片段回忆》，《鲁迅回忆录》，第15页，上海文艺出版社，1978年。
② 《生活书店发行四大杂志》，《太白》，第1卷3期，1934年。
③ 上海鲁迅纪念馆编：《陈望道先生纪念集》，上海：复旦大学出版社，第198页，2006年。

撰稿人队伍是分不开的。

在创刊号上，柳湜发表《论科学小品文》短论，开门见山说起小品文向有"点心"及"小摆设"称谓，属于文人茶前饭余的闲情逸致，与大众是少有姻缘联系的，提倡用小品文来普及科学："现在写小品的作家还没有注意到这一方面来。也许还会有人起来提出抗辩罢！科学重在说理，而说理的文字总是比较谨严的。小品文最宝贵的条件是轻松与明快，是不能用作说理之用的。并且科学重在系统的叙述，最怕割裂曲解，小品文既然不能拉长，如何能负起说明科学之用呢？如果勉强拿他来用，在科学方面是'画虎不成'，在文字方面则必像出了气的啤酒，清淡乏味，一定是双方不讨好的。"柳湜认为这种似是而非的抗辩，是就小品文而论小品文，就科学而论科学，未能与大众的实践生活发生关系，属于一种抽象形式的看法，"科学小品文是科学与小品文在大众的实践生活的关联中去联姻的。目前大众需要科学知识，科学要求大众化。"[1]大众日常生活中没有时间、条件去读大部头的科学书，而科学小品既可言情也能说理，能解决这个难题，这篇文章为《太白》设"科学小品"栏目的初心作了极佳的注脚。也有人指出《太白》的创办，更多的是与林语堂主办的《论语》《人世间》分庭抗礼，华道一认为，"似乎近来有许多读者和作者还不曾十分熟悉科学小品的意义。是的，也许是因为这几年文学的小品写的太多太腻了，于是有些人想改换一个目标，写一点科学的小品来给予杂志读者一种新的趣味。这个，我们确也不能否认。因为要不是近几年文学小品高速度的发展，我们也许不会想到用小品文写科学"。[2]用趣味的语言来诠释科

---

[1] 柳湜：《论科学小品文》，《太白》，创刊号，1934年。
[2] 华道一：《科学小品和大众教育》，《太白》，第1卷11期，1935年。

第五章 另辟蹊径:科学小品及"克士"的科学世界

学常识,激发大众对科学的兴趣,这一出发点恰与周建人主编《自然界》主张的"科学中国化"有异曲同工之处,加上大哥的呼吁,周建人自然给予大力支持。

周建人与顾均正、贾祖璋、刘薰宇的一组篇文章,在《太白》创刊号"科学小品"专栏与读者见面,周氏的《白果树》被列在首篇。因童年兴趣和职业影响,周建人的科学小品题材集中在"花鸟虫鱼"领域,他的笔调温和细腻,富有绍兴乡土色彩和民俗风味,很有画面感。《白果树》颇具代表性,寥寥几笔,勾勒出一幅扑面而来的市井买卖的热闹:

近几天来,这等闹人睡眠的声音没有减少,却加添了卖熟白果的声音了。白果担子挑来歇下,便发出镬子里炒白果的索郎朗的声音来,卖白果的人一面口中唱道:"糯糯热白果,香又香来糯又糯,白果好像鹅蛋大,一个铜板买三颗"!……上海秋天虽然各处卖热白果,但是白果树却很少见的。我的故乡有很大的白果树。它又称银杏,有些讲花木的书上又叫它公孙树,意思是说它的成长很慢,阿公种植的白果树,须到孙子手里才开花结子,日本的植物书上便常用这名称的。它在科学的名字是叫 Ginkgo bilopa,它是植物界中的老古董,它的系统直从中生代的侏罗纪传来,到了现在,只剩了它一种了。中国是它的故乡。普通只见它种在庙宇寺院里,有些植物学者疑心现在已没有自生的白果树了,米耶尔(Meyer)虽说浙江山中还有自生的,但是别有些人却不相信他的话。[①]

---

① 克士:《白果树》,《太白》,创刊号,1934年。

热风之外：周建人的生平与志业

寥寥数语，将白果树的名称（包括别称、英文以及民间俗语）、历史、产地以及国内种植区域、是否有野生的争论交代清楚，让读者在生活化的语言中触摸科学知识。《太白》第1卷6期刊登了周建人的《桂花树和树上的生物》，最具特色，该文依照时令围绕桂花树和树上生活的蝉、蚂蚁、螳螂、尺蠖、蜾蠃等生物，徐徐展现建人幼年的生活场景，堪与大哥笔下的"百草园"媲美：

我幼时住过的房子里有三株桂花树，两株种在卧房窗外的天井里，一株是在客室外面的小园里。它们已经是久年的大树，干上生满了青苔，上部又生着瓦苇。青苔和瓦苇是不会开花，只生孢子的植物。瓦苇的根茎埋藏在青苔的下面，只抽出短的带状的叶子。叶背中间黄色的子囊群，集成圆形的小堆，有些像骰子或牌上的点子。不过牌的点子是凹下的，它却凸起。老妪们因此叫它牌草，并且相信只要采得三十二片像牌的一副叶子，可以治疗像痨损那样难治的疾病的。我不相信这话，而且相信未必能采齐三十二张像牌的叶子。牌草上的点子虽然多变化，单是像歪头九或和牌形的就不曾看见过。

这桂花树的根下是蝉的生产地，每年夏天，每天晴朗的夜间，总有几个长成的蝉的子，穿通坚硬的泥土，爬上树干几尺高的地方，裂开背上的皮壳，蜕出新蝉来；如果一路平顺，没有阻碍，带白色的新蝉停立少时，变成深色后，便振翅飞去。但蜕壳时最大的危险是蚂蚁的袭击。蚂蚁是最好战斗的小生物，随时各处巡逻，找寻食物，蝉如被它们围攻，是难得幸免的。我在清晨的时候，常见初出壳或未完全蜕出的蝉，被蚂蚁咬的焦头烂额，或已死去，或者还能够微微挛缩。蚂蚁虽小，气力却很大，它能举起比身子大数倍

第五章 另辟蹊径：科学小品及"克士"的科学世界

的物体；被它钳住，决不放松的，汤姆逊说印第安人受伤时，取一种蚂蚁的兵蚁，使它们咬住偎合的伤口的皮，然后剪去身子，头部便咬在皮上，不会脱落，可以代替外科医生的缝合。素食主义的蝉遇着它们，那里挡得住。

桂花树上既有蝉，就也有食肉的螳螂上去找寻食物。螳螂生着纱一般的翅，尖尖的面孔，细长的胸部，看去很文秀的，拱着两只钩刀状的前足，好像很拘谨的样子；然而它却很凶残，专吃它的能力所能克服的各种动物。我们幼时捉住螳螂时，常常给它头发吃，这使我们很诧异，像头发那样不堪供食用的东西，它却嚼得津津有味。有一回我看见一只螳螂，从桂花树的低枝上飞到地上，接着有一只雀追来，螳螂立刻举起前足，见雀啄来时，霍地闪过，两把钩刀劈头抓去，竟像学过拳术似的，但是究竟体力相差太远，结果是它牺牲了生命，然而勇气终究是可嘉的。

阴历的八月到来时，桂花开了，登时增加了不少的热闹：山里的人，这时候挑了担子上城来卖栗子，邻舍的娘们来要些桂花去拌蜜和茶叶。这三株桂花树，开花时就显出不同来，天井中的两株是"金桂"，花色黄赤；小园里的一株是"银桂"，花色呈带微黄的白色。它们本是合瓣花类的植物，但是花瓣分裂作四片，只在近基部处相联合。花瓣中心生着二个雄蕊，一个雌蕊。它们也能结果实，形状大致像橄榄，只是细小些。桂花树幼时，叶片的边缘有锯齿，长大以后，叶边平滑或只有些微的锯齿。许多种植物，幼时和长大后的叶子会变为不同的形状，桂花树的叶子的变化还算是微小的。长大以后的金桂，叶子比银桂略狭略长，日本的植物学家牧野富太郎说金桂是银桂的一个变种。所以大致是相似。但是普通的桂花树每年只能开花一次，即在阴历的八月里，小园里的银桂却每月能开

· 183 ·

花一次，——平时开的不很多，八月里方才开满各条的树枝——因此我们就叫它"月桂"。

采桂花的时候，就时常看到枝上的尺蠖。它是尺蠖蛾的幼虫，种类虽然很多，但是形状都像细树枝。行走的时候，背脊向上一拱，身子向前一伸，像从前用弓量地。休息的时候，一端爪住树枝，一端伸直在空中，看去很像一条叉枝。人的眼睛常被它欺骗，往往须到触着它的身体，或它扭动时，才知道它是尺蠖呢。它的这种形态和习性被称为"保护相"，达尔文派的进化论者，常拿去做"适者生存"的例证的。他们以为尺蠖的像树枝，可以瞒过敌的眼睛，是适于生存的条件的一例。但是它虽能欺骗人的眼睛，不一定也能骗过别种动物的视线。如果拿了人类的感觉去推测其他，很容易陷于错误的。

我们常见一种小形的黑色细腰蜂，古时候称它螺蠃，近来常常被称为螟蛉或螟蛉虫了。它用泥做成差不多榛子大的房，捕蜘蛛、小青虫等藏在房里，给它的幼虫做粮食——有些较大形的种类会捕捉蟑螂或称为"八脚"的那种巨大的蜘蛛类动物。但是我幼时曾折开一个泥房来看时，藏的并不是别的，却是四五条尺蠖。可见尺蠖的形状像树枝，并不能够遮瞒螟蛉的眼睛的。但是这里应得说明：达尔文派的进化论者并不是说具有保护相的动物就不会被吃去，只要能够瞒过若干仇敌的眼睛，这保护相就有生存上的价值了。但这问题如果讨论下去，成了证明保护相的生存价值的大小的问题，必然须走到精细的和长时间的实验的路上去。虽然过去的有些实验说这类保护相或保护色是很有价值的。

我离开那老屋已经很长久了，不知道那桂花树，现在是否还存在，树上是否还满生着青苔，牌草，以及生活着蝉，蚂蚁，螳螂，

第五章　另辟蹊径：科学小品及"克士"的科学世界

尺蠖这些小生物。[①]

这篇文章共有 1856 字，短小明快，是周建人小品文中最具代表性的，由上可见，他的语言生动风趣，家乡民间传说、国外轶闻信手拈来，对螳螂、尺蠖身体的形态描写准确细腻，基于科学常识，文中有对民间传说的勘误，有严谨科学知识的普及，从童年日常生活中所见说起，极具生活情趣，展现了与两位兄长迥然不同的"新台门里老屋风景"。

中国《诗经》中有"多识于鸟兽草木之名"的传统，"兴、观、群、怨"之余，知识性、趣味性也是追求目标。"周建人的科学小品文风朴素，如谈家常，如一盆清淡的水仙，如一轴素雅的水墨花草画。他常常从幼时的回忆，从身边的琐事谈起，渐渐将话题引入科学"[②]，是用素雅清淡的文艺笔法写浓郁生活气息中的科学常识。无论是采用记叙、议论还是说明文体，周建人的科学小品所侧重的，是对研究对象进行生动形象的知识性介绍与讲解，不求表述完备与专业，强调通俗的大众化语言与文学性表达的勾连融合，科学审视与生活追忆合二为一。读者在一篇篇优美的、通俗易懂、生活气息浓厚的短文中获取科学知识，这正是科学小品之妙处，也是周建人所追求的科学语言通俗有趣的初衷所在。

周建人作为商务印书馆编辑，除主编动植物教科书外，还在《东方杂志》《自然界》《中学生》等杂志上发表数百篇的科学小品，之后几十年里，发表、出版大量科普著作译作，晚年还在呼吁思想

---

① 克士：《桂花树和树上的生物》，《太白》，第 1 卷 6 期，1934 年。
② 叶永烈：《周建人及其作品》，叶永烈：《论科学文艺》，北京：科学普及出版社，第 65 页，1980 年。

革命，认为中国大众太缺乏科学素养，亟须普及科学、破除迷信，转变思想，他搭建了一幅不同于两位兄长"小品文"视域、融合时代共性和个体特性于一体的科学知识图景。

二、克士与"浙东帮"科普作家群

《太白》"科学小品"专栏，聚拢并形成了以周建人、顾均正、贾祖璋等为代表的中国第一代科普作者群体[①]。《太白》"科学小品"栏两年发表文章，内容涉及动植物学、生理学、心理学、天文学、物理学、数学、逻辑学以及科学哲学等，篇幅少则一至两千字，多则不超过三千字，一事一议，夹叙夹议，因作者学识、专长及职业差异，主题不一，但总体而言，着眼大众日常生活经验，向大众传递积极的人生态度，陶冶情感，宣传、普及科学知识是共同旨归。科学小品作为一种新的小品文横空出世，成为大众科学教育的先锋。1935年，生活书店从《太白》半月刊"科学小品"栏中选出39篇文章结集为《越想越糊涂》出版。该书作为"中国第一部科学小品集"，书中收入顾均正、克士、贾祖璋、刘薰宇、柳湜等12人的科学小品，其中克士以9篇的量居第一位，紧随其后的为顾均正、贾祖璋，各为7篇，薰宇为5篇，艾思奇、柳湜、沙玄等为2篇，其他则为1篇。从学界划分的第一代科普作家看，《太白》"科

[①] 学界对科学小品作家群体中的周建人甚少提及，如王伦信等人曾对"中国第一代科普作家群"进行过探索，仅对高士奇、顾均正、贾祖璋予以展开，对周建人仅提及名字："在《太白》杂志撰文发表科学小品的有顾均正、贾祖璋、周建人、刘薰宇等人。……高士奇、顾均正、贾祖璋是成就最突出的三位"。王伦信等著：《中国近代民众科普史》，第251页，科学普及出版社，2007年。

第五章 另辟蹊径：科学小品及"克士"的科学世界

学小品"的专栏作者周建人、贾祖璋、顾均正有诸多交集，均来自浙东，都曾在商务印书馆理化部工作过、未读大学，都曾为《自然界》撰稿，他们3人发表的量共计23篇，占了总容量的58.97%之多。科学小品文之所以能形成气候，能在小品文中突围而出，与同时期作者群的朋辈效应，与一批新型知识分子对科学想象的变化和集体追求是分不开的。

时任开明书店编辑贾祖璋[①]作为"科学小品"文的主要作者之一，多引用中国民谣民俗，如在《太白》发表的《萤火虫》引用质朴儿歌："萤火虫，夜夜红，飞到天上捉牙虫，飞到地上捉绿葱"[②]，形象、精炼概括文章主题；《鲫鱼》一文以"俗语说：'杨柳放梢，鲫鱼上钩'"[③]；民谚开篇；《啄木鸟》中引用古诗《啄木儿》："丁丁向晚急还稀，啄遍庭槐未肯归。终日为君除蠹害，莫嫌无事不频飞"[④]。同样担任开明书店编辑、兼任《中学生》主编的顾均

[①] 贾祖璋（1901-1988），浙江嘉兴海宁人，浙江省第一师范学校毕业，1924年考入商务印书馆标本仪器制作厂，在商务印书馆标本仪器制作所工作时，贾祖璋倾心于剥制各种动物标本，特别是鸟类的标本，并且通过实地观察、研究和收集中国古代的鸟类文献，开始写作有关鸟类的文章。最初译了密勒氏的《鸟类初步》和《鸟类入门》二书，并且增加一大部分中国材料，编成《鸟类研究》和《普通鸟类》二书。1929年11月，他被调到编译所博物生理部当编辑，他是《自然界》"趣味科学"栏的作者，1931年出版《鸟与文学》，问世以来，多次重印。1932年"一·二八"商务印书馆遭战火焚毁，贾祖璋回故乡避乱；沪战平息后，经同学傅彬然介绍，进入开明书店当编辑，有科普名篇如《花儿为什么这样红》《南州六月荔枝丹》《兰和兰花》等存世。1949年后经周建人介绍加入民进。

[②] 贾祖璋：《萤火虫》，《太白》，创刊号，1934年。

[③] 贾祖璋：《鲫鱼》，《太白》，第2卷2期，1935年。

[④] 贾祖璋：《啄木鸟》，《太白》，第1卷10期，1935年。

热风之外：周建人的生平与志业

正①则用通俗的语言引导读者用想象的方式感受抽象的《昨天在那里》："从前有一个科学家，他曾经有过一个很有趣的想象，他以为假使有人能比光走得更快，那末他一定可以追上前去，回头来看见许多颠倒的事情，他能够看到自己从壮年人变作少年人，由少年人变做婴儿。他还能看见古代的战场，许多死了的兵士都从血泊中站了起来，弹丸从他们的胸中飞出，射回到敌人的枪膛里去，一切都像倒映的活动影片一般。这时候假定他再站定了下来，那末他一定可以看见这次大战再重演一次，自己再由婴儿变成少年人，由少年人变做壮年人，一直到看见自己飞到自己站定的地点为止。这虽然只是一个想象，但很可以使我们了解'昨天在那里'这个有趣的问题。"②

相对于浙东籍、商务出身的周建人、贾祖璋和顾均正，1919年毕业于北京高等师范学校数理系、留法研究数学的刘薰宇为贵阳籍，长期在浙江工作。1926年，刘薰宇和夏丏尊、叶圣陶、丰子恺等人创办了《中学生》《新少年》，对科学普及运动有高度的认同。他用"鞋匠白昼见鬼"③的坊间异谈，说明中国科学、研究科学和科学家之间的断裂："在中国，科学还算得摩登，虽是比不了姑娘们的赤腿。不过科学，研究科学，和研究科学的科学家，似乎是

---

① 顾均正（1902—1980），浙江嘉兴人。1920年，浙江省立第三中学毕业后，因无力上大学深造，曾在嘉善县俞汇镇任小学教员。1923年考入商务印书馆所理化部。1928年转任章锡琛开办的开明书店工作，任编校部主任、《中学生》杂志编辑等职。

② 顾均正：《昨天在那里》，《太白》，创刊号，1934年。

③ 文章是这样开头的："前个四五天上海各报载过一则白昼见鬼的新闻：有一个鞋匠在光天化日下面遇着四个鬼拖下黄浦江去。新闻记者先生们用他们的老手法夹叙夹议地把这段怪闻叙述出来，而归结到它可供科学家的研究。"

第五章 另辟蹊径：科学小品及"克士"的科学世界

三件各不相关的东西。……研究科学为的是成科学家，已成科学家不用再研究科学，所以中国永远没有真的科学，除了造牙粉，造肥皂……，也就为此，中国人不但夜晚见鬼，白昼也见鬼。"他建议科学教育应从最基础做起，要让大众从迷信的状态脱离出来："提倡科学，在中国已有几十年，而就是今年，上午报纸上虽登载着月蚀的预告，夜晚全上海还是鼓锣喧闹，火炮连天。学过生理卫生乃至于人体解剖的，一到生仔病，仍旧相信阴阳五行，生剋治化，甚而至于倒水饭，吞香灰。灾荒来了，活佛，天师，牧师一例请来祈祷。"[1]可以看出，《太白》作者群体大力倡导的'科学小品'，实际上是在建构一种去繁复术语、用轻松明快的大众常用语给市井小民、卖浆引车者以及妇孺灌输能听得懂的科学常识。周建人认为："我定可以指出写这类小品文的一种秘诀。这就是作者能抓住大众感觉知识方面的碎片。由他脑中旧有的映象去开展他的理解，诱导他进了科学之宫。至于幽默呢，这是使大众情绪轻松的要素，延长他的持久性，解放他的疲劳，都是不必可少的。我们虽反对那种只惹人一笑，一笑后，什么都完了的幽默，我们却不反对在笑嘻嘻中去与真理握手"[2]。科学小品不仅一洗科普文字说教的沉闷，将普通读者已有知识储备与新的科学常识对接进来，令人耳目一新。

《太白》开了"科学小品"之先，采用通俗"大众语"书写、文艺大众化赢得广泛舆论支持，不仅《读书生活》《中学生》《妇女生活》《通俗文化》开始刊登科学小品，且商务印书馆、开明书店和中华书局等陆续推出科学小品集，科学小品在20世纪30年代的中国盛行起来，1935年华道一撰文称："据说去年是一个'杂志

---

[1] 薫宇：《半间楼闲话》，《太白》，创刊号，1934年。
[2] 柳湜：《论科学小品文》，《太白》，创刊号，1934年。

年'。在这个杂志年中,我们究竟得到了多少收获,这个是很难说的。但我觉得'科学小品'在几种流行的杂志里的发现,应该是这个杂志年中颇值得我们注意的一件事。有许多人说过,近几年来中国文学上最有成就的是小品文。这个杂志年里,小品文也占了更重要的地位。而最近一些杂志编者的目光,却慢慢的移出一部对于文学小品的注意,而注意到科学小品。"[1]科普界利用科学小品,找到了科学知识大众化、普及化的一种有效形式,文学界通过科学小品,找到了小品文创作的一条新路子。正如茅盾所指出的:科学小品不仅"是用故事的形式演进科学的知识",还是一种大众化的"阶梯"。[2]作者在叙事、议论、抒情中介绍科学常识,普通读者从中获得与日常生活的勾连,科学与文学实现了第一次联姻。

当然,时人对"科学小品"也有不同看法。"但近来我还是听见许多人说现在许多科学小品文写的太浅,最近读到申报'自由谈'悟兼先生的《谈自然科学小品文的内容》,我觉得更有申说这一点的必要",华道一认为中国人少有的科学知识,多是从学校里学来的,普通大众靠自学难度极大,"那些繁复的术语,那些枯涩的文字,那些没有别人讲解就看不下去的解释",造成了科学与大众教育之间的藩篱,"科学小品在教育大众上的最大任务,第一在引发他们对于科学的兴趣,第二在告诉他们一种活的科学知识"。[3]而这一点,靠自学成才的周建人感受至深,他不仅在担任《自然界》主编时积极提倡用有趣的语言来普及科学,为《太白》撰写科学小品文,并在20世纪60年代对科学教育进行再思考时专门指出:"故乡有句老话,

---

[1]　华道一:《科学小品和大众教育》,《太白》,第1卷11期,1935年。
[2]　固(茅盾):《科学的和历史的小品》,《文学》,第4卷5号,1935年。
[3]　华道一:《科学小品和大众教育》,《太白》,第1卷11期,1935年。

第五章　另辟蹊径：科学小品及"克士"的科学世界

叫做'水涨船高',这句话也可应用到群众与专家之间的关系上来。专家的知识既从群众中吸收来的,如群众的知识不高,专家的知识往往也不可能很高。由此可知,要使国内科学发达,还必须培养群众,使之程度不断地提高。"朴素地阐述了精英科学与大众教育之间的关系。利用"文字艺术"的形式来激发读者兴趣,"乘机告诉他们一点(科学)知识"。[①]他主张采用大众常用的语气,不歪曲不隐蔽,用日常甚至幽默的语言来描述生活周围所熟悉的事务。周建人的科学小品,用轻松明快与趣味的语言,调合科学艰涩内容,成为教育大众、普及科学的一个有力工具。

三、花鸟虫鱼及其他

周建人的科学小品,是他的家庭出身、人生经历、对科学的自我定位与社会语境的多重耦合产物。培养鲁迅、周作人两位兄长的家庭文化氛围和浙东的风土人情,同样浸润涵养了周建人。《朝花夕拾》里生机勃勃的百草园,不仅是大哥鲁迅童年的乐园,也是乔峰摆弄花草、培养兴趣的天地,而且,他作为新台门兴房的"三阿官",上有祖辈、父母及两位兄长遮风避雨,得以拥有一个与"花鸟虫鱼"亲密接触的无忧童年,积累了大量细致观察日常生活的素材,培养了对动植物学的兴趣。因两位兄长均在日本留学,周建人留在母亲身边侍奉尽孝,教书之余,长期坚持自学植物学、英文,他在担任塔子桥僧立小学堂校长的6年时光里,暑假的最大乐趣就是采集植物制作标本,绍兴城里的塔山、蕺山,附近会稽山、吼山

---

① 周建人:《科学杂谈》,杭州:浙江人民出版社,1962年。

等,都成为他探索的宝地,不仅使得他对南方各种植物极为熟稔,而且原本瘦弱的身体也慢慢强健起来。大哥鲁迅不断从日本寄回英文版植物类书籍,升叔辅导的英文派上大用场;鲁迅归国后,利用闲暇弟兄相伴采集标本:"我以前独自采集和制作过一些标本,搞得不好,也没有分类。拿给大哥看,大哥说,分类一般地可以说是科学的开头。"[1]在教育部谋职的鲁迅,源源不断搜集新书,支持周建人继续自修。[2]家庭的文化氛围、青少年时期的刻苦自修及大哥、升叔提携,均为仅有初级学堂学历的周建人提供了成长的力量。走出绍兴后就职商务印书馆编辑,特别是1926年出任《自然界》主编,为其深入思考科学定位提供了平台——使其旗帜鲜明践行"科学的中国化",强调用中国大众习见的文字语言、现象和经验来诠释科学。在科学大众化和大众语运动浪潮下,《太白》推出的"科学小品"专栏最终促成这种科学小品文的成型。

早在1926年,周建人出任《自然界》主编时就非常注意中国语言的运用,致力于科学中国化的实际践行。从第五卷开始,周建人力主开辟"趣味科学"栏目,专门刊载生物方面的科普文章,他身体力行,撰写了《中国的食肉鸟类》《蝗虫习性的新观察》等,生动有趣,通俗易懂。他这样描述大队蝗虫迁徙时齐头并进、遮天蔽地的壮观情形:

飞蝗的移徙也同样的可惊异。五蜕以后,初生翅的蝗虫并不即行飞去的。早先生翅的几个仍和未生翅的在一起,留在地上,和它

---

[1] 周建人:《鲁迅故家的败落》,福州:福建教育出版社,第270页,2001年。
[2] 周建人:《达尔文进化论是怎样吸引着我的?——早年学科学追忆》,《人民日报》,1982-04-19。

第五章　另辟蹊径：科学小品及"克士"的科学世界

们一起跳跃。有时亦飞起空中，但只在空中打一两个圈子便歇下，又回到群中来。过一个时期后，飞者多起来，结群飞起空中时，也就飞的遥远些；一群飞上去，激动别的，它们也飞起。但在空中打几个圈子，仍然也歇下来。日复一日的过去，终于全群皆能飞翔，于是有一天，全群皆飞起，不再停下来，遂逐向一个方向飞去。

大队的蝗虫飞去时，如一片黑云或乌烟，分布甚广，密集甚厚；广常常数英里，高的不能目睹，距地近的分明可见。数百万对翅膀一齐鼓动，向同一方向，有时忽然转变，全群向别一方向飞去。前进或转向有什么给它们作指导的呢？随先行的几个的意思的么？还是受什么本能的驱使？我们静静的观察着，那飞云渐远，终于不见。但数小时后尚有零落的个体追随着，它们从大队里迷失下来，远远的追踪在后。①

与周建人熟稔、经常为《自然界》撰文的贾祖璋称："'趣味科学'可以说是'科学小品'或'科普文章'的原始名称。"②实际上，在周建人成为《太白》"科学小品"专栏主要撰稿人之前，他已发表了大量类似风格的文章，力倡该种科学语言的推广，为科学小品文这种科普教育形式做了充分铺垫。

周建人的科学小品，不像大哥的文笔那样思想深邃、文字犀利，也不像二哥的小品文趣味雅正、用典广博。他的科学小品文主要关注"花鸟虫鱼"领域，语言通俗易懂，可读性很强，容易引起读者兴趣。他将自己深入细致的观察和生活实践经验，用细腻笔触

---

① 乔峰：《蝗虫习性的新观察》，《自然界》，第 6 卷 5 期，1931 年。
② 贾祖璋：《丏尊师和开明书店的科学读物》，《贾祖璋全集》（第四卷），福州：福建科学技术出版社，第 500 页，2001 年。

把丰富的科学知识和魏晋小品的文艺形式融为一体,勾勒出一幅白描式的科学图景。周建人极力主张吸收和利用中国传统表意文字中积极的、活泼生动的语言来表述科学,并同时改造传统语言文字中不为大众常见的、艰涩拗口的表述方式。周建人的科学小品,与同时期《太白》科学小品栏作者群保持高度一致,他们共同促进了科学小品的大热,成为大众科普的鲜明典范。科学小品代表科学教育内容和形式上的变化,拆除以往横在科学与大众教育之间的藩篱,日常化、趣味化、通俗化的科学书写逐渐被世人所认可。

1935年的周建人留影

用什么的语言讲述科学常识,一直为学界所注意。1932年1

第五章 另辟蹊径：科学小品及"克士"的科学世界

月，时任中央大学校长的罗家伦撰文，强调中国语言与科学思想传播之间的关系："记得在德国的时候，看见《歌德全集》里有句话说：'德国若要有科学，科学应当先说的德国话。'""带着情绪最丰富和联想最充分的文字，自然要推本国文字。……一个民族要把科学思想并为已有，一个民族要谋自己对于学术文化的新贡献，则非先谋运用自己语言文字的符号，来做工具不可。"他认为："语言文字本是整个民族生活的一部分，也是形成民族性的一部分，因为他是融洽在民族的下意识里面，不可分离的。要本国真有科学的基础，必须使科学的思想，都有本国适当的语言文字，可以表现出来，逐渐的流入民族下意识里面，不知不觉无时无地的不在酝酿不在运用。必须如此，科学在这个民族思想里面，久而久之，才能生根，才能发生自己的科学。不然，总不过飘蓬断梗，断无含苞结实之可言。"[①] 他的主张，得到同校数位知名教授的积极响应。1933年1月，国立中央大学化学系教授张江树在《国风》[②] 发文，指出"中国科学教育之病源，固属千头万绪，多至不胜枚举，然其最重要者，不过三事：一为办学者对于各种科学常识之不足，二为教授者根本不明科学教育之方法，三为现行之科学书籍，大多不合于中国社会之需要"。"如欲改良科学教育，非先请国人，用中国文字，中文体裁，编辑合于中国社会情形之各种科学书籍不可。"[③] 张其昀将科学国语化提升为"中国科学化运动"目标："中国科学化运动一

---

① 罗家伦：《中国若要有科学 科学应当先说中国话》，《图书评论》，第1卷3期，1932年。
② 《国风》社社长为柳诒徵先生，张其昀、缪凤林、倪尚达为《国风》半月刊编辑委员，该刊以"发扬中国固有之文化，昌明世界最新之学术"为宗旨。
③ 张江树：《中国科学教育之病源》，《国风》，第2卷1期，1933年。

个目的，也就是希望科学家注重本国文字，注意于修词达意，希望能从此产生许多极其漂亮，极有力量的科学文字，唤起国民，使注意于各种科学问题，这是中国科学家应尽的责任。"[1] 以科学的国语化为目的，造就国语的科学化，方可用来传播科学知识，使其普及于民间。中央大学以"中国科学运动协会"为基地，与当时将科学不普及归为哲学思想、价值理念、研究方法、教育制度等知识分子分庭抗礼。研究科学史的，多注意罗家伦、张江树、张其昀等"中大派"的努力，甚少提及周建人及《自然界》的努力。细加考辨被浓墨重彩的"中大派"代表人物的核心观点，与周建人倡导力行的几无差别，他们之间最大的不同，便是"中大派"为专门学者，而周建人仅为"一名知名的科学记者"而已。鲁迅曾在陈百年与三弟笔战时讲过，"教授和学者的话比起一个小编辑来容易得社会信任，"小编辑的发声不大被人们所重视，且更容易在历史中隐没消散。

实际上，周建人与"中大派"还有一个不同，是他的商务印书馆理化部编辑身份，他编撰了大量通俗易懂的中小学读本及青年课外辅助读本，创造性地将科学小品楔入教科书编撰，拓展了科学常识的普及范围，从这个意义上讲，周建人开出的药方操作性更强，更具实效性。借助商务印书馆的发行平台，声名远扬，如《简易师范学校教科书 植物学》上册第11章"花的构造及机能"中"花粉的传播"，其中"赖虫的助力"是这样描述的：

> 许多显美的花，及能分泌蜜汁，或芳香的花，花粉常由昆虫传

---

[1] 张其昀：《"科学"与"科学化"》，《科学的中国》，第1卷1期，1933年。

第五章　另辟蹊径：科学小品及"克士"的科学世界

播。替植物传播花粉的昆虫多数为蜜蜂、土蜂及蛾蝶。蜜蜂等好食蜜及花粉，常向花里去采取，往来花间，遂于无意中替植物传播了花粉。常见的野芝麻，春季开花，花冠的基部含很多的蜜汁，土蜂入花内吸蜜时，背部适和雄蕊相接触，花粉便黏在蜂背上。它再飞到它花吸蜜时，便将带去的花粉黏在柱头上。昼间开的花，多由蜂蝶传播花粉，夜间开的花，常由蛾传播花粉的，这类花往往白色或淡黄色，并且往往有芳香。在月色朦胧的夜间，白色和淡黄色比较鲜明，如果有了香气，蛾类就更容易追踪寻到了。[①]

精准而传神的描述，如诗如画的语言，饱含色彩兼具知识性，描绘出蝶舞蜂忙的一幅暮春景色，学生恍如置身于百花盛开之中，在生活化的语言中触摸科学知识。周建人这种编辑理念，改变旧式"教科书式的学校教育"书写方式，意义深远，这也正是周建人编写的自然教科书畅销不衰的原因所在，并进而成为新中国成立后中小学自然教科书编辑的优秀典范[②]。

很有趣的是，被定义为"植物专家""知名科学记者"的周建人，或许是为自己正名，在1949年后加入中国作家协会，会员号为00307号。下图为周建人1979年参加中国文学艺术工作者第四

---

① 周建人编：《简易师范学校教科书植物学（上册）》，第80页，商务印书馆，1935年。
② 如新中国成立人民教育出版社出版的《动物学课本》中，对青蛙的介绍简洁而传神："它的背部普通青绿色或带褐色，有青黑色或褐色的斑点。腹面白色，略有斑点。它的眼睛后下方各侧有一个圆形的疤痕，是它的耳。它没有耳壳，所以鼓膜露在外面，能听声音。雌雄蛙都有听器，但只有雄的会叫。"详见周建人主编：《动物学课本》（初级中学），第3页，人民教育出版社，1950年。

次代表大会代表证。

参加中国文学艺术工作者第四次代表大会代表证(1979年)

在以周建人为代表的第一代科普作者群体努力下,科学教育的研究对象、语言风格和价值追求向大众化、趣味化和日常化转向。这种转向,顺应了科学大众化和大众语运动潮流,是近代知识分子所具有的感性与理性精神交互的集中体现,是近代中国社会变革所带来的政治、学术和科学自身发展变化的产物。科学的中国化过程,缺少不了大量普通知识分子的身体力行,以往学界多将目光投向归国留学生,甚少关注未留洋的本土知识分子。周建人从最初传统读书人对"花鸟虫鱼"风雅偏好到作为出版人提倡"科学中国化"、开辟"趣味科学"专栏、撰写"科学小品"以及将其楔入商务版自然教科书、致力科学教育的大众普及等一系列努力,有着意味深长的历史意义。"乔峰老人以妇女解放运动者的姿态登场,但他笔下分量最重数量最多的,是有关自然科学的译作,间或涉足文艺,也以科学小品为多,因为他的本业是生物学研究。"[①]

周建人的科学小品,是有别两位兄长趣味的另一种小品文尝

---

① 柯灵:《乔峰老人——为〈周建人文选〉作》,第381页,详见中国民主促进会中央宣传部编:《周建人文选》,中国文史出版社,1988年。

第五章 另辟蹊径：科学小品及"克士"的科学世界

试，他常常从幼年的回忆，从身边的琐事入题，"俗语过多"，难免会给人一种因自身才情限制未能臻于"经以科学，维以人情"之嫌。周建人这种生活气息浓厚、通俗易懂的表述方式，无论科学小品，无论中小学自然科学教科书的新编辑理念，都是其将"西洋的科学"变为"中国的科学"的坚守。这种坚守，不仅仅具有个体的意义，更代表了一批同时代的非留学生、接受传统教育的知识分子在中西文化碰撞中的对西方文化的自我定位，体现出新旧更替时期旧知识分子的蜕变和文化选择的一种新面相。从这个意义上讲，周建人对近世中国科学教育的影响，对大众科学普及的价值，值得重新估量。

第六章
书生从政：三弟的荣耀与无奈

1944年年底周建人从商务印书馆辞职后，将更多精力投入政治运动中去，抗战胜利以后，与马叙伦、赵朴初等人在上海发起成立民主促进会，卷进了政治激流。叶圣陶1946年从重庆返回上海，曾于2月21日参与民主促进会茶会活动，"于会中晤振铎、乔峰二位，皆握手欢然"①，周建人是会中积极分子。1948年4月，周建人正式加入中国共产党，该年8月秘密离开上海转赴解放区，"我在沪时因受国民党注意，有一次，一个多月的时间，国民党'警员'来寓所查询七次之多。我住不下去了，遂离开上海。到解放区后，……。"②1949年4月，周建人被任命为华北人民政府教育部教科书编审委员会秘书主任，正式踏上政坛。他从出版总署副署长做起，历任浙江省人民政府副主席、高教部副部长、浙江省省长、全

---

① 日记中记载："七时半，至中国科学社，赴民主促进会之茶会。八时后开会，到者五十人左右。是会中人多不相识，以马夷初先生为领导。今夕之会，意在招待自渝到沪之人，并联合上海民主运动之团体，成一总组织。黄任老适在沪，到会，谈协商会议经过甚详。胡子婴女士继之。末后发电慰问重庆昨日受伤之人。至十时半始散。"详见叶圣陶：《叶圣陶日记》，第813—814页，北京：商务印书馆，2018年。

② 《周建人致郦辛农的信》，1949年10月22日，藏于绍兴鲁迅纪念馆。

第六章 书生从政：三弟的荣耀与无奈

国人大常委会副委员长，兴房"三阿官"成了绍兴周家三代[①]中职位最高的一位。弟兄三人中周建人最为长寿，以96岁高龄（1984年7月29日）驾鹤西归。在那个特定的鲁迅被造神时期，与大哥一生交好、革命旗手三弟的身份符号，成为世人眼中最为坚实的从政资本。在特定的政治氛围下，周建人的言说与做事，有身不由己的无奈，有坚守的缄默，大体未失读书人本色。

一、花甲之年受重用

1948年8月，周建人携带家眷，辗转到了河北省平山县西柏坡中共中央驻地，毛泽东等中共领导人接见了他。会面情形广为流传，"他与毛泽东一见面，毛泽东就拉住他的手热情地说：'我们文化革命旗手的弟弟来了，欢迎你！'"[②]这句话，实际上框定了周建人的外在社会角色，作为斗士、社会活动家以及鲁迅事业的继承人，鲁迅三弟成为标签，周建人得到了高层的信任和重用。

1949年4月20日，华北人民政府令（秘总字第73号）颁布，内文称："为适应工作需要，决定在本府教育厅领导下，成立教科书编审委员会，聘请叶圣陶为该委员会主任，周健人、胡绳为副主

---

① 就周家三代来讲，祖父周福清翰林正途出身，做过金溪县知县、内阁中书京官，官为正七品；父亲周伯宜因科举舞弊案被革去功名，失了仕进的机会；到了弟兄三个，大哥鲁迅在教育部任职十四年，教育部佥事兼仟社会教育司担任第一科科长，文官四级；二哥周作人担任北京大学教授多年，落水后出任伪职成人生污点，不能作数。

② 殷理田：《毛泽东交往百人丛书·民主人士篇》，第231页，太原：山西人民出版社，1993年。

任,……。"① 同年 6 月,他以上海人民团体联合会理事身份,参加了中国人民政治协商会议的筹备工作,参加由周恩来担任组长的第三小组,参与中国人民政治协商会议共同纲领的起草工作。② 在筹备会期间,多次与出席筹备会的胡愈之、叶圣陶等人出席讨论成立"编审局"事宜,在叶圣陶日记中周建人的身影③随处可见。9 月 21 日,作为中国民主促进会的代表,正式出席中国人民政治协商会议第一次全体会议。

在会议期间,周建人分属"政府组织法草案整理委员会",与叶圣陶在一组。1949 年 10 月 19 日中央人民政府颁布任命书,《光

---

① 很有意思的是,华北人民政府令上的周建人名字被写为"周健人",不知道其时是否为用字改变,抑或笔误。

② 政协第一节全体会议秘书处编写:《中国人民政治协商会议第一届全体会议纪念刊》,第 23 页、第 26—27 页,人民出版社,1999 年再版。

③ 在叶圣陶日记中,周建人以乔峰之名多次出现:如 7 月 6 日"午后二时,驱车至怀仁堂。周恩来向文代会代表作政治报告,一堂几满。………余听其辞未毕,与乔峰振铎先出,至北京饭店,应董老与薄一波聂荣臻之招宴。此宴为庆祝'七七',到者二百余人";7 月 11 日"至出版委员会,应愈之之约。到会乔峰、胡绳、黄洛峰、华应申、丁华。缘将来政府成立,关于文教方面之部有教育、文化、新闻、出版四部。出版部设编审、出版两局。今之拟议,愈之殆将主持出版部,因约我人商量此局之组织与人数。谈久之,组织大致规定,两局人数共五百余人。复谈可招致之人选,各就所知记出,亦不过二十许人耳。"7 月 25 日"晨偕乔峰胡绳至华北政府,列席其委员会扩大会议,盖全政府各部分之总会议,出席列席者殆将两百人";8 月 15 日"午后,与乔峰、胡绳、灿然至北京饭店,与陆部长、愈之、黄洛峰诸人谈将来出版署之规划。署中拟暂设编审、出版两局"。8 月 20 日"与乔峰、胡绳、灿然商房屋之分配。"详见叶圣陶:《叶圣陶日记》,第 1124 页、1128 页,商务印书馆,2018 年。

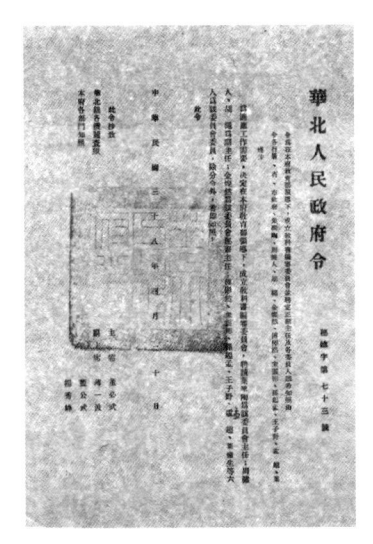

第六章 书生从政：三弟的荣耀与无奈

华北人民政府令（1949年）

1949年参加中国人民政治协商会议第一次全体会议的中国民主促进会代表团合影。先前排左二为周建人，其左侧为林汉达（民进第一届理事），马叙伦（民进常务理事）居中，右手为许广平（民进常务理事）、王绍鏊（民进常务理事）；第二排从左到右依次为梅达君、雷洁琼、徐伯昕、严景耀（候补代表）

明日报》总编辑胡愈之出任署长，周建人、叶圣陶担任副署长[1]，商务印书馆的昔日同事再次汇合。下图为周建人的任命书。

周建人被任命为出版总署副署长任命通知书（1949年）

10月22日，周建人给表弟信件中谈及他的工作："中央委我的责任是重大的，是中央出版总署的工作，地址暂在北京东总布胡同十号。但那边有正署长常在办公，我仅是期中到两三个半天（以后也许要多点一些时候）。同时又兼署下编审局的工作，近日在局的时间较多。局址暂在东边，二条五号，即寄信给您的地址。"[2] 此

---

[1] 10月16日"成仿吾送来政务院各部署主持人之初步名单，请提意见，俾政府委员会作最后决定。余名在出版总署，与乔峰同为愈之之副。"10月20日"今日报章载政府委员会所通过之政府各机构负责人名单，愈之为出版总署署长，余与乔峰副之，如前此所见之草案。"详见叶圣陶：《叶圣陶日记》，第1139页，商务印书馆，2018年。

[2] 《周建人致郦辛农的信》，1949年10月22日，藏于绍兴鲁迅纪念馆。

第六章 书生从政：三弟的荣耀与无奈

时出版总署尚未正式挂牌，周建人与叶圣陶等人的主要精力放在筹备事宜。11月1日，出版总署举行成立大会，周建人作为副署长，正式走马上任。我们从副署长叶圣陶的日记中，可窥乔峰的繁忙日程：

> 三时，至东总布胡同，为出版总署成立大会，先拍照，继之开会。愈之宣布组织条例，略为讨论。余与乔峰为副署长，均有致辞。到者仅二十余人耳。五时一刻散，继之聚餐，饮谈甚欢，七时归。（11月1日）

> 饭后二时，至文教委员会，开首次工作会议。……工作会议由主任副主任办公厅主任及所属部院之正副长组成之。文教会之主任为沫若。副主任有数人，今日到会者为陆定一与陈伯达。办公厅主任为乔木。余则文化部副部长周扬，教育部副部长钱俊瑞，卫生部部长李德全及副部长某君，科学院院长沫若，新闻总署乔木与范长江萨空了三人，出版总署愈之乔峰与余三人。讨论者为各机构之组织系统表及局级人选。在工作会议通过后，然后送交国务院，由政府委员会批准。六时半散。（11月2日）

> 晨到局有顷，偕乔峰至卫生部，庆贺其部之成立。……余与乔峰皆就出版方面立言，勉作数语。（11月21日）

> 三时，余与乔峰退出，至政务院，参加周总理召集之会议。所谈为文教部分六单位之下一级人选，即局长司长等。皆照前此所拟通过，大致不久即可发表矣。六时散。（11月23日）

> 午后，偕乔峰灿然驱车出阜成门，至新华印刷厂，参加其工会之成立会。先参观各工作部门一周。……三时后开会，无非讲演，六时散。（11月29日）

热风之外：周建人的生平与志业

十一时，与愈之乔峰至中南海春藕斋，与文教各部署同人会晤华东、中南、东北之重要当局，三位皆能才，处理各事，深得其要……会以下午三时半散。（12月5日）

八至九时，乔峰为同人讲李森科学说之大概，此为业务学习，以后每周举行一次。（12月10日）

饭后，与乔峰、蟪生、云彬、彬然试定同人之薪给及名义，一谈亦二小时。（12月27日）[①]

从上面几则出现乔峰名字的记录可见，周建人或与署长一起参加文教委员会，或与叶圣陶联袂出席卫生部成立大会，或参加政务院周恩来总理召集的会议，或出席新华印刷厂工会成立大会，或与文教各部署同人会晤，或为同人作业务讲座，或与同僚商定同人薪给等，日程紧密。12月16日，中央人民政府政务院委任周建人兼任出版总署编审局副局长[②]，叶圣陶担任局长，主要负责教科书编审事宜。

[①] 详见叶圣陶：《叶圣陶日记》，第1142-1148页，商务印书馆，2018年。
[②] 叶圣陶日记中有数处提及编审局局长人选，最初副局长人选似未考虑周建人：9月25日六点半散会后，"驱车至东总布胡同十号，应愈之邀谈。政府即将成立，愈之殆将为出版总署之署长。署设两局，编审局和出版局。编审局中，愈之兼局长，余与胡绳副之。" 10月2日 "晚七时半，至东总布胡同，参加新华书店工作会议之主席团会谈。前此未久，愈之被任为新华书店之总编辑，余与胡绳为副总编辑，实即将来编审局之底子"；10月24日 "上午至东总布胡同，谈总署部署事。仅决定以沈志远任翻译局局长，沈且亦列席会谈。此外则愈之复述星期六所谈，无何重要商定。饭后返会中，与乔峰、胡愈、灿然商编审局人事布置。"到了正式公布时，编审局的副局长中增加了周建人。详见叶圣陶：《叶圣陶日记》，第1133、1137、1141页，商务印书馆，2018年。

第六章 书生从政：三弟的荣耀与无奈

周建人被任命为出版总署编审局副局长任命通知书（1949年）

新中国成立初期，各项事业百废待兴，出版总署及辖下编审局都处于磨合运行阶段，特别是1950年以来公私合营中涉及几家历史悠久的出版社，如老东家商务印书馆，涉及合适主事人、从上海搬迁北京等诸多事宜，周建人亦多次参与协商：

> 商务印书馆谢仁冰先生以无力应付难局，辞职，商务有瓦解之虞。此一大出版家不能任其崩析，于公私调剂声中，于出版会议召开之日，苟商务不支而坍塌，实为至大之讽刺。愈之乔峰伯昕与余共商此事，未决，伯昕有方案，须详商也。[①]

经过多次讨论，出版总署决定助力商务印书馆，在讨论过程

[①] 该则日记记于1950年8月19日，详见叶圣陶：《叶圣陶日记》，第1183页，商务印书馆，2018年。

中，有人动议周建人出任商务印书馆总主编。10月9日，出版总署高层讨论商务印书馆业务改进委员会的组织与人选，华东出版局、上海出版处合推三人，由商务董事会聘请参加此业务委员会，在讨论总编辑人选时，有两种方案："一说由乔峰主之，一说以陶孟和主之，助商务整理旧书，另出新书。究竟如何，尚待各方商洽。然必须旧有班子为后盾乃可，否则无论为周为陶，均不生效也。"[1]11月17日，出版总署高层讨论调整机构后人事配备，拟以"乔峰长图书期刊司，灿然彬然副之"。[2]从这些谋划看，这一时期周建人的行政安排与他之前的从业经历紧密相连，而非仅仅是借助大哥的声望荫庇。

在繁忙行政事务之余，周建人还为即将成立的人民教育出版社编写了《动物学》教材，并专门托付叶圣陶审阅，叶氏在1950年11月9日日记中这样记载："谈杂事外，看乔峰所编动物下册之全稿，略为修润。其书条理颇清楚，而未能多及各种动物之生活特点，亦未能与生产建设相关连，是其短处。"[3]得到叶氏审阅意见后，周建人作了尽可能的补充，该书1951年由人教社正式出版发行。

1951年2月20日，经中央人民政府委员会第十一次会议通过议程，任命周建人为浙江省人民政府副主席。周建人开始兼顾两边工作，民主促进会各项活动也在其范围之内，据叶圣陶日记中的记载：

乔峰已自杭州返，谈南下见闻。愈之继报告中央决定至明年底

---

[1] 叶圣陶：《叶圣陶日记》，第1193页，商务印书馆，2018年。
[2] 叶圣陶：《叶圣陶日记》，第1201页，商务印书馆，2018年。
[3] 叶圣陶：《叶圣陶日记》，第1199页，商务印书馆，2018年。

第六章 书生从政：三弟的荣耀与无奈

止为准备期，自后年起，十年建设。（3月2日）

晨八点半，全体同人会集，余传达周氏（周恩来，笔者注）之报告，历一小时二十分毕。乔峰继之，谈此次南行观感，偏重于浙江土改后之情况。（3月8日）

驱车返署，应民主促进会支会之邀，往贺其会之成立。支会之主持人为乔峰。（3月28日）

乔峰与云彬今夕又动身往杭州，出席浙江省人民政府之会议。云彬兼此职务，于社中编辑事务不免略荒矣。（4月11日）

八点，出版行政会议开幕，假干部学校礼堂。乔峰做开幕辞，郭沫若以文委主任名义讲话。（8月27日）。①

周建人被任命为浙江省人民政府副主席（1951年）

---

① 叶圣陶：《叶圣陶日记》，第1222、1123、1128、1232页，商务印书馆，2018年。

热风之外：周建人的生平与志业

在权位的透镜前，如何保持自我，是考验读书人本色的试金石，尤其是衣锦还乡面对亲朋好友故旧的请托时。周建人被任命为浙江省人民政府副主席后，曾收到绍兴表外甥天佑的来信，请他代为介绍一份工作，周建人回信如下：

天佑表甥台览：

叠来数信，已均收悉，嘱我代找地方，非我不肯看谁之面上等等，盖一纸介绍信介绍职业之类，实已早不通行。小学教员各地都很缺乏，不如向有关机关登记，到可能找到恰当职业的。我相识本少，一信介绍的方法既不通行，实在很少办法。歉。此复，即询近好。[1]

如果上面这封复信，只是说明刚登仕途周建人的谨慎，那么，他1958年正式担任浙江省省长后，对亲戚故旧一如从前。对于需借助私人关系的一概婉言谢绝。期间女儿周晔寻找工作，他写信给同乡柯灵寻求帮忙。柯灵曾回忆："正是在他贵为省长的时期，曾经给我写信，要我替他的女儿周晔谋求一枝之栖。我偏又无权无势，缺少长袖善舞的本领，唯有带着满怀歉意，以'爱莫能助'一笺相报。只此一事，就可以想见乔峰老人的风格了。"[2] 秉公不徇私，算是保持了读书人的风骨。

踏入政坛，个人命运与政治形势联系更为紧密，谨言慎行成为周建人的选择。伴随各式政治运动浪潮，周建人始终保持谨慎自律

---

[1] 《周建人致孙天佑信》，1951年9月15日，藏于绍兴鲁迅纪念馆。
[2] 柯灵：《乔峰老人——为〈周建人文选〉作》，第383页，详见中国民主促进会中央宣传部编：《周建人文选》，中国文史出版社，1988年。

第六章　书生从政：三弟的荣耀与无奈

周建人在寓所留影（1953 年）

态度，从叶圣陶所记的一件小事中可窥一斑：1953 年 3 月 28 日下午两点是出版总署学习会时间，这周学习《实践论》，按照规定有两种选择，一为各自阅读学习，一为会于署长室阅读。叶圣陶选择去署长室，发现"来者仅乔峰、戈茅、浩飞、彬然、天行五人而已"。[①] 从叶圣陶的描述可知，大部分同人选择了自我学习，并未前来。时年 66 岁的周建人，身体不算壮硕（如上图），从照片上看，头发花白，衣着朴素，衬衣袖口、领口扣子扣得整整齐齐，神情内敛谦和，透着那个时代知识分子特有的拘谨。

时光进入 1954 年，周建人愈加繁忙，可从下面几张图中窥见一斑。5 月参加全国政协全委会组织的宪法（初稿）座谈会第六祖

---

① 叶圣陶：《叶圣陶日记》，第 1438 页，商务印书馆，2018 年。

热风之外：周建人的生平与志业

周建人（前排右四）参加政协全委会组织的宪法座谈会第六组合影会议（1954年）

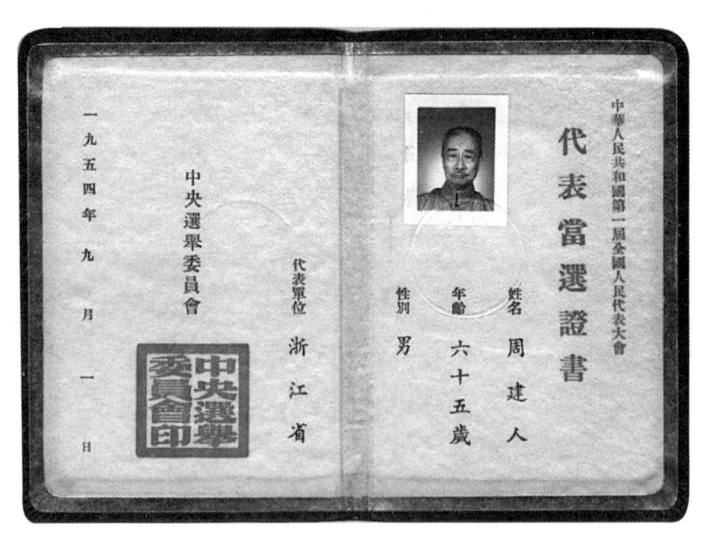

周建人当选第一届全国人民代表大会代表证书（1954年）

第六章　书生从政：三弟的荣耀与无奈

合影（前排右四）；时年9月以浙江省代表身份，当选中华人民共和国第一届全国人民代表大会代表（上图为代表当选证书）；12月，周建人被增选为第三届民进中央副主席，后担任第四至五届民进中央副主席，行政事务的繁忙程度可想而知。

1954年10月31日，周恩来总理签署中华人民共和国国务院任命书（第0187号），任命周建人为高等教育部副部长，分管农、林、医学教育方面的工作。高教部办公地点离寓所不远，周建人安步当车，步行上班。在任期间，他为中国农业大学选址做了广泛调研，他认为农林院校选址不仅要有广阔农田做实验基地，还要考虑交通便利、文化集中的因素，便于获得新的科技信息，最终选址颐和园东北侧，一方面有广阔农田可做实验田，一方面离城市不远，便于开展国内外学术交流。下图为周建人兼任高教部副部长时与同事们合影。

周建人（二排左二）担任高等教育部副部长期间的照片（1957年）

热风之外：周建人的生平与志业

　　1958年3月17日，国务院任命周建人为中华人民共和国对外文化联络委员会委员，工作再增新担。随着国内政治形势变化，浙江省原省长沙文汉被打成"右派"罢免后，中央决定让浙籍的周建人出任省长。此时年届七旬的周建人面对"主政一方"的任命再四恳辞，重复申明"我不会做"。面对中央"可以学着去做"的坚持，70岁的周建任正式赴浙江省任职，"一九五八年，我到浙江省任职，周总理曾多次到浙江来视察工作。"[①]1966年年初，因眼底出血亟需静养，经过周恩来总理特批，78岁的周建人避回北京，不久"文革"爆发，他的中共党员身份被公开，被结合到浙江省"革委会"任副主任，依旧需要北京杭州两边奔波。1972年，多次上书请辞的周建人终获批准，从浙江正式调回北京工作，84岁高龄的周建人主要精力转移到民主党派工作，连任第六、七届民进中央主席、全国人大常委会副委员长。

周建人担任浙江省省长留影（1958年）

---

① 周建人：《怀念敬爱的周总理》，《中国新闻》，1977-1-18。

第六章　书生从政：三弟的荣耀与无奈

上图是周建人赶赴浙江担任省长时的照片，古稀老人双手用力交握，与数年相比，头发稀疏花白，站在院子里的花木下，神情木讷凝重。在喧嚣扰攘、错综复杂的政治环境中，如何安身立命，更考验周建人的做人智慧。对于清晰定位"我不会做"的周建人，8 年主政浙省的官场生涯，算是勉力而为，没有大的失误，已算不易。兄弟三人均在不同时期介入政坛①，但能全身而退的，唯有这位表面上木讷的三弟。柯灵曾对周建人有过一段这样描述：

我认识乔峰老人四十余年，印象最深的是他的淳朴，如璞玉晶莹，不假雕饰，山泉清澈，映日生光。一口浓重的乡音，闲谈中经常有许多话题，流露出对故乡的怀恋。偶尔轩眉一笑，天趣盎然，竟像个天真的孩子。……这种人可以成为忠诚的革命者，却不可能成为城府深严的政治家。革命和政治常常又统一，又矛盾。乔峰老人身上没有复杂的政治细胞，他对党非常驯顺，因此个人迷信对他可能影响特别深，这是他极大的优点，但也可能正是弱点所在吧。因为神话毕竟是神话，尘世的人不是天上的神。蕴如夫人曾经深有感触地说："他是个好党员，党员要是都像他，那就好了。"她又说到，当省长对他是极不愉快的经验。老人不能适应政坛错综的棋局，这是不难理解的。不久前，一位长期参与党内高层领导的同志谈到：原以为请一位有文化素养的知名人士主持本籍省政是适宜的，结果却反而造成乔峰老人和党的距离。他对有些人和事不

---

① 大哥鲁迅 1925 年被教育部开除，后虽状告教育部打赢了官司，也仅仅是程序上胜利而已；二哥在北平沦陷时"落水"，曾出任"华北政务委员会教育总署督办"，抗战胜利后被南京国民政府定为汉奸，彻底断送了政治身份。

热风之外：周建人的生平与志业

满，在"文革"前期，还以为"造反"是对的。这位老同志慨乎言之，说"他太单纯了！"——"君子可以欺其方"，我看到了现实的例证。①

"他太单纯了"——这篇纪念周建人百岁诞辰所作的盖棺定论，与 1931 年大哥鲁迅对三弟"不更事"的评价，何其像矣！青少年时期家中诸事有母亲兄长主持、中壮年时期常年埋头编辑工作，加上大哥当年"一心于馁，三缄厥口"的箴言相劝，这位花甲之年开始得到重用的从政书生，在政治风云变幻中，非常驯顺或许是善于藏拙的另一面相。

二、身不由己的言说

鲁迅三弟是周建人的一个社会身份符号，1936 年大哥去世后五十多年时光中，特别是新中国成立后，当鲁迅成为政治家随意挥舞的旗帜时，周建人因应时代，讲演、撰文及出书，在不同场合不同层域反复言说鲁迅，配合演出成为他不容拒绝的任务，这也成为他最受学界诟病的地方。而没了政治生命的二哥周作人应邀撰写的

---

① 柯灵：《乔峰老人——为〈周建人文选〉作》，第 384-385 页，详见中国民主促进会中央宣传部编：《周建人文选》，北京：中国文史出版社，1988 年。

第六章　书生从政：三弟的荣耀与无奈

大哥的回忆文章[①]却备受关注和赞赏。对于学界来讲，三弟对大哥早年的生活经历和思想变化，不如二哥熟稔是一方面，还有一方面就是史料的歪曲问题。对鲁迅史料研究颇多的朱正认为：

  关于鲁迅史料的真伪问题，那些与事实不符的是从哪儿来的？年代久远的回忆往往有不准确的地方。还有，同一件事情，不同的人回忆起来可能就会不一样。所以我们要比较，要参照当时的材料。但现在的问题许多并不是因为年代久远，不是记忆力方面的问题，而是有意地编造。比如许广平，她很爱鲁迅，也很尊敬鲁迅，她努力维护鲁迅的形象，于是她就按照领导上的意见来说鲁迅了。比如《人民日报》和中央领导人怎么说，她就照着说。而这些东西并不是永远稳定的，有时候有变化，于是她的观点就跟着变化。
  ……

  以亲属的身份来编造、歪曲鲁迅史料的，还有一个周建人。1933年4月，鲁迅搬家，因为藏书很多，占据了起居空间，就在附近另外租了一间房子堆放不常用的书籍。"文化大革命"中上海有十一个秀才专门组织了一个负责歪曲鲁迅的写作班子，以石一歌

[①] 鲁迅刚去世后，周作人写过一些纪念大哥的文章，秉着"所记述的都重在事实，并不在意义"的信条，回忆早年鲁迅的一些往事。新中国成立后，他写了《鲁迅的故家》《鲁迅小说里的人物》《鲁迅的青年时代》《知堂回想录》等。在20世纪60年代撰写《知堂回想录》时，周作人再次强调："古来许多名人都曾写过那些名称忏悔录，自叙传或回忆的文章，里边多是虚实混淆，……但那是艺术名人的事情，不是我们平凡人所可学样的，我平常不懂得诗，也就不能赞成这样的做法，我写这回忆录，也同从前写《鲁迅的故家》一个样子，只就事实来作报道，没有加入丝毫的虚构，除了因年代久远而生的有些遗忘和脱漏，那是不能免的，若是添加润色则是绝对没有的事"。周作人：《从不说话到说话》，《知堂回想录》，第738页。

热风之外：周建人的生平与志业

为笔名，他们讲："这是鲁迅的秘密读书室，专门在这里读马列。"周建人就把这个故事照抄过来，说"鲁迅到这个地方是读马列的"。可是事实上，鲁迅自己在一封信中就说过：我到那个地方找一本书，都感冒了，那个地方很冷，根本不能读书。[1]

朱正的这席话，是 2005 年 3 月 27 日在北京鲁迅博物馆作的讲演，当时大门口的海报上预告说的讲题是"真假鲁迅"，后收入 2012 年出版的《被虚构的鲁迅》一书。他举出鲁迅的"秘密读书室读马列"的史料正误，因鲁迅上海期间与三弟亲密[2]，因署名"周建人"发表"鲁迅读马列毛泽东著作"的秘密读书室[3]，"歪曲鲁迅史料"几乎成了定论。对于这个秘密读书室，周建人曾在 1975 年

---

[1] 朱正：《被虚构的鲁迅——鲁迅回忆录正误》，第 265、267 页，海南出版社，2012 年。

[2] 鲁迅 1927 年到上海后，曾和周建人比邻而居，周建人曾回忆："鲁迅刚到上海时先住在旅馆里，我去看他，他要我给他找房子。只有景云里里边有一个房子是空的。我告诉他这房子不整齐，前边宽，后边窄，有三层楼。鲁迅说可以，并说我只有两个人，因此立刻订下来。鲁迅就住东横浜路景云里第三排最末的一家，我住第二排第二家或第三家，我的后门与鲁迅住的前门是斜对着的，鲁迅吃饭在我家。我与许希林住在一起，他住楼下，我住楼上。……鲁迅住了一段以后，第二排的头一家房子就空出来了。鲁迅搬到那里以后，就请了嬢姆，自己做饭，海婴就在这里出生的。"周建人：《回忆鲁迅在上海的几件事》，《中国建设》，第 5 期，1973 年。

[3] 周建人：《回忆鲁迅在上海的几件事》，《中国建设》第 5 期，1973 年。

第六章　书生从政：三弟的荣耀与无奈

9月19日的北京鲁迅博物馆座谈会上予以澄清[①]，但属于内部讨论，范围过狭，对消除极坏的影响无济于事。

与这则史料同样被学界诟病的，还有《回忆鲁迅》一书，书中收有《学习鲁迅，彻底批孔》《学习鲁迅把无产阶级教育革命进行到底》[②]等配合政治演出、随风起舞的"急就章"。这本书出版于1976年9月，10月"四人帮"垮台，没有卖出去多少，但对周建人声誉"伤之最深"。实际上，这本书出版前，即1976年3月，周建人在为这本书写的后记中，较为婉转地说明了身不由己，并列出来一系列热情帮助的年轻人的名字：

> 我写的这些文章，都是自己在阶级斗争、路线斗争中，学习马列著作和毛主席著作，学习鲁迅的革命精神，为了参加战斗而写的"急就章"。……由于我眼底出血，视力衰退，在编写过程中，得到

[①] 这个讲话稿1976年7月经周建人修改定稿，后收入2001年《回忆大哥鲁迅》一书中："鲁迅到上海后，学习了不少马列主义的书。毛主席的书他看不到，当时毛主席在延安，毛主席的书在上海是不易得到的。我是在鲁迅逝世以后，才得到《论持久战》的。鲁迅那时研究马列主义，但他家里不放这些书，有一次鲁迅到我家，看到我桌上放着一本英国人写的《共产主义》，他说这书家里不好放，我说我是从商务印书馆西书部买来的，他说书在书店和在个人手里是不一样的。鲁迅为存放他这些书籍，曾托内山给租一个房子，内山就把他的职员镰田诚一住过的一间房子租给了鲁迅。鲁迅就用这间屋子存放马列主义书籍和其他书籍。鲁迅在里边看书是很少的，因为这里书放得比较多，光线就比较暗，很长时间在这里看书是不可能的。鲁迅经常是到这里拿要看的书，和存放自己看过的书，有时也在这里短时间的翻看一些书，这里称为藏书室，比较合适些。我只同鲁迅到这里去过一次，这房子临马路，鲁迅的藏书室在二楼。"详见周建人：《回忆大哥鲁迅》，第102-103页，上海教育出版社，2001年。

[②] 这两篇文章分别以周建人的名字发表在《文物》（1973年第2期）和《人民日报》（1976-3-18）。

一些年轻同志的热情帮助，他们是：冯仰澄、章婴可、刘一新、杜荣进、陈晋江、吕洪年、顾明远等同志，特记之。[①]

笔者曾就此事访谈列在名单中的顾明远教授，他说"文革"期间周建人视力严重衰退，几乎失明，很多文章均为代笔人所写，最后发表或出版时按照上面意思署上周建人的名字。"文比人久"，在那个鲁迅被推崇为"民族脊梁"的特殊年代，作为鲁迅的三弟，身处"文革"那个魑魅魍魉横行的氛围中，年逾八旬的衰弱老人，面对这些以自己名义发表的信口开河的"回忆文章"，除去通过极为婉转的后记表达或小范围的澄清[②]，期待读者能理解背后隐藏的"皮里阳秋"外，其他则无可奈何。默许这种署己名来代自己立言的行为，或许也是"戴冠承重"的必然付出，伤及羽毛，徒呼奈何？

"文革"结束后，周建人借北师大学报约稿，发表《回忆鲁迅的片段》，在文章结尾专门加了一个"后记"，对1976年3月撰写的《回忆鲁迅》后记中"点到为止"的事情做了进一步说明：

---

① 周建人：《回忆鲁迅》后记，上海人民出版社，1976。
② 在"文革"结束后被批评的周建人，曾在1977年借助《天津师院学报》刊文，再次解释秘密读书室："有人把这个秘书藏书处说成是秘密读书室，是不对的。上海出版的我的《回忆鲁迅》一书中也写成'秘密读书室'，这是别人修改的，没有经我核阅过。"详见：周建人：《关于鲁迅的若干史实》，《天津师院学报》，第5期，1977。

第六章 书生从政：三弟的荣耀与无奈

周建人在上海鲁迅纪念馆（1965年）

一九七六年鲁迅逝世四十周年前夕，上海文艺出版社（原上海人民出版社）请了几位年青人把我在"文化大革命"中为报刊杂志写的回忆鲁迅的文章修改、增加汇集成册。因为我视力衰退，出版时间又紧，未能亲自校阅，书中诸多错误。粉碎"四人帮"后，曾与上海文艺出版社研究修订这本集子，并增加一些回忆性的东西。这篇短文就是其中之一。为了尽早把我所知道的鲁迅事迹的点滴贡献给热心研究鲁迅的读者，所以先在《北京师大学报》发表。[1]

他明确指出"书中有诸多错误"，期望能通过修订文集予以澄

---
[1] 周建人：《回忆鲁迅的片段》，《北京师范大学学报》（社会科学版），第3期，1979年。

热风之外：周建人的生平与志业

清。陈平原教授曾谈及周建人在谈及极为尊崇的大哥时，并未顺着时人提供的竹杠往上爬、谨守自己记忆的可贵，"对于撰写回忆录的人来说，性情朴实，文采不足，缺少想象力，这个时候反而是优点。换句话讲，周建人的好处不在增加多少新史料，而在于抗拒诱惑，没有主动制作伪材料——必须放在'文革'的特殊语境中，你才明白这一坚持很不容易"。[①]1981 年，时年 93 岁的周建人回忆大哥：

开始，我只是把他当作很普通的人。我从小和他一起长大，他的脾气爱好，他的喜怒哀乐，我可以说是了解的，我感觉不出有什么异于常人的地方；要说到他的聪明智慧，那么，我们姓周的是大族，在周家台门里，比鲁迅更聪明的人有的是。我们从小在一起读书的时候，过目不忘的不是鲁迅，而是另外一个堂兄；要说到相貌，鲁迅更是貌不惊人。

所以我一直把他当作很普通的人。大家在鲁迅日记中可以看到，他几乎经常给我写信。但是，在鲁迅书信集中，没有他给我的信。那就是说，我看过他的信后，随即就毁掉了，没有保存一封。固然，环境恶劣也有关系。但也不全然，我当时并不认为这些信有什么了不起，无非谈些家常，谈些思想，谈些所遇到的人和事，太普通了。要是我认为很珍贵，也许就千方百计保存下来，像其他同志收到鲁迅的信那样。[②]

[①] 陈平原：《二周还是三周——现代中国文化史上的周建人》，《中国现代文学研究丛刊》，2019 年（1）。
[②] 周建人：《进一步学习和研究鲁迅著作》，《北方论丛》，第 5 期，1981 年。

第六章　书生从政：三弟的荣耀与无奈

"我已是九十三岁的老翁"的周建人，垂暮之年的三弟，没了那么多"急救章"的要求，对于大哥的回忆，返璞归真，手足亲情成了最弥足珍贵的记忆。

三、三弟坚守的缄默

如何谈论"落水"的二哥周作人，更为考验作为三弟的周建人。从小性格敦厚的二哥，与建人年岁接近，不仅童年相伴较多，而且青年时期更在绍兴一起生活7年之久，既是兄弟，又是连襟。走出绍兴后，在二哥助力下，周建人先去北大旁听课程，紧接着借二哥同事胡适推荐进入商务印书馆工作，家眷留在八道湾与二哥一家一起生活，情感自是亲密。三弟到上海后，从现存的兄弟们之间通信看，三弟受兄长们委托经常在沪购买书籍寄回北京；两位兄长失和后，身为三弟的周建人开始扮演两位兄长之间的信息桥梁，他在写给二哥的家信中屡屡提及大哥的动态[1]，寄书之余并向二哥传递

---

[1] 如1927年5月23日写给二哥的信中，讲述鲁迅辞职的原因："鲁迅确因颉刚辞职，与季茀同辞。傅斯年乃信寄颉刚，嘱其暂缓去，颉刚谓必去试试，遂到广州。于是傅以五万元嘱颉刚到上海购古书，今日闻颉刚已到上海。但鲁迅谓广大中有颉刚之名字写着便不教；近当在挽留中，但闻他不肯去。好像近同季茀住在广州北新分局。（以上的话系从各方面零星听来者）前次据他自己来信言在整理《小约翰》稿子，又致春台信中言傅斯年以颉刚谓军师云。"详见《周建人致周作人》，北京鲁迅纪念馆鲁迅研究室编：《鲁迅研究资料12》，第77页，天津人民出版社，1983年。

热风之外：周建人的生平与志业

上海舆论风向①。鲁迅去世后，他给二哥写了如下信件：

二哥鉴：

来信均已收到。大哥丧事系由治丧委员会办理，今已安葬于万国公墓，只是墓碑等尚未做好，待后再说。治丧费听说约三千余元。

北平方面用度，目下由北新书局照常支付，以后出版家如有更动等事情的话，办法再讲。

大哥去世的夜里，我闻知消息赶去。他大概并不知道。因此亦无遗言。惟他于前数天病中讲到关于你的话，追述于下：

有一天说看到一日本记者（？）登一篇他的谈话，内有"我的兄弟是猪"一语，其实并没有说这话，不知记者如何记错的云云。

又说到关于救国宣言这一类的事情，谓连钱玄同、顾颉刚一班人都具名，而找不到你的名字，他的意见，以为遇到此等重大题目时，亦不可过于退后云云。

有一回说及你曾送×××之子赴日之事，他谓此时别人并不肯管，而你却偏护他，可见是有同情的，但有些作者，批评过于苛刻，责难过甚，反使人陷于消极，他亦极不赞成此种过甚的责难云。又谓你的意见，比之于俞平伯等甚高明（他好像又引你讲文天祥（？）

---

① 如1933年3月29日，周建人在给二哥信中称："胡博士事，据言在《字林西报》发表之谈话，有替军阀辩护之嫌，许多人不满，当初蔡公，林语翁等力为辩护，但有些执行委员坚持，终于开除民权会了。盖执行委员中有几位美人比较的略激烈也。现在沪报上攻击博士之文章甚多，自有人说他主张和李顿爵士等意见相似以后，不满者甚多。此间安静，不知北平如何？战事大概已了，近日报上所热闹者改为争论签字于'卖身契'的问题了。"详见：《周建人致周作人》，北京鲁迅纪念馆鲁迅研究室编：《鲁迅研究资料12》，第81页，天津人民出版社，1983年。

第六章　书生从政：三弟的荣耀与无奈

的一段文章为例），有许多地方，革命青年也大可采用，有些人把他一笔抹煞，也是不应该的云云。但对于你前次趁（赴）日时有一次对日本作家关于他的谈话则不以为然。总起来说，他离开北平之后，他对于你并没有什么坏的批评，偶尔想起，便说明几句。匆匆。

弟建人启[①]

这份信写于1936年10月25日深夜，长夜无眠，孤灯下三弟铺开信笺，向远在北平的二哥讲述大哥身后事的处理，特别是大哥病中对其言说的与二哥相关的三件小事，推心置腹，并告诉二哥，"总起来说，他离开北平之后，他对于你并没有什么坏的批评"，虽大哥离去，但建人仍在极力缓和两位兄长的关系。11月7日，在北平的二哥周作人动笔写下回忆大哥的纪念文章，笔端流淌出来的是"兄弟怡怡"时期的陈年旧事，还专门提及："豫才早年的事情大约我要算知道得顶多，晚年的是在上海的我的兄弟懂得顶清楚。"[②]二哥三弟相亲的融洽，在次年发生了巨变。1937年元旦，母亲八十大寿，为安慰母亲丧长子之痛，兄弟俩商量决定为母亲大办寿宴，周建人携上海家眷返京探亲，宴席时与丰二起激烈冲突，随后宣布断

---

① 《周建人致周作人》，北京鲁迅纪念馆鲁迅研究室编：《鲁迅研究资料12》，第82-83页，天津人民出版社，1983年。

② 在文章结尾处，周作人这样写道："这篇补遗里所记是丙午至乙酉这四五年间的事，在鲁迅一生中属于早年而且也是一个很短的时期，我所要说的本来就只有这一点，所以就此打住了。我尝说过，豫才早年的事情大约我要算知道得顶多，晚年的是在上海的我的兄弟懂得顶清楚，所以关于晚年的事我一句都没有说过，即不知为不知也。早年也且只谈这一部分，差不多全是平淡无奇的事，假如可取可取当在于此，但或者无可取也就在于此乎。"详见周作人：《关于鲁迅之二》，详见：张伯存、王寒编：《周作人怀人散文》，第63页，广西师范大学出版社，2018年。

热风之外：周建人的生平与志业

绝父子关系①，兄弟之间隔阂日深，1941年3月24日丰三自杀，成了压倒兄弟俩之间的最后一根稻草，彼此不再来往。

1946年4月1日，《前线日报》刊登小文《记周建人》："吾绍周树人（鲁迅）有二弟，仲者为作人（启明），曾穿游泳衣下水矣。幼为建人（乔峰），即今常在报章写写稿子者也。乔峰早年为会稽县学堂出身，勤于自修，研究动植物学不倦。又从两兄习日文，不久即能译东籍。作人曾娶日妇，妇有妹，即为乔峰作匹，盖昆季而连襟焉。周门三杰，故事甚多，娓娓可道，暇当倾筐以飨读者。"②

---

① 周建人携王蕴如及三个女儿（周晔、周瑾、周蕖）赴北平探亲，住在西三条胡同。做寿当天，日本妻子羽太芳子见到多年未归的周建人带了年轻女子回家，与周建人发生争执后大哭。周丰二目睹伤心欲绝的母亲，气愤地从房间拿出一把军刀冲到了父亲面前，被家人拉开，周建人当场宣称要和丰二断绝父子关系。整个过程中，面对双方的激烈争执，周作人始终沉默。周建人回到上海后，2月6日给二哥信中谈起儿子丰二行为过激，"想起阳历回平时，土步（周丰二）对我拔刀相向，殊决大不应该，此种性质发展上去，如何了得，实可担心"。他还随信给丰二寄来一本《犯罪及其原因和矫治》，提醒儿子和一直待儿子如同己出的二哥，丰二的行为已经是犯罪了，需要引起足够重视。周作人收到信后，于2月9日给三弟回信，在信中，他表明了自己的态度，他指责周建人停妻再娶，认为与王结合是"蓄妾""置妾"，甚至用"上海男女工人辫姘头"来比况，用语贬损。"王女士在你得甚高，但别人自只能作妾看，你所说的自由恋爱只能应用于女子能独立生活之社会里"，对于丰二的激烈行为，他认为并无大错，"归根结局是为了一个妾弄得其母亲如此受苦"而已。收到二哥如此回复，周建人便每月仅给与自己没有冲突的女儿寄20元，不再负担芳子母子日用。寿宴后，周作人写下《女人的命运》，主要内容便是女人在男人有妾后的苦境，他对大嫂朱安和弟媳芳子抱有极大的同情，他还将八道湾房子产权进行了相应处理，由周朱氏（朱安）、周作人和羽太芳子共有，用这种方式维护朱安、羽太芳子母子的地位和财产，并一定程度上维系着他们的生活。

② 绍兴通：《记周建人》，《前线日报》，1946-4-1.

第六章　书生从政：三弟的荣耀与无奈

这段署名"绍兴通"撰写的小报八卦文章,尽管其中有不确之词(如周建人自学英文而非日文),但开首便点名鲁迅的两位弟弟的不同政治取向。多年后,周建人对于兄弟绝交原因,沿袭了这种说法:

> 鲁迅去世后,中日关系更为紧张,好心的朋友关心周作人的安危。冯雪峰对我说过,他看过周作人的《谈龙集》等文章,认为周作人是中国第一流的文学家,鲁迅去世后,他的学识文章,没有人能相比。冯雪峰还认为,要让周作人接触进步力量。并隐约表示,他自己颇有意去接近周作人,希望我能作为媒介。有人也对我说,生物学家秉志,由上海一家工厂养着,像周作人这样的文学家,只要肯到上海来,生活完全不成问题,可能商务印书馆或其他书局,都愿意养他的。
>
> 我想起这与鲁迅生前讲过周作人不如来南方安全的话,正是不谋而合,于是,就写了一封信,恳切地劝他来上海。
>
> 然而,没有得到他片言只字的回音。
>
> 于是,我们就断绝了往来。[1]

政治意见相左而导致的弟兄之间分道扬镳,比"家事失和"显然更能放在桌面上来讲。新中国之初,二哥与三弟政治身份云泥之别,但同处北京,或因故交撮合,或因公事交汇,接连有两次短暂碰面。1950年1月23日,在出版总署副署长叶圣陶、编审局秘书长金灿然陪同下,周建人以半公半私身份探访过二哥,叶圣陶日记

---

[1] 周建人:《鲁迅和周作人》,《新文学史料》,第4期,1983年。

热风之外：周建人的生平与志业

有详细记载：

> 饭后二时，偕乔峰灿然访周启明于八道湾。启明于日本投降后，以汉奸罪拘系于南京，后不知以何缘由由国民党政府释出，居于上海，去年冬初返居北京，[①]闻已得当局谅解。渠与乔峰以家庭事故不睦，来京后乔峰迄未往访，今以灿然之提议，勉一往。晤见时觉其丰采依然，较乔峰为壮健。室中似颇萧条，想见境况非佳。询其有无译书计划，无确定答复，唯言希腊神话希腊悲剧或可从事，但手头参考书不备，亦难遽为。盖其藏书于拘系时没收，存于北平图书馆也。谈四十分钟而辞出。[②]

在日记中，叶圣陶直言兄弟二人因"家庭事故不睦"，来京后乔峰迄未往访，这次是"勉一往"，并非情愿前去，这40分钟的会面，日记中没有谈及兄弟俩见面的情形。对于这次造访，周作人《知堂回想录》中亦有记载："一九五〇年一月承蒙出版总署署长叶圣陶君（叶实为副署长，作者注）和秘书金灿然君的过访，叶君是本来认识的，他这回是来叫我翻译书，没有说定什么书，就是说译希腊文罢了。"[③]内容与叶圣陶日记记载相差不多，只是来访人员中没了三弟周建人的身影，兄弟之间的芥蒂仍旧。1951年羽太芳子为原告、丰二为原告代理人，将周建人作为被告上诉至北京市人民

[①] 周作人回忆录中记载，他于1949年1月26日离开老虎桥，结束了1150天的牢狱生活，遂从南京赴上海，在上海尤君府上寄居198天，8月15日回到北平八道湾11号家。详见周作人：《知堂回想录》，第772-773页。

[②] 叶圣陶：《叶圣陶日记》，第1154页，商务印书馆，2018年。

[③] 周作人：《知堂回想录》，第787页。

第六章　书生从政：三弟的荣耀与无奈

法院及最高人民法院,[①]官司打败，芳子服毒自杀，幸被人发现送到医院，捡回性命。[②]自此之后，兄弟二人动如参商，再无任何来往。

1983年6月，周建人在回忆大哥鲁迅的文章中，主动提及新中国成立初期与二哥周作人的偶尔碰面，兄弟二人一问一答，仅有三句话：

全国解放后不久，有一次，我在教科书编审委员会突然面对面地碰到周作人。我们都不由自主地停了脚步。

他苍老了，当然，我也如此。只见他颇为凄凉地说："你曾写信劝我到上海。"

"是的，我曾经这样希望过。"我回答。

"我豢养了他们，他们却这样对待我。"

我听这话，知道他还不明白，还以为自己是八道湾的主人，而

---

① 诉讼要求是提出正式离婚、得到周建人八道湾的房产，并要求被告负担原告必要的医药费，并恢复与丰二的父子关系。北京市人民法院受理，被告称"与原告感情不合、意志不同，婚姻关系早已消灭，故捐献之财产不能认为共同财产"，称自己亦已年迈，根据收入情况，无力帮助原告医药费用，要求与子丰二脱离父子关系。经过法庭调查、辩论，原告诉讼请求被法院驳回，原告不服，再次上诉，最高法院维持原判。

② 1951年7月22日，判决书下来后芳子服毒自杀，周作人日记中作了简要记录，并写下这段评论："建人以抗日战争为遗弃妻子之口实，而遗弃妻子，即为其唯一抗日之成绩与政治资本。无良的'民主人士'，国家必欲如此尊重，亦大可异也。此为兄弟中唯一之非人，可为叹息。"1961年11月28日，周作人给友人的通信中，再次提及此事，依然意难平："内人之女弟为我之弟妇，亦见遗弃（以系帝国主义分子之故），现依其子在京。其子以抗议故亦为其父所不承认，此系家庭私事，因便中一并说及耳。"详见黄乔生：《八道湾十一号》，第275页，三联书店，2016年；周作人著、鲍耀明编：《周作人与鲍耀明通信集》，第96页，河南大学出版社，2004年。

不明白其实他早已只是一名奴隶。

这一切都太晚了，往事无法追回了。

周作人自小性情和顺，不固执己见，很好相处，但他似乎既不能明辨是非，又无力摆脱控制和掌握。从八道湾制造的兄弟失和事件中，表演得很充分。这似乎纯系家庭内部问题，却包含着大是大非的原则问题，他从这一点上和鲁迅分了手，以后的道路也就越走越远了。我缺乏研究，不知其所以然。

只是，我觉得事过境迁，没有什么话要说了。这次意外相遇，也就成了永诀。①

这次碰面，仅有一个"全国解放后不久"的模糊时间，参照周作人1949年8月15日返京时间推算，应该是在叶圣陶金灿然陪同见面的前后。与叶圣陶对周作人"丰采依然，较乔峰为壮健"描述不同，周建人对多年未见的二哥第一感受是"他苍老了"，语气"凄凉"。此次意外相遇，成了兄弟二人的永诀。

---

① 周建人：《鲁迅和周作人》，《新文学史料》第4期，1983年。

第六章 书生从政：三弟的荣耀与无奈

周建人90岁时留影（1978年）

兄弟之间没了来往，并不代表没有言说。对于大哥二哥失和原因，坊间虽有各种说法，但因两位当事人都三缄其口，便成为一件悬案。作为当时与两位兄长均保持密切通信的三弟，自然成为大家追问的对象。他数次谈及大哥二哥之间的关系，谈及兄长之间失和时，用语极有分寸：

鲁迅与周作人在日本还是要好的，到北京后同住在八道湾十一号。1921年下半年我就到上海去了。过了一年多，我接到鲁迅一封信，说他搬家了，搬到砖塔胡同住。过了不久他又写信告诉我，他已花了几百元买了西三条胡同二十一号的房子。关于他们为什么决裂，鲁迅没对我说过，周作人写信也没有提起，后来我也没有问过

· 231 ·

热风之外：周建人的生平与志业

他们，许广平也没有提起过。①

不揣度不想象，谨守自己的记忆，任凭多少好奇追问，作为三弟的周建人始终保持沉默。兄弟三人，有过伯埙仲篪、兄友弟恭的美好，经历了手足失和、相忘江湖的惨淡，家事掺杂着政治变幻、舆论变化，一次又一次地赤裸裸被放置于众目睽睽之下。随着当事人一个一个逝去，被裹挟在庞大的历史叙事中的家庭琐事，孰对孰错已没有了实际意义。当人来人往化作过客，无数风流人物成一抔黄土，回头再看长寿的周建人的木讷与艰涩、缄默与坚守，便有了独特的意义。

若回忆无伤，便流年不朽。

---

① 周建人：《略谈鲁迅》，1971年。

结　语
拂去尘埃：寻找周建人

走近周建人很偶然。

2015年年初，顾明远先生打电话给我，告知人民教育出版社拟出版他的泰山周建人先生的作品全集，需收集并整理一些竖排繁体的民国时期的文章，问我是否可以协助编选，"长者令，行勿迟"，我应下这个任务。顾先生很快转来一箱子资料，有部分手稿、专著《进化与退化》、口述史《鲁迅故家的败落》、三本公开的文集[1]以及谢德铣所著的《周建人评传》，还有两大本报纸剪贴本，上面张贴有新中国成立后发表的一些文章。按照当时的想法，以这些资料为线索，结合"全国报刊索引"数据库，任务应该很快就能完成。没预料到编选过程会耗费5年之久，更没有想到，编选文集会成为我走进周建人其人其事的契机。

---

[1] 包括中国民主促进中央宣传部编：《周建人文选》，收文93篇（中国文史出版社，1988年）；顾明远选编：《花鸟虫鱼及其他：周建人科学小品选》，收文46篇（福建科学技术出版社，1998年）；以及"名家散失作品集"系列中《周建人童书》（海豚出版社，2013年）。

热风之外：周建人的生平与志业

一、众里寻他：层出不穷的笔名及巨量的著译作品

仔细查看顾先生转来资料后，在学生们帮助下，以周建人、高山、克士、建人、乔风、乔峰、周乔峰为关键词，借助"全国报刊索引"、CADAL、中国近代报纸资源数据库、瀚堂近代报刊、瀚堂民国书库等数据库，多库检索收集文章，在过程中又陆续发现周建人曾用过李正、孙鲠、开时、嵩山、乔风的笔名，全文下载按照笔名分类后，共获得公开发表的文章（包括译文、评论、回忆等）2942篇，尤以1920—1931年之间的《妇女杂志》《自然界》《东方杂志》等最为集中；著作（包括译作、教材）53种，多为商务印书馆出品。为了更深入收集资料，在顾先生的安排下，我与学生专门去了一趟绍兴鲁迅纪念馆，陈斌馆长提供极大方便，开放所有的馆藏档案，为我们提供筛选出来的书信复印件、老照片和各式证件在内的第一手资料。周建人文章存世量之大，远远超出了顾先生及我们所有人的预料。

动员所有在读的研究生和本科生，并在教育学部专项科研经费支持下招募了专门转录小分队，克服了繁体竖排、断句读、原稿字迹模糊等重重困难，2018年4月，320万字的转录任务完成。顾先生专门在同春园设宴，亲自点淮扬菜犒劳同学们，人教社策划编辑立德兄也无缝对接。大家摩拳擦掌，以为很快就能进入出版环节。因种种原因，后续的文集出版工作推动迟缓。2020年4月，经人教社同意，在谭徐锋博士牵线下，文集出版工作转至浙江古籍出版社，该社副总主编况正兵博士主责该书。7月15日，周建人先生幺女周蕖老师作为著作继承人，签署了出版授权书，全权委托浙江古籍出版社按照国家出版规定出版文集。9月2日，国家新闻出版署

· 234 ·

结　语　拂去尘埃：寻找周建人

签发了"关于同意《周建人文存》选题立项的函"，随即浙江省社科联将《周建人文存》列入"浙江文化工程"研究项目。在浙江古籍出版社紧锣密鼓运作批文过程中，我们组建的小分队再次一起筛选数据库，查漏补缺。在初步校对过程中，又发现《妇女杂志》上署名"慨士"、Jou.J.R.、Ren.J.J.的文风、题材与周建人之前著述极为相似，仔细核对了相关文献和比对同时期的论文集，最终认定152篇长短不一的文章，下载转录，连同数年来顾先生不时转来的文章，汇总后分为十卷本①，总篇幅达到了400余万字。

二、灯火阑珊处：甄选辨认中的重重迷雾

资料收集回来后，更为艰难的甄选辨认工作随之而来。面对跨度70年之久、400多万字的庞大资料，甄选考证成为重中之重。如果说收集资料时一直在做加法，那么甄选辨认过程便是以减法为原则。为免误删，对未考辨清楚、未置可否的都暂存于目，以附录形

---

① 第一至五卷为"科学与科普教育"，第六至七卷为"两性伦理与妇女解放"，第八卷为故乡及家族回忆，第九卷为时政评论，第十卷为杂录。

· 235 ·

热风之外：周建人的生平与志业

式列于书后以备学界同人批评。资料中涉及鲁迅的回忆文章中[1]，由顾、周两位先生把关，我则聚焦1930—1949年中周建人曾使用的十多个笔名中，核查比对重名、冒名情况，文风、履历、期刊来源以及文章的价值取向等成为综合考量标准。寻觅些微蛛丝马迹，层层抽丝剥茧，有遍寻无果的沮丧失落，有峰回路转的柳暗花明，随着一个一个疑窦揭开，体味到历史考证的苦中有乐之余，更进了一步观察周建人其人其事。

1. 重名之虞："克士""高山"何其多

署名"克士"在《市政月刊》发表的系列《杭游杂记》率先进入视野。游记中用典频繁，辞藻讲究，与周建人平实文风有别，而游记除对杭州名胜古迹如数家珍外，偶尔出现有关"克士"的个人信息[2]，诸多细节与周建人履历不符。再次检索"全国报刊索

---

[1] 如《学习鲁迅，认真读书——纪念鲁迅诞生九十周年》(1972)、《鲁迅少年时代的故事》(1973)、《学习鲁迅，彻底批孔》(1973)、《学习鲁迅，培养青年》(1973)、《回忆鲁迅在上海的几件事》(1973)、《学习鲁迅的革命精神》(1974)、《谈谈鲁迅关于解放妇女的问题》(1974)、《学习鲁迅，立志做革命接班人》(1975)、《忆鲁迅在辛亥革命前后的一些情况》(1975)、《新发现的鲁迅的一首诗》(1976)、《学习鲁迅，永葆革命青春——从章太炎、刘半农谈起》(1976)、《学习鲁迅，把无产阶级教育革命进行到底》(1976)、《学习鲁迅，为革命培育新生事物》(1976)、《关于在绍兴的鲁迅故居》(1976)、《鲁迅寄希望于红军》(1981)，以及出自上海人民出版社1976年出版的《回忆鲁迅》内收录的全部文章，据周蕖、顾明远先生回忆周建人生前曾讲过这些均为写作班子所写，不收入。

[2] 如"玉泉观鱼"中有"讷弟来杭，勾留数日，余与弟来各以觅食糊口四方"(《杭游杂记·五续》)；如"余等游览多为星期日，而小规模之旅行团恒为四人，即余与朋彦，鸣之，傲秋是也"、"余生性好游，时扣扉请见，迎拒备受，未尝为之扫兴"；(杭游杂记·七续)）如"余旅杭一载，秋月泛舟于此不记其数"(《杭州杂记·九续》)；"今夏四月，西湖正浓抹时候，季妹适自京来，翌日，计议南山之游"(《杭游杂记·十八续》)。

结　语　拂去尘埃：寻找周建人

引"，点开这本由"杭州市政府秘书处编印"的《市政月刊》相应卷期"整本浏览"功能，发现第一篇游记刊登的同期有署名"石克士"的《现行市制衰落之原因及其补救办法》（四卷七号），随后多库检索"石克士"，发现其为著名诗人、书法家，安徽合肥人，1925年毕业于上海南方大学，早年曾参加孙中山组织的中华革命党，任宣传部部长汪精卫的秘书，后作为国民党"西山会议派"辗转于安徽、浙江、四川，与孙中山、孙科、胡汉民、章士钊等曾有交集，其自传曾有"民国20年去杭州，由石瑛介绍任市府秘书处处员"记述，流传至今的《西溪舟中》《秋雪庵听芦》《交芦庵及归舟》等文，[①] 由此判定与《杭游杂记》文风以及个人信息与之颇为一致。接下来，在"瀚堂民国书库"中检索到石克士著的《新杭州导游》（1934），封面有叶恭绰题字，杭州市市长赵志游做序，收录了《杭游杂记》中的所有内容。署名"克士"在《市政月刊》上的游记作者水落石出，此"克士"为"石克士"的简略称谓，而非周建人的"克士"笔名。而石克士曾加入"中华革命党"的履历，

---

① 欧阳卫东:《"江淮奇士"石克士》，完颜海瑞主编:《合肥书画》，62页，合肥：安徽文艺出版社，2011年；《与石克士等的谈话》（1924年11月21日），郝盛潮主编:《孙中山集外集补编》，第446页，上海：上海人民出版社，1994年；葛培林撰:《中山文史 第39辑 永留浩气在人间》，收录《石克士致孙科电》，第10页，自刊，1996年；本书委员会编:《20世纪20年代的上海大学 上》，收有《上海四区党部石克士致胡汉民函》，第378页，上海：上海大学出版社，2014年；张卓群、宋佳睿编《民国名刊丛书 第2辑 甲寅通信集》，收录三篇《石克士致章士钊》，第255、440、558页，福州：福建教育出版社，2016年；《石克士自传》，陶显斌主编:《安徽省文史研究馆馆员传 第一辑》，第148页，自刊，1996年；赵福莲、单金发主编:《西溪古今诗文选》，第139、156、170页，杭州：杭州出版社，2005年。

为判断1936年署名"克士"发表在《民生周刊》的一组四篇《四极漫谭》的作者提供了有力佐证,[①]由此确定此"克士"不是周建人。

有了"重名"清晰判断后,删去原本收录的系列《杭游杂记》以及该刊上"克士"的《白堤闲步偶成》等诗歌,并采取相互映证法,筛选出"克士"发表在《晨光》《交大年刊》《暨中周刊》上相关诗歌散文[②]《旅行杂志》上的游记[③]以及原载《杭州市政季刊》署名"克士"的相应文章,如《焦石鸣琴》《西泠印社》《紫云洞》《杭州之西湖——苏小小墓》《湖山春景》《杭徽公路车上速写》等,均剔除出去。

1935—1936年的《交通职工月报》上高频出现"克士"署名

---

① 如《张敬尧是党员》(第35期)中有"世人知只喑恶叱咤之张敬尧为一旧式军阀,殊不知张尚系中华革命党之一党员也,张自蟠踞湘省为吴秀才回师衡阳驱走后,遁居沪上,佗僚无聊,乃异想天开欲加盟本党,时总理在世固以宽大为怀,不究既往,竟许其填表并亲为主盟。"详见克士:《张敬尧是党员》,《民生周刊》,第35期,1936年。

② 因署名克士的《杭游杂记·十四续》"笕桥浙大农学院"中记录:"由笕桥飞机场乘车去约二里许抵农学院,时已午后三时许,学生大半下课,闲步校外,见余两人坐牛车步化之土车上,从远道来,咸目笑不已……"记载,据此可证克士的《昨游笕桥与陈君白云共乘土车往农学院重劳潘君凤子为摄影一幅书以贻之》(《晨光》第1卷21期,1932年)作者仍为"石克士"。

③ 克士:《上柏纪游》,《旅行杂志》,第6卷9期,1932年。

结　语　拂去尘埃：寻找周建人

的 22 篇文章[①]，内容整齐划一，译介西方列国的邮局贮金、船舶、民用航空、汽车、电信局、空中航运等与交通有关的知识和技术进展，与周建人以往文章风格和关注内容迥异。在创刊号上，刊登了署名"克己"翻译的《航空的故事》，与 1935—1936 年期间署名"克士"的文风内容颇为一致。由此确认该组文章非周建人所写。

"高山"是周建人 1913 年就开始使用的笔名，出现频次甚高。在这些署名"高山"发文期刊中，1933 年《暨中周刊》、1940 年《福建青年》、1946 年《上海法学院二十周年纪念特刊》上的发文特别突兀。《暨中周刊》为国立暨南大学附属中学校刊，1933 年 10 月 27 日创刊，该刊"欢迎各教职员及同学投稿"，据该刊创刊号"教职员名录"显示（包括兼任教员）[②]，周建人与该校并无交集，由此可判断，在该周刊发表的《忆友》（1 卷 6 期）、《晨》（1 卷 8 期）两首现代诗的"高山"，其真实作者并非周建人。《福建青年》为面向福建省的刊物，"原为推动本省文化，补救目下之精神食粮恐慌"，而署名"高山"的《从摇篮走向社会》开首写道："十年的学校生活，在前天结束了，像一个长成的孩子，由摇篮里爬出来，走向

---

① 1935 年发表了 20 篇：《日本飞船定期航空计划》（3 卷 1 期）、《航空事业的国际性及其问题》（3 卷 2 期）；《列国的邮局贮金》（3 卷 3 期）、《列国的造船数》（3 卷 3 期）、《高尔基号的真相》（3 卷 3 期）、《日本高速货物船的雄飞》（3 卷 3 期）、《列国的船舶》（3 卷 4 期）、《列国的民用航空》（3 卷 4 期）、《列国的汽车》（3 卷 4 期）、《世界电信局的密度》（3 卷 6 期）、《世界电信局的经营形态》（3 卷 6 期）、《巨船摩列达尼亚号的解体》（3 卷 6 期）、《英皇银冠式与英国通信事业》（3 卷 6 期）、《海上都市诺曼梯号》（3 卷 8 期）、《德国的新汽车道》（3 卷 8 期）、《伦敦巴黎间路费一块半钱》（3 卷 8 期）、《莫斯科的地下铁道》（3 卷 8 期）、《英国的印刷电信机》（3 卷 8 期）、《列国电话增设数》（3 卷 8 期）、《新语林》（3 卷 10 期）；1936 年发表 2 篇：《世界珍闻》（3 卷 11 期）、《世界定期航空运输统计表》（3 卷 10 期）。
② 《投稿简章》、《教职员名录》，均详见：《暨中周刊》创刊号，1933 年。

社会；像一只孤舟，漂向无涯的大海。"[①] 从行文口气看，应是刚毕业的青年学生，且文末有"1940年9月于蛩江"的写作时间及地点，蛩江地处福建顺昌，此时处于战后纷飞的抗战期间，困居上海的周建人不大可能出现在福建的蛩江；而另一篇《难童列车》(1卷6期，1940)，虽为小说题材，从内容上看作者应较熟悉难童教育，与周建人之前关注的内容似关涉性不大。《上海法学院二十周年纪念特刊》由上海法学院纪念特刊编辑处编辑，虽未言明该刊文章作者来源，但在特刊上刊登的"本院廿周年纪念刊征文启事"中，"欢迎现任教职员前任教职员毕业生及在校校友投稿"，而署名"高山"的《学者·报人·导师：李秋生教授印象记》《校庆前夕孙怀仁教授访问记》两篇文章，前面均有"本报特讯"，高山名字上加有"记者""本刊记者"字样，[②] 而此时的周建人，正作为中国民主促进会理事，为扩大和平民主、反对内战而努力奔走。这些细节综合起来，这位在《上海法学院二十周年纪念特刊》上发文的"高山"与周建人并非一人。

《上海周报》是上海地下组织领导的综合性刊物，主张国人团结对外抗战，揭露日本侵略者的行径，从期刊所处地址以及政治导向看，似乎署名"高山"的四篇发文与周建人密切相关，但从文章所属栏目和关注内容看，《昆明青年的新气象》(第2卷7期，1940)被列入"内地通讯"，《昆明青年的新气象》中有"记者在'五四'和前后几天，到联大去作了一番巡礼，和联大各方面的同学都有接谈过。"[③]《远东新形势下的滇缅路》(3卷16期，

---

① 高山：《由摇篮走向社会》，《福建青年》，第1卷2期，1940年。
② 《上海法学院二十周年纪念特刊》，1946-10-3。
③ 高山：《昆明青年的新气象》，《上海周报》，第2卷7期，1940年。

结　语　拂去尘埃：寻找周建人

1941）文中有大量的滇缅公路运输量数据，文末有作者"三十年二月二十日昆明"写作时间落款，据此与滇缅公路高度相关的内容《云南边境的走私线》（上下，分别发表在3卷23期、3卷24期，1941，标注为"特约通讯"）以及发表在《精忠导报》上的"高山"署名文章《滇缅路的新姿》（4卷6期，1941），相互佐证，说明了作者"高山"身处昆明，对当地学生生活、社会情况相当了解，由此可判定与留居上海的周建人没有交集，顺带解决了"高山"的《昆明——后方冒险家的乐园》（《改进》，2卷5期，1939）的归属问题。此外，署名"高山"的《辞职》（《原野》，第1卷第9、10期合刊，1940）、1941年的《改善士兵生活刍议》（《中央周刊》第4卷15期，1941）、《幕僚人员及其职责》（《运输校刊》第9期，1948）等；均与周建人的无直接关联性。但这些"高山"究竟姓甚名谁，尚未找到足够的支持资料。

2. 冒名之作：大哥鲁迅的担忧以及绍兴老乡刘光炎

鲁迅1932年8月1日给许寿裳的信件中，提到有人在冒用"建人"之名，希望他能向蔡元培提及或转告商务印书馆总经理兼编译所所长王五云得知，以免三弟被那些文字所累：

近日刊物上，常见有署名"建人"之文字，不知所说云何，而且称此名者，似不只一人，此皆非乔峰所作，顾亦不能一一登报更正，反至自扰也。但于便中，希向蔡先生一提，或乞转告云五，以免误会为幸。①

---

① 《鲁迅全集》（12卷），第319页，北京：人民文学出版社，2005年。

· 241 ·

热风之外：周建人的生平与志业

大哥的这番担忧，体现在集中发表于 1931—1932 年《人民日报》《怒潮周报》《现代批评》等一系列政论文章，言辞激烈，均署名"建人"。而 1935 年署名"建人"发表在《航空杂志》上的两篇文章①，无论从刊物来源、文章内容以及文风，均有别于周建人关注的主要领域，暂不收入。

抗战全面爆发后，倡导合作主义的"卢建人"，还有混迹上海舞场的"陈家二少爷"，二人都曾以"建人"著文立说。倡导合作主义的"卢建人"的发现，颇费了一番周折。数篇署名"建人"的合作金融、合作建设以及合作社社员、理事选择等文章，与周建人之前的关注点明显不同。为了一探究竟，先采取文章主题来寻找线索，未果，遂改换期刊来源，《库务月报》②提供了破题关键。该刊作者来源均为四川省合作金库暨各分库职员，身为商务印书馆编辑的周建人不可能在该刊发文；而该刊上刊登的《四川省合作金库理监事题名暨职员录》提供了进一步的线索，"理事会秘书"为卢建人，其身份是"本库职员"。③ 卢建人在该刊发表了大量文章，由此判断出 1938 年署名"建人"发在该刊一卷 5 期的《调查工作实

---

① 一为《根据材料学上之原则研究制造飞机之材料》(5 卷 8 期)，二为《法国民用航空之概观》(5 卷 10 期)，《航空杂志》1929 年 3 月创刊，主旨为"航空救国"。

② 该刊 1938 年 8 月在四川创刊，为四川省合作金库编辑，创刊号在"编后"语中，编者专门写明刊物的内部交流性质，"我们现在为了工作上的必备，颇想把分设在市场的各分县库的同仁，集结在一个园地的中心，以取得交换智识，探求学术的机会。同时还期待着，使全体同仁避免一切空虚寂寥的苦闷，使全体同仁增加工作技术的口粮，以充实本库整个组织的力量"，封底更有"库内刊物，请勿转赠外人"字样标注。编者：《编后》，《库务月报》，第 1 卷 1 期，1938 年。

③ 《四川省合作金库理监事题名暨职员录》，《库务月报》，第 1 卷 1 期，1938 年。

结　语　拂去尘埃：寻找周建人

施办法》作者为卢建人。确定人名后，接下来便是确认这位卢建人身份，以便判断1937年发表在《浙江合作》上署名"建人"的文章作者是否同一个人。汪北平的"杂谈在上海出版的宁波报"[①]，为判定卢建人为在上海工作的宁波人提供了初步证据，接下来，发现1946年出版的《宁波同乡恭祝蒋主席六秩华诞》专刊上刊有汪北平、卢建人的祝贺文章，更进一步佐证卢建人的籍贯为浙江宁波。《浙江合作》1933年7月创刊于杭州，为浙江建设厅合作事业处编辑发行的半月刊，意在向农民灌输浅近的合作智识，考察各社员对于合作认识的程度以及各社进行的情形，因此，"关于实际的材料，希望都能够从实际工作的同志体验出来，所以希望从事农村经济改革者，热心社会服务者，惠赠鸿文，以光篇幅！至于以浅显文字，阐扬合作原理及指示农业改良者，本刊亦所欢迎！"[②]署名"建人"发表的《怎样选择社员》（4卷第23/24期合刊，1937）的实际工作内容的作者应是"卢建人"，相应的，《怎样选举理事》（第5卷1期，1937）实际作者应是卢建人。据此，同出于该刊、署名"周建人"的《特产合作声中应该注意的几点》（第4卷13/14/15期合刊，1937）、《我国古代之荒政与今日之农业仓库》（4卷4期，1936）两篇文章，实际作者大概率应为卢建人，至于卢建人为何直接署名"周建人"，尚未找到线索。

[①]　据汪回忆：1933年夏季，他趁担任太华银行筹备处文书契机，召集在上海工作的宁波同乡，筹备被迫在宁波停刊的《四明日报》移沪出版，卢建人不仅是十一位委员之一，并担任编辑，"洪雁宾任社长，洪雪帆副社长，张静庐总主笔，我任经理，霄麓、建人任编辑，"卢建人与汪北平因宁波老乡而出现了交集。详见：宁波市政协文史委员会编：《近现代报刊上的宁波下》，第486页，宁波：宁波出版社，2016年。

[②]　松：《编后的话》，《浙江合作》，第1卷1期，1933年。

243

热风之外：周建人的生平与志业

追索福建"陈家二少爷""建人"笔名，甄选线索更为有趣，他在1940年年末在《上海小报》上发表一系列短小的《建人戏笔》，《上海小报》还专门在文末留言，"建人先生：请于稿末示我尊处地址，大可有事相商"，[1]此时此"建人"尚处于神龙不见首尾。次年2月13日，"建人"在《跳舞报》亦开设"建人戏笔"专栏，针对坊间的种种传闻，首次澄清身份："建人何人，然愚搭档金属豆腐朋友，或曰建人冥国银号小开，或曰建人毕三之兄毕大，其实建人非小开，更非毕大，一十足道道地地陈家二少爷，跑舞榭也有三年，也认识个把红星，用钞票不阔不刮，跳舞不揩油，论舞倍其券，写舞文不挨血兴到而为之，产于福建，顾笔名曰建人"，[2]至此，在《上海小报》《跳舞日报》《力报》上署名"建人"发表系列"建人戏笔"[3]的作者真相大白。此外，署名"建人"、1943年发表在《立言画刊》上的回忆北平四十年前澡堂业、当下北平人力车状况以及《清慈溪后寿膳房略记》，文风与这个"陈家二少爷"接近，不收录。

---

[1] 建人：《建人戏笔（十一）摩擦光阴》，《上海小报》，1940-12-22。
[2] 建人：《建人戏笔》，《跳舞日报.我何如人》，1941-02-13。
[3] 例如：以"建人"署名，在《上海小报》上刊有十多篇，如《建人戏笔（一）》大快人心》（1940-12-17）、《建人戏笔（四）白羽怕嫁》（1940-12-18）、《建人戏笔（八）阿弥陀佛》（1940-12-19）、《建人戏笔（十）代星拉客》（1940-12-20）、《建人戏笔（十一）磨擦光阴》（1940-12-22）、《建人戏笔（十三）同文集锦》（1940-12-27）等；在《跳舞日报》上刊有《建人戏笔·度金迷梦》（1941-02-14）、《建人戏笔·孝母孝客》（1941-02-15）、《建人戏笔·无道出道》（1941-02-16）、《建人戏笔·水葬火葬》（1941-02-17）、《建人戏笔·吾友危矣》（1941-02-18）；在《力报》上刊登的《建人戏笔·知法怕法》（1941-04-26）、《建人戏笔·唐琼先生》（1941-04-22）、《建人戏笔·豆腐一方》（1941-04-24）、《建人戏笔·介绍一星》（1941-04-25）等。

结　语　拂去尘埃：寻找周建人

1942 年创刊于南京的《电信通讯》上，刊登三篇署名"建人"的文章[①]。从期刊来源看，这本由汪精卫题写刊名、作为"为和平反共建国努力，为东亚共荣圈努力"[②]的中国电信协会会刊，此时尚在商务印书馆工作周建人是不大可能为其供稿。从三篇文章的内容看，前两篇为小说，核心宣传"焦土抗日""反共建国"，第三篇为游记，开首写到一家人泛舟南京的玄武湖上，买了一篮子樱桃品尝，"记得数年前，在初夏时节逛玄武湖，还是同妻两个，那时我们还没有结婚，划着小舟，荡漾在碧绿的涟漪中，……而如今，蓓蓓已经六岁，进了幼稚合唱'我有爹，我有妈'，真真也会在地上爬了。我瞧见妻在瞪着眼望两个孩子吃樱桃，嘴角留着笑痕，大概她也在回忆过去的情景罢。"作者家庭信息佐证了之前的判断，这三篇署名"建人"文章非周建人所写。

署名"建人"的文章，还有一种情况更为复杂。1944 年创刊于重庆的《国是》刊物上发表的一组八篇《受训散记》，与 1945 年发表在《中央周刊》一组五篇《去国行》文风一致，虽署名"建人"，但不论从内容（进入中央训练团）抑或作者透露的信息（如"我们在中央工作的人虽然常常有机会接近领袖，但总没有受训时的接近来得更亲切"），均和此时尚困居上海孤岛的周建人没有重合，且从政治立场上，和 1942 年在《电信通讯》上的"建人"亦非同一个，此"建人"又是谁？

依据经验，第一步是多库检索《国是》杂志七人编辑委员的个

[①] 包括《悟》（1 卷 3 期）、《新镜花缘》（1 卷 5 期）和《红了樱桃（外四章）》（1 卷 6 期）。

[②] 《中国电信协会第一届年会记》，《电信通讯》，第 1 卷 9、10 期合刊，1942 年。

热风之外：周建人的生平与志业

人信息，^①其中刘光炎进入视野，因之前曾在《书屋》杂志看到过一篇短文^②，谈及刘光炎毕业于复旦大学，与国民党不少要人有密切接触，接下来重点核查"刘光炎"，《中国国民党百年人物全书》《黄埔军校将士录》等提供的人物传记，[3]证实了编辑刘光炎的履历与该"建人"高度契合，由此删去原本学生下载的署名"建人"的系列文章[4]；接下来以刘光炎的国民党党员身份等辅助条件，判定署名"建人"在《京沪旬刊》的发表系列论文[5]，真实作者应为刘光炎。

不同政治阵营混战时借用对方之名发声，是当时常用的障眼法，探究刘光炎为何要冒用"建人"之名发表文章，或许分属不同

---

① 《国是》编辑委员会由七名编辑组成，分别为刘英士、刘光炎、张铁君、唐绍华、周寒梅、王进珊、王健民。详见《国是》，创刊号封底，1944年。
② 范泓：《〈梅隐杂文〉中旧人旧事》，《书屋》，2008年（10）。
③ 据记载，刘光炎字厚安，浙江绍兴人，生于1904年，毕业于复旦大学文学系，1927年任国民革命军军官团政治教官，1929年任国民政府立法院特约编纂，1931年任南京《中央日报》主编兼《中央时事周报》主编。抗战期间任国立复旦大学新闻系教授，中央训练团第一至七期政治指导员，1940年担任中国国民党中央宣传部宣传委员，1944年兼任中央文化委员会、党报社论委员会执行秘书及委员、重庆各级联合版编委会主任成员，任《中央日报》主笔及总编辑，1946年任《中央周刊》社社长、《建设日报》新闻顾问，1949年移居香港，后去台湾，著有《欧洲现势》《暴力论》《政治界名人》《欧洲现代史》等。详见刘国铭主编：《中国国民党百年人物全书 上》，第476页，北京：团结出版社，2005年。
④ 如《受训散记》和《去国行》系列文章以及1944年《国是》署名"建人"的《第二战场的开辟》（第3期）、《配置人才与保护人才》（第4期）、《对本届参政会大会的一个希望》（第5期）和《东北沦陷十三了》（第5期）四篇文章。
⑤ 如《纪念总理逝世·祝贺三中全会开幕》（第25期，1947）；《学潮的起落》（第33期，1947）；《党员与路政》（34期，1947）；《拿新的眼光来认识"孝顺"》（第49期，1947）；《苏州半月散记》（52期，1948）等。

政治阵营可为一因，还有一点更为有趣，1904年出生于湖北的刘光炎祖籍浙江绍兴，为周建人小老乡，冒用周建人之名或许更具有迷惑性。

三、社会文化史意义上的周建人

黄乔生的《度尽劫波：周氏三兄弟》（群众出版社，1998）、朱正的《周氏三兄弟》（东方出版社，2008）等传记中虽有三弟的出现，但笔墨着色重点仍在鲁迅和周作人，周建人仅作为两位兄长的影子存在。

学界亦甚少关注周建人。细细翻检收集到的周建人的海量文章、著（译）作以及编纂的教科书，特别是存量最大的动植物和科普文章，大多以翻译为主；在20世纪20年代引发激烈社会反响的妇女问题，多数亦以域外理念来引发热点；而关于鲁迅研究，因年龄差距，加上在一起生活时日不多，学界对其言说取信度不高。而20世纪40年代以来发表的大量时论，则是多数民主人士的共识。实事求是地讲，他的思想，原创程度不高，亦谈不上多少深邃，甚难从传统的思想史、文学史及科学史上展开意义追问。但是，如果从近代中国的社会文化史角度看，周建人其人其事其文，却有着特殊的代表性和独特价值。

周建人的生命史与常人的最大不同之处，是有两位中国文坛上声名显赫、才华横溢的兄长。他1888年11月出生于浙江绍兴，培养鲁迅、周作人两位兄长的家庭文化氛围和浙东的风土人情，同样浸润涵养了周建人。作为兴房第三子，因从小体弱，两位兄长笔下沉默严肃的翰林祖父、性格内向的秀才父亲对他更为宽容，丁忧在家的祖父甚至亲自为其开蒙,而靠典当祖产度日、豢养大量花鸟虫鱼的十五曾叔祖、熊三叔祖在童年乔峰眼中,都是"有趣的人"。因两位兄长先后赴日本留学,初级学堂毕业后的周建人留守母亲身边教书为生,侍奉尽孝,在这个日渐败落的台门大宅中生活了31年之久,代表家族参加各种亲戚的婚丧嫁娶,比两位兄长更深谙中国基层社会的人情世故。

不同于吃喝玩乐的台门子弟,周建人教书自养之余,在留日大哥、升叔的帮助下,长期坚持自学植物学和英文。这些为其走出绍兴后的职业发展作了坚定铺垫;而二哥携日本妻子信子回国生活,妻妹芳子亦因照顾姐姐入住绍兴周宅,正值豆蔻年华的日本姑娘与深院大宅的中国青年才俊相互吸引,在众人撮合下,三弟与二哥变成了连襟,从未出过国门的周建人娶了一个东洋姑娘。

在北京八道湾聚居近两年的时光里,在两位兄长安排下,他不仅进入北京大学旁听哲学课程,并开始在广有影响的刊物上发表学术论文,一个自修英文的北大旁听生,能在短短时间内,在《东方杂志》《妇女杂志》和《新青年》上高频发文,且多数论文为国外专业研究领域,有大量外文专业名词,不能推测其身后必有兄长们的助力。得胡适玉成,加上时任《妇女杂志》主编章锡琛的助攻,周建人正式入职商务印书馆,加盟《妇女杂志》。两位兄长多次撰文供稿来实际支持三弟的工作,助力《妇女杂志》的"离婚问题号""家庭革新号""配偶选择号"等专题讨论,《妇女杂志》接过了《新青年》妇女人格独立与解放的大纛,赢得了众多新青年男女的青睐,《妇女杂志》成为讨论妇女问题影响力最大的媒介平台,周建人因大量发文亦成为名噪一时的"妇女问题专家"。在三弟因"新性道德号"陷入舆论抨击旋涡时,大哥鲁迅以《莽

结　语　拂去尘埃：寻找周建人

原》为园地，二哥周作人以《语丝》为战场，用各自的社会声望为三弟转移火力。这场风波中，两位已失和的兄长同仇敌忾，力挽狂澜，联手为三弟保驾护航，使得三弟得以留任商务印书馆，并于来年迎来了担任《自然界》主编的契机。

1926年9月，《一般》杂志创刊，周建人友情站台，写了一篇洋洋数千言的书评，周建人援经据典，一一指出《性史》中材料的错误，认为热卖的《性史》一书不是有系统的科学著述，论证材料错误混杂，不适合给中学生和一般人阅读。一石激起千层浪，该文9月15号刊出，9月27日的《小日报》惊呼在"张竞生君所倡导的学说，我们领教之后，只有吓得眼睛地牌式的分儿，至于批评，却谁也不敢"情形下，竟敢提出批评，佩服"新文化家周建人君"的胆量。[①]从措辞可见，周建人挑战春风得意的张竞生，小报是如何担忧观望。果不其然，面对周建人的炮轰，张竞生被激怒，将周建人经历作为靶子予以冷嘲热讽，称周建人为"不意自称科学家的周君""呆蠢歪缠"[②]，借此奚落没有学历加持的周建人。面对张竞生的出语相讥，周建人答复亦沾染几分情绪，双方你来我往，张竞生不屑周建人无留洋经历，只懂"通俗"不知藏拙处处讨人厌烦，周建人也对张氏留学生身份却提倡"丹田修道"糟粕予以挖苦，要其"爱护你的留学国的面子"，相持不下。双方拉锯战的相持中，二哥周作人提笔助战，借《语丝》旗帜鲜明亮出他对张竞生"丹田之类的妖妄语"的失望态度。此文一出，对张竞生无疑是致命一击。张竞生虽奋力还击，但难挽败局。

在两位兄长护航下，周建人一步步积累社会声望。周建人写成

---

① 燕燕：《周建人藐视张竞生》，《小日报》，1926-09-27。
② 竞生：《新淫义与真科学》，《新文化》创刊号，1926年。

《性教育》一书，被列入商务印书馆万有文库的"师范教育小丛书"系列，广为传播。1933 年，在《生活》周刊摆下"恋爱与贞操"擂台赛时，虽无多少思想深刻之说，却凭一人之力，与十余人展开车轮战，守擂三月有余，颇有几分兄长们的从容气度。

两位兄长的影响折射到他身上的，不仅仅是文章著述、文坛风云，更有人生的政治道路选择。1927 年大哥鲁迅到上海生活工作，三弟周建人地利之便，与鲁迅的生活交游网络有诸多重叠。如 1932 年 12 月他与大哥一起，加入由宋庆龄、蔡元培等发起的"中国民权保障同盟"。大哥去世后，周建人"继其志"，继续参与民主政治社会活动。抗日战争是个分水岭，滞留北平的二哥"老僧破庙吃苦茶"，后出山落水，周建人困居上海积极参与民主活动；抗战胜利后，周建人积极参与创建中国民主促进会，发表大量政论文章，二哥周作人却因"落水"被钉在耻辱柱上。

中华人民共和国成立后，大哥鲁迅被树为伟大的民主革命斗士、中国现代文学奠基人之一，受到极大推崇；二哥周作人因落水问题失去了政治资格；三弟周建人作为大哥民主革命事业的承继者得到政府信任和重用，成为三兄弟中从政职位最高的一个。二哥与三弟虽命运迥异，但回忆大哥、应邀撰写有关鲁迅往事却是两人共同的任务。周作人写出《鲁迅的故家》《鲁迅小说里的人物》《鲁迅的青年时代》，周建人写了《我所认识的鲁迅》《略讲关于鲁迅的事情》《回忆大哥鲁迅》及《鲁迅故家的败落》等。

相对来讲，学界更为关注和赞赏二哥记忆中的大哥，对周建人的回忆普遍不看好，原因很多。比如老大老二早年关系更为密切，周建人不如周作人更为了解鲁迅早年生活经历与思想变化；比如周建人在中华人民共和国成立后得到政府优待，必须因应时代需要说

结　语　拂去尘埃：寻找周建人

话、撰文及出书，而政治上有污点的周作人，没有资格也没有必要随风起舞，因此所提供的史料更有可信度。这一学界偏好，随着陈平原等成果的相继发表①，逐渐有所松动，他们通过对周建人生平及其回忆鲁迅文章、对两位兄长的评价、三兄弟之间的交往等重新梳理，纠正了不少既存认知的偏差，而德国知名学者阿梅龙（Lwo Amelung）对《自然界》引领性研究②，为重新认识周建人开辟了一番新景象。

正如前面所指出的，周建人这些动植物题材主要集中在"花鸟虫鱼"领域，观点并不深刻，所讲的道理大多是前人或西方科学界已说过的陈言，换句话讲，它们所展示的知识图景，不是一个科班出身的专门家深刻思想的展示，也不是一个有着丰富科学知识储备的学者将西方思潮成功在中国传播的过程，而是一个非留学生、自学成才的新知识分子通过学习、认识西方科学知识、尝试建设一种有别于专门家的、通俗、简单直白中国化的话语体系的试误过程。放眼当下的科学史，这种常识性的撰文已没了多少影响。但是，少数人掌握的科学高深内容，怎样成为多数人不问自明的"常识"？或许就是以周建人为代表的一批接地气的知识分子持续努力，纸面与实践之间的落差才得以逐渐填补。从这个角度看，那些现在看来"陈词滥调"的内容，便具有了独特意义，它的内在价值，恰好就

---

① 陈平原：《二周还是三周——现代中国文化史上的周建人》，《中国现代文学研究丛刊》，2019（1）；周慧梅：《周建人与〈妇女杂志〉的新女性话语建构》，《北京师范大学学报》（社会科学版），2020（1）；周慧梅：《周氏三兄弟卷入的三场论战》，《书屋》，2021（11）等。

② 《"科学"及其本土化——以民国为视角》，详见：[德]阿梅龙著、孙青等译：《真实与建构——中国近代史及科技史新探》，第229-248页，北京：社会科学文献出版社，2019年。

体现在通俗的"常识性"中。

编选周建人文存过程中,印象最深的,是顾先生曾给我看九十多岁高龄的周建人的手稿,一行叠着一行字体的读书笔记,是晚年视力严重下降的周建人戴着放大镜看书写下的。这厚厚一沓基本辨不出字义的手稿,却是耄耋之年的周建人保持读书人本色的珍贵史料。与周建人相知甚深的柯灵,用"书生本色"来概括乔峰老人的一生坚持:"境况的变化有若天壤,只有一样丝毫未变,就那就是他的书生本色。"[1]陈平原在《二周还是三周》一文中,援引不少周建人在特殊岁月中能谨守自己记忆、保持读书人气节的史料,并指出:"周建人不仅是两位兄长的影子,更是其镜子,折射出文人与政治之间错综复杂的关系,还有政治史上文人形象及功能的演变。局限在中国文学史上,'三周'的说法并不成立——起码无法与三曹、三苏或公安三袁相提并论;但若扩展到现代中国政治史或文化史,则'三周'的论述视野,或许值得认真尝试。拉长视线,周建人并非只是两位兄长的尾巴,自有其独立地位和价值。"[2]周建人与两位兄长相比,好比两位高峰当中的平地,平地虽无峰峦叠嶂,但亦是郁郁葱葱,正是有了平地的存在,高峰才有了意义,或许这就是历史中千百个普通知识分子存在的常态,拂去历史尘埃,周氏兄弟中的三弟的努力和坚持,同样值得我们尊重和追索。

一如柯灵洞察,周建人不是那种"登车揽辔,澄清天下"的人物,在两位兄长提携下,他一步步走出了自己的独特天地,在妇女

---

[1] 柯灵:《乔峰老师——为〈周建人文选〉作》,详见中国民主促进会中央宣传部编:《周建人文选》,第382-383页,北京:中国文史出版社,1988年。

[2] 陈平原:《二周还是三周——现代中国文化史上的周建人》,《中国现代文学研究丛刊》,2019(1)。

问题、科学中国化、科普教育方面做了诸多尝试和坚持,并难能可贵地在政治旋涡中基本保持了书生本色,人生步伐没有大的变形。与商务印书馆并肩作战后的同僚,如章锡琛、茅盾、郑振铎、叶圣陶,包括同为"科学小品"栏常写稿的贾祖璋、顾均正等人相比,周建人的专业方面的建树,几乎全被鲁迅三弟的社会身份标签所掩盖。新中国成立后他平步青云,民主党派领导人、社会活动家以及鲁迅研究家,几乎成了他的代名词,而大量的配合工作的"急救章"有关鲁迅的回忆文章,更为他招致了学界诟病。一层又一层的涂抹后,随着时光的流逝周建人渐隐于历史深处。两位兄长成就周建人的同时,亦遮蔽了三弟的锋芒。

基于编选文存的感受,便有了这本有诸多注释的考据性传记。目标无它,拂去尘埃,从历史深处寻找几分周建人的踪影而已。

附　录
周建人著述年谱

1913 年

《人之遗传》,《绍兴县教育会月刊》,第 1 期,署名周建人。
《天物调查》,《绍兴县教育会月刊》,第 1 期,署名高山。
《民种改良说》,《绍兴县教育会月刊》第 2 期,署名周建人。

1914 年

《微生物与人生》,《绍兴县教育会月刊》,第 4 期,署名周建人。

1915 年

《人文与地形之关系》,《绍兴教育杂志》,第 3 期,署名周建人。
《博物小识》(续),《绍兴教育杂志》,第 4 期,署名周建人。
《博物小识》(续),《绍兴教育杂志》,第 5 期,署名周建人。
《博物小识》(再续),《绍兴教育杂志》,第 6 期,署名周建人。
《达尔文游记》(续一),《绍兴教育杂志》,第 8 期,署名建人译。
《遗传进化说之应用于农艺》,《东方杂志》,第 12 卷第 8 期,署名高山。

《达尔文游记》(续二),《绍兴教育杂志》,第 9 期,署名建人译。

1916 年

《植物自然史》,《绍兴教育杂志》,第 11 期,[德]开尔纳氏著,署名周建人译。

《食肉植物》(续),《绍兴教育杂志》,第 12 期,署名建人。

《植物之采集及检查法》,《叒社丛刊》,第 3 期,署名高山。

《译生物学例言》,《京师教育报》,第 32 期,署名周建人。

《生物学要略》,《京师教育报》,第 33 期,[美]乔治亨达著,署名周建人译。

1917 年

《动物学史略》,《叒社丛刊》,第 4 期,署名周建人。

《释异二则》,《叒社丛刊》,第 4 期,署名周建人。

1919 年

《人种起源说》,《东方杂志》,第 16 卷第 11 期,署名乔峰。

1920 年

《善种学与其建立者》,《东方杂志》,第 17 卷第 18 期,署名周建人。

《绍兴的结婚风俗》,《新青年》,第 7 卷第 5 期,署名周建人。

《生存竞争与互助》,《新青年》,第 8 卷第 2 期,署名周建人。

1921 年

《达尔文主义》,《新青年》,第 8 卷第 5 期,署名周建人。

《善种学的理论与实施》,《东方杂志》,第 18 卷第 2 期,署名周建人。

《色觉的进化》,《东方杂志》,第 18 卷第 5 期,署名周建人。

《家庭生活的进化》,《妇女杂志》,第 7 卷第 5 期,署名周建人。

《石炭的性质与成因》,《东方杂志》,第 18 卷第 10 期,署名周建人。

《中国旧家庭制度的变动》,《妇女杂志》,第 7 卷第 6 期,署名周建人。

《夜光木》,《妇女杂志》,第 7 卷第 6 期,署名建人。

《木出血》,《妇女杂志》,第 7 卷第 6 期,署名建人。

《天雨粟》,《妇女杂志》,第 7 卷第 6 期,署名建人。

《曼兑尔与其遗传律》,《东方杂志》,第 18 卷第 13 期,署名周建人。

《妇女与社会》,《妇女杂志》,第 7 卷第 9 期,署名周建人。

《自然与人生》,《东方杂志》,第 18 卷第 21 期,署名周建人。

《白母亲》,《小说月报》,第 12 卷号外,[俄]梭罗古勃著,署名周建人译。

《两性伦理的基础》,《东方杂志》,第 18 卷第 22 期,[英]罕巴达(S. Herbert)著,署名建人译。

《延长寿命的生活质》,《妇女杂志》,第 7 卷第 12 期,[美]蒙忒(Harry A. Mount)著,署名乔峰译。

《火浣布》,《妇女杂志》,第 7 卷第 12 期,署名建人。

《甘露》,《妇女杂志》,第 7 卷第 12 期,署名建人。

《美容的运动法》,《妇女杂志》,第 7 卷第 12 期,署名高山。

《新思想与新文艺——洛奇的自杀论》,《东方杂志》,第 18 卷第 14 期,署名乔峰。

1922 年

《报复的妇女主义》,《妇女杂志》,第 8 卷第 1 期,署名高山。

《中国现代的女子》,《妇女杂志》,第 8 卷第 1 期,署名高山。

《近世的太阳崇拜》,《东方杂志》,第 19 卷第 1 期,署名高山。

《电气生理学与生殖》,《东方杂志》,第 19 卷第 1 期,署名建人。

《地面水分减少的恐慌》,《东方杂志》,第 19 卷第 1 期,署名建人。

《兑佛黎斯的骤变说》,《东方杂志》,第 19 卷第 2 期,署名建人。

《欧洲探险队荒地检查》,《东方杂志》,第 19 卷第 2 期,署名高山。

《别的星球上究竟有生命没有?》,《东方杂志》,第 19 卷第 2 期,署名建人。

《恋爱的意义与价值》,《妇女杂志》,第 8 卷第 2 期,署名周建人。

《一对少年情人的自杀》,《妇女杂志》,第 8 卷第 2 期,署名高山。

《达尔文百十三年纪念感言》,《东方杂志》,第 19 卷第 3 期,署名周建人。

《科学与迷信的冲突》,《东方杂志》,第 19 卷第 3 期,署名高山。

《对于物类生死起源的迷信》,《东方杂志》,第 19 卷第 3 期,署名建人。

《家庭的迷信》，《东方杂志》，第 19 卷第 3 期，署名高山。

《俄国科学家的现况》，《东方杂志》，第 19 卷第 4 期，署名高山。

《新俄国的教育》，《东方杂志》，第 19 卷第 4 期，署名建人。

《恋爱结婚与将来的人种问题》，《妇女杂志》，第 8 卷第 3 期，署名周建人。

《妇女前途的曙光》，《妇女杂志》，第 8 卷第 3 期，署名高山。

《广义的买卖婚》，《妇女杂志》，第 8 卷第 3 期，署名克士。

《李宁夫人》，《妇女杂志》，第 8 卷第 3 期，署名高山。

《世界妇女的过剩》，《妇女杂志》，第 8 卷第 3 期，署名建人。

《战争与妇女》，《妇女杂志》，第 8 卷第 3 期，署名高山。

《牛羊为什么要反刍》，《东方杂志》，第 19 卷第 5 期，署名建人。

《力的世界》，《东方杂志》，第 19 卷第 6 期，署名乔峰。

《离婚问题释疑》，《妇女杂志》，第 8 卷第 4 期，署名周建人。

《中国的离婚法》，《妇女杂志》，第 8 卷第 4 期，署名乔峰。

《中国离婚法上的三绝》，《妇女杂志》，第 8 卷第 4 期，署名周建人。

《欧洲各国的离婚法》，《妇女杂志》，第 8 卷第 4 期，署名高山、紫瑚。

《美国近年离婚的增加》，《妇女杂志》，第 8 卷第 4 期，署名高山。

《死的进化》，《民铎杂志》，第 3 卷第 4 期，署名周建人。

《产儿制限概说》，《东方杂志》，第 19 卷第 7 期，署名周建人。

《返老还童法的批评》，《东方杂志》，第 19 卷第 7 期，署名高山。

《鱼龙的生活情形》，《东方杂志》，第 19 卷第 7 期，署名高山。

《性格之生物学的基础》,《东方杂志》,第 19 卷第 8 期,署名高山。

《查考儿童生理年龄的必要》,《东方杂志》,第 19 卷第 8 期,署名高山。

《妇女主义与贤妻良母说》,《妇女杂志》,第 8 卷第 5 期,署名高山。

《美国妇女的公民教育》,《妇女杂志》,第 8 卷第 5 期,署名高山。

《美国劳动妇女的夏季学校》,《妇女杂志》,第 8 卷第 5 期,署名高山。

《遗传的物质的基础》,《东方杂志》,第 19 卷第 9 期,署名高山。

《个体与种族的衰老》,《东方杂志》,第 19 卷第 10 期,署名周建人。

《甘地给孟买人民的两封信》,《东方杂志》,第 19 卷第 10 期,署名高山。

《产儿制限论》,《妇女杂志》,第 8 卷第 6 期,[英]爱里斯著,署名乔峰译。

《应奇氏产儿制限的道德观》,《妇女杂志》,第 8 卷第 6 期,署名高山。

《产儿制限与新种族》,《妇女杂志》,第 8 卷第 6 期,[美]威梗姆著,署名克士译。

《产儿制限运动的由来》,《妇女杂志》,第 8 卷第 6 期,署名高山。

《美国产儿制限会的宣言和计画》,《妇女杂志》,第 8 卷第 6 期,署名高山译。

《无线电应用的推广》，《东方杂志》，第19卷第11期，署名高山。

《无线电器的幼年发明家》，《东方杂志》，第19卷第11期，署名高山。

《两个遗传学家的百年纪念》，《东方杂志》，第19卷第12期，署名高山。

《遗传研究的应用》，《东方杂志》，第19卷第12期，署名克士。

《原子的构造》，《东方杂志》，第19卷第12期，署名高山。

《兽的先导》，《东方杂志》，第19卷第12期，[俄]梭罗古勃著，署名周建人译。

《妇女运动的发展》，《妇女杂志》，第8卷第7期，署名高山。

《不结婚的母亲》，《妇女杂志》，第8卷第7期，署名乔峰。

《记英国女议员的谈话》，《妇女杂志》，第8卷第7期，署名高山。

《美国断发女子的装束》，《妇女杂志》，第8卷第7期，署名高山。

《金鱼的历史》，《妇女杂志》，第8卷第7期，署名高山。

《蜘蛛的生活》，《儿童世界》，第3卷第1期，署名周建人。

《横笛》，《小说月报》，第13卷第7期，[捷克]苻耳赫列支奇著，署名周建人译。

《妇女在进化中的任务》，《妇女杂志》，第8卷第8期，署名克士。

《旧妇女的任务是什么》，《妇女杂志》，第8卷第8期，署名乔峰。

《蚂蚁》，《儿童世界》，第3卷第5期，署名周建人。

《性教育的理论与实际》,《教育杂志》,第 14 卷第 8 期,署名周建人。

《蜻蜓和蜉蝣》,《儿童世界》,第 3 卷第 8 期,署名周建人。

《性教育与家庭关系的重要》,《妇女杂志》,第 8 卷第 9 期,署名周建人。

《教育与性教育》,《妇女杂志》,第 8 卷第 9 期,署名克士。

《女子教育的倾向》,《妇女杂志》,第 8 卷第 9 期,署名乔峰。

(《妇女的服从》,《妇女杂志》,第 8 卷第 9 期,署名高山。

《善种学的先驱戈尔登》,《妇女杂志》,第 8 卷第 9 期,署名建人。

《德国青年运动的两面观》,《东方杂志》,第 19 卷第 17 期,署名高山。

《德国青年的道德改造》,《东方杂志》,第 19 卷第 17 期,署名乔峰。

《德国青年对于老派的反叛》,《东方杂志》,第 19 卷第 17 期,署名克士。

《对于女权运动的希望》,《东方杂志》,第 19 卷第 18 期,署名乔峰。

《中国的女权运动》,《东方杂志》,第 19 卷第 18 期,署名高山。

《妇女参政运动的重要》,《现代妇女》,第 3 期,署名高山。

《中国女子的觉醒与独身》,《妇女杂志》,第 8 卷第 10 期,署名周建人。

《女子参政会与女子劝进团》,《妇女杂志》,第 8 卷第 10 期,署名克士。

《"恶风"》,《妇女杂志》,第 8 卷第 10 期,署名乔峰。

《印度的妇女生活》,《妇女杂志》,第 8 卷第 10 期,署名克士。

《甲虫的故事》,《儿童世界》,第 4 卷第 1 期,署名周建人。

《甲虫的故事第二》,《儿童世界》,第 4 卷第 2 期,署名周建人。

《人类多源说》,《东方杂志》,第 19 卷第 20 期,署名周建人。

《妇女运动与民族的进步》,《妇女杂志》,第 8 卷第 11 期,署名克士。

《妇女才力低浅的原因》,《妇女杂志》,第 8 卷第 11 期,署名高山。

《妇女喜欢多言的原因》,《妇女杂志》,第 8 卷第 11 期,署名高山。

《贞操观念的改造》,《妇女杂志》,第 8 卷第 12 期,署名高山。

《妇女主义者的贞操观》,《妇女杂志》,第 8 卷第 12 期,署名克士。

《妇女与工作》,《妇女杂志》,第 8 卷第 12 期,署名克士。

《旧道德为什么急须打破》,《妇女杂志》,第 8 卷第 12 期,署名高山。

《第五次国际产儿制限会》,《妇女杂志》,第 8 卷第 12 期,署名高山。

《美国七十一岁的女学生》,《妇女杂志》,第 8 卷第 12 期,署名克士。

《妇女运动的究竟目的何在?》,《现代妇女》,第 10 期,署名高山。

《巴斯德的生平及事业》,《东方杂志》,第 19 卷第 23 期,署名周建人。

《伏尔斯东克垃夫脱略传》,《现代妇女》,第 11 期,署名克士。

《遗传论》,上海:商务印书馆,新时代丛书第五种,[英]唐凯司德著,署名周建人译。

《现代小说译丛》,上海:商务印书馆,署名周作人译,书中共收录30篇,其中三篇为周建人所译。

1923 年

《近代妇女运动的先导——几个重要的妇女主义者的意见》,《妇女杂志》,第9卷第1期,署名克士。

《埃及妇女的自由运动》,《妇女杂志》,第9卷第1期,署名高山。

《法国自由思想的先进斯台耳及乔治散》,《妇女杂志》,第9卷第1期,署名克士。

《妇女的智能果低于男子么》,《妇女杂志》,第9卷第1期,署名高山。

《生命界的两大问题:饥与爱》,《学生杂志》,第10卷第1期,署名周建人。

《说猪》,《儿童世界》,第5卷第1期,署名周建人。

《达尔文怎样研究自然》,《儿童世界》,第5卷第1期,署名周建人。

《藤壶是什么》,《儿童世界》,第5卷第1期,署名周建人。

《黑蚁所畏的是什么》,《东方杂志》,第20卷第1期,署名高山。

《华莱斯的达尔文主义》,《东方杂志》,第20卷第1期,署名周建人。

《救治暴死的原理》,《东方杂志》,第20卷第1期,署名高山。

《鸟类的过冬》,《儿童世界》,第5卷第3期,署名周建人。

《女流艺术家》,《东方杂志》,第 20 卷第 2 期,署名高山。

《告宣传产儿制限的团体》,《妇女杂志》,第 9 卷第 2 期,署名高山。

《英国女哲学家的逝世》,《妇女杂志》,第 9 卷第 2 期,署名高山。

《美国女参议员的选出》,《妇女杂志》,第 9 卷第 2 期,署名克士。

《社评》,《现代妇女》,第 16 期,署名高山。

《近代两性研究之盛》,《东方杂志》,第 20 卷第 3 期,署名乔峰。

《遗传与环境》,《东方杂志》,第 20 卷第 4 期,署名周建人。

《日本的妇女运动》,《现代妇女》,第 17 期,[日]山川菊荣著,署名高山译。

《废娼的根本问题》,《妇女杂志》,第 9 卷第 3 期,署名乔峰。

《结婚的制限》,《妇女杂志》,第 9 卷第 3 期,署名乔峰。

《婚姻的应当审慎》,《妇女杂志》,第 9 卷第 3 期,署名克士。

《美国的妇女俱乐部总联盟》,《妇女杂志》,第 9 卷第 3 期,署名高山。

《美国妇女的和平运动》,《妇女杂志》,第 9 卷第 3 期,署名高山。

《美国女工状况》,《妇女杂志》,第 9 卷第 3 期,署名高山。

《植物的心理》,《东方杂志》,第 20 卷第 5 期,署名周建人。

《俄国革命家苏维亚女士略传》,《现代妇女》,第 19 期,署名克士。

《读青年进步的家庭问题号下》,《现代妇女》,第 20 期,署名开时。

《告中国女权运动者》,《妇女杂志》,第9卷第4期,署名高山。

《废除婢女的希望》,《妇女杂志》,第9卷第4期,署名开时。

《我们应当怎样救济小孩》,《妇女杂志》,第9卷第4期,署名高山。

《爱情的表现与结婚生活——对于郑振埙君婚姻史的批评》,《妇女杂志》,第9卷第4期,署名克士。

《烹调食物的原理》,《妇女杂志》,第9卷第4期,署名高山。

《妇女主义之科学的基础》,《妇女杂志》,第9卷第4期,署名周建人。

《爱的起源》,《民铎杂志》,第4卷第2期,署名周建人。

《青年的性的卫生》,《学生杂志》,第10卷第4期,署名周建人。

《生机主义》,《东方杂志》,第20卷第8期,署名乔峰。

《大学妇女同盟的希望》,《妇女杂志》,第9卷第5期,署名克士。

《大美洲协会在巴的摩开会的追记》,《妇女杂志》,第9卷第5期,署名克士。

《谭仲达的婚姻问题》,《现代妇女》,第26期,署名嵩山。

《今日女子教育的缺陷》,《妇女杂志》,第9卷第6期,署名高山。

《婚姻选择的目标》,《妇女杂志》,第9卷第6期,署名高山。

《美国妇女国民党的企图》,《妇女杂志》,第9卷第6期,[美]哈德伟著,署名克士译。

《朝鲜的新妇女》,《妇女杂志》,第9卷第6期,署名克士。

《生物学是什么和怎样学习》,《学生杂志》,第10卷第6期,署名周建人。

《论薛吴的解约问题》,《现代妇女》,第 27 期,署名嵩山。

《近代生物学的倾向与人生》,《东方杂志》,第 20 卷第 11 期,署名周建人。

《数目字的起源》,《东方杂志》,第 20 卷第 12 期,署名建人。

《空中的微尘》,《东方杂志》,第 20 卷第 12 期,署名建人。

《道德的保守本能》,《妇女杂志》,第 9 卷第 7 期,署名克士。

《劳动妇女与闲散妇女的装束》,《妇女杂志》,第 9 卷第 7 期,署名高山。

《美国妇女在法律上的地位》,《妇女杂志》,第 9 卷第 7 期,署名克士。

《"纳妾限制"》,《现代妇女》,第 31 期,署名嵩山。

《农人和绅士》,《共进》,第 42 期,署名嵩山。

《权利是要自己争来的》,《妇女杂志》,第 9 卷第 8 期,署名克士。

《婚姻问题的解决难》,《妇女杂志》,第 9 卷第 8 期,署名高山。

《德国妇女主义者的要求》,《妇女杂志》,第 9 卷第 8 期,[美]福罗本尼依格尔著,署名克士译。

《美国女工的趋势》,《妇女杂志》,第 9 卷第 8 期,署名高山。

《性教育的几条原理》,《教育杂志》,第 15 卷第 8 期,署名周建人。

《旧家庭制度的破裂》,《民国日报·妇女周报》,第 1 期,署名高山。

《美国有组织女国会的消息》,《民国日报·妇女周报》,第 1 期,署名高山。

《德国妇女的进步》,《民国日报·妇女周报》,第 2 期,署名高山。

《今日的家庭》,《妇女杂志》,第 9 卷第 9 期,署名高山译。

《社评（一）》,《民国日报·妇女周报》,第 4 期,署名高山。

《社评（一）》,《民国日报·妇女周报》,第 5 期,署名高山。

《新加入国际妇女参政会的团体》,《民国日报·妇女周报》,第 5 期,署名高山。

《新人的产生》,《妇女杂志》,第 9 卷第 10 期,署名高山。

《妇女发展的两个途径》,《妇女杂志》,第 9 卷第 10 期,署名克士。

《生命的三方面》,《妇女杂志》,第 9 卷第 10 期,署名建人。

《新土耳其妇女的进步》,《妇女杂志》,第 9 卷第 10 期,〔美〕爱德华平著,署名克士译。

《着高跟鞋的害处》,《妇女杂志》,第 9 卷第 10 期,署名高山。

《女权运动与参政运动》,《民国日报·妇女周报》,第 8 期,署名高山。

《两个相对的谬误》,《民国日报·妇女周报》,国庆日增刊,署名克士。

《社评》,《民国日报·妇女周报》,第 10 期,署名高山。

《两极端的妇女生活》,《民国日报·妇女周报》,第 10 期,署名克士。

《配偶选择的进化》,《妇女杂志》,第 9 卷第 11 期,署名周建人。

《谁可以结婚》,《妇女杂志》,第 9 卷第 11 期,署名高山。

《杂感（廿六）》,《民国日报·妇女周报》,第 14 期,署名高山。

《谁是公民——妇女地位的一个考察》,《妇女杂志》,第 9 卷第 12 期,署名高山。

《将来的女权运动》,《妇女杂志》,第 9 卷第 12 期,署名高山。

《闲散阶级妇女的责任》,《妇女杂志》,第 9 卷第 12 期,署名高山。

《斯干狄那维亚妇女的进步》,《妇女杂志》,第 9 卷第 12 期,署名高山。

《社评(二)》,《民国日报·妇女周报》,第 18 期,署名高山。

《杂感(三十一)》,《民国日报·妇女周报》,第 18 期,署名高山。

《社评(一)》,《民国日报·妇女周报》,第 19 期,署名高山。

《进化论与善种学》,上海:商务印书馆,东方文库第五十种,署名陈长蘅、周建人合著。

1924 年

《妇女运动的过去及将来应取的方针》,《妇女杂志》,第 10 卷第 1 期,署名乔峰。

《男女的差别》,《妇女杂志》,第 10 卷第 1 期,[美]惠斯黎著,署名周建人译。

《生物学上的恋爱观》,《学生杂志》,第 11 卷第 1 期,署名周建人。

《求婚漫评》,《妇女杂志》,第 10 卷第 2 期,署名高山。

《美国妇女的改革》,《妇女杂志》,第 10 卷第 2 期,[英]海尔著,署名克士译。

《尼赛兰的妇女》,《妇女杂志》,第 10 卷第 3 期,署名高山。

《新曼兑尔主义和习得性遗传说的复兴》,《东方杂志》,第 21 卷第 5 期,署名周建人。

《说本能》,《民铎杂志》,第 5 卷第 2 期,署名周建人。

《社会主义与性》,《妇女杂志》,第 10 卷第 5 期,[英]披尔逊著,署名周建人译。

《生命与灵魂》,《学生杂志》,第 11 卷第 5 期,署名周建人。

《妇女职业和母性》,《妇女杂志》,第 10 卷第 6 期,署名克士。

《日本妇女的自由职业》,《妇女杂志》,第 10 卷第 6 期,[日]山川菊荣著,署名高山译。

《日本妇女职业生活概况》,《妇女杂志》,第 10 卷第 6 期,[日]山川菊荣著,署名高山译。

《性率和性的分配问题》,《东方杂志》,第 21 卷第 11 期,署名周建人。

《家族制度的变迁》,《妇女杂志》,第 10 卷第 7 期,署名高山。

《试验胚胎学的成功》,《东方杂志》,第 21 卷第 15 期,署名周建人。

《恋爱的三条原则》,《民国日报·妇女周报》,第 51 期,署名嵩山。

《离婚自由与中国女子》,《妇女杂志》,第 10 卷第 9 期,署名高山。

《幼儿的教育》,《妇女杂志》,第 10 卷第 9 期,署名高山。

《死的心理》,《东方杂志》,第 21 卷第 18 期,[美]麦陀那著,署名乔峰译。

《汉译〈结婚的爱〉序》,《民国日报·妇女周报》,第 62 期,署名周建人。

1925 年

《性道德之科学的标准》,《妇女杂志》,第 11 卷第 1 期,署名建人。

《现代性道德的倾向》,《妇女杂志》,第 11 卷第 1 期,署名乔峰。

《吴自芳究竟是家族主义下的女性型不是?》,《民国日报·妇女周报》,第 66 期,署名建人。

《进化说》,《学生杂志》,第 12 卷第 1 期,署名周建人。

《吴自芳究竟是家族主义下的女性型不是?(续)》,《民国日报·妇女周报》,第 68 期,署名建人。

《人格的个人主义》,《妇女杂志》,第 11 卷第 2 期,署名开时。

《理想的女性》,《妇女杂志》,第 11 卷第 2 期,署名周建人。

《性道德的变迁》,《民铎杂志》,第 6 卷第 2 期,署名周建人。

《关于回家以后的最后的几句话》,《民国日报·妇女周报》,第 72 期,署名建人。

《唯物史观与恋爱》,《民国日报·妇女周报》,第 73 期,署名建人。

《性道德之科学的标准》,《民国日报·妇女周报》,第 73 期,署名建人。

《婚姻制度和优生问题》,《妇女杂志》,第 11 卷第 3 期,署名开时。

《离婚和恋爱》,《妇女杂志》,第 11 卷第 3 期,署名开时。

《评刘欧退婚问题》,《妇女杂志》,第 11 卷第 3 期,署名高山。

《节烈的解剖》,《妇女杂志》,第 11 卷第 3 期,署名周建人。

《性的升华》,《妇女杂志》,第 11 卷第 3 期,[英]赫胥黎著,署名高山译。

《女性天才在那里》,《妇女杂志》,第 11 卷第 3 期,[美]科拔尔特著,署名高山译。

《进化说(续)》,《学生杂志》,第 12 卷第 3 期,署名周建人。

《贵族式的新女子》,《妇女杂志》,第 11 卷第 4 期,署名高山。

《文明与自由》,《妇女杂志》,第 11 卷第 4 期,署名建人。

《恋爱选择与优生学》,《妇女杂志》,第 11 卷第 4 期,署名周建人。

《男女的性生活与创造力:男子是创造者》,《妇女杂志》,第 11 卷第 4 期,[美]戈顿维税著,署名高山译。

《生命界的相互关系》,《东方杂志》,第 22 卷第 7 期,署名乔峰。

《再讲产儿制限与性道德》,《晨报副刊》,1925-4-11,署名周建人。

《读中国之优生问题》,《东方杂志》,第 22 卷第 8 期,署名周建人。

《性的感觉》,《民国日报·妇女周报》,第 84 期,[瑞典]尼斯忒朗姆著,署名高山译。

《人生观的改造》,《妇女杂志》,第 11 卷第 5 期,署名高山。

《家族主义的子嗣观念》,《妇女杂志》,第 11 卷第 5 期,署名建人。

《习惯思想》,《妇女杂志》,第 11 卷第 5 期,署名高山。

《哈夫洛克爱理斯》,《妇女杂志》,第 11 卷第 5 期,署名周建人。

《性的感觉(二续)》,《民国日报·妇女周报》,第 85 期,[瑞典]尼斯忒朗姆著,署名高山译。

《答"一夫多妻的新护符"》,《莽原》,第 4 期,署名周建人。

《再论性道德答刘以样先生》,《晨报副刊》,1925-5-28,署名周建人。

《女子教育与女学生》,《妇女杂志》,第11卷第6期,署名周建人。

《再答陈百年先生论一夫多妻》,《莽原》,第7期,署名周建人。

《性的感觉(续)》,《民国日报·妇女周报》,第90期,[瑞典]尼斯忒朗姆著,署名高山译。

《性的感觉(续)》,《民国日报·妇女周报》,第92期,[瑞典]尼斯忒朗姆著,署名高山译。

《赫胥黎与达尔文进化说》,《东方杂志》,第22卷第12期,署名周建人。

《恋爱论与恋爱行为》,《民国日报·妇女周报》,第93期,署名高山。

《亲子关系的了解》,《妇女杂志》,第11卷第7期,署名建人。

《论思想自由》,《妇女杂志》,第11卷第7期,署名建人。

《科学信仰与迷信》,《妇女杂志》,第11卷第7期,署名慨士。

《性与文明》,《妇女杂志》,第11卷第7期,署名高山。

《娼妓制度的根本问题》,《妇女杂志》,第11卷第7期,[英]格里康著,署名高山译。

《原始民族的婚姻制度》,《妇女杂志》,第11卷第7期,署名周建人。

《苏俄的家族关系》,《妇女杂志》,第11卷第7期,署名高山。

《我们两人回答陈先生的一封短信》,《莽原》,第11期,署名章锡琛、周建人。

《女学生的"校友"》,《民国日报·妇女周报》,第95期,[英]

霭理斯著,署名高山译。

《性的感觉》,《民国日报·妇女周报》,第96期,[瑞典]尼斯脱朗姆著,署名高山译。

《女生学的校友(续)》,《民国日报·妇女周报》,第96期,署名高山译。

《女学生的校友》,《民国日报·妇女周报》,第97期,[英]霭理斯著,署名高山译。

《性与社会》,《妇女杂志》,第11卷第8期,[英]格里康著,署名高山译。

《生命的性质及起源》,《学生杂志》,第12卷第8期,[英]古特立区著,署名周建人译。

《国民与母性》,《民国日报·妇女周报》,第99期,署名高山。

《蛮性的遗留》,《鉴赏周刊》,第15期,署名高山。

《介绍"人口问题"》,《鉴赏周刊》,第19期,署名高山。

《社会的反优生趋势》,《莽原》,第27期,署名乔峰。

《校中提倡国文》,《南洋周刊》,第7卷第5期,署名建人。

《本校与乐群比赛足球记》,《南洋周刊》,第7卷第6期,署名建人。

《无脊椎动物与文明》,《东方杂志》,第22卷第24期,[美]哈吉脱著,署名周建人译。

《国语罗马字》,《语丝》,第59期,署名嵩山。

《梭罗古勃》,上海:商务印书馆,署名英国约翰科尔诺斯著,周建人译。

1926 年

《二重道德》,《新女性》, 第 1 卷第 1 期, 署名周建人。

《说怪胎》,《自然界》, 第 1 卷第 1 期, 署名周乔峰。

《中国北部的杨柳》,《自然界》, 第 1 卷第 2 期, 署名乔峰。

《龙和龙骨》,《自然界》, 第 1 卷第 2 期, 署名周建人。

《鸟的移徙和他的航路》,《自然界》, 第 1 卷第 2 期, 署名乔峰。

《性的比例和两性关系》,《新女性》, 第 1 卷第 3 期, 署名周建人。

《上海的乞丐》,《京报副刊》, 第 428 期, 署名嵩山。

《麻黄的性质》,《自然界》, 第 1 卷第 3 期, 署名乔峰。

《柞蚕和府绸》,《自然界》, 第 1 卷第 3 期, 署名乔峰。

《禁欲主义和恋爱自由》,《新女性》, 第 1 卷第 4 期, 署名高山。

《中国北方的松柏》,《自然界》, 第 1 卷第 4 期, 署名乔峰。

《白蚁是什么》,《自然界》, 第 1 卷第 4 期, 署名乔峰。

《〈植物名实图考〉在植物学史上的位置》,《自然界》, 第 1 卷第 4 期, 署名周建人。

《性教育的几个问题》,《教育杂志》, 第 18 卷第 5 期, 署名周建人。

《番薯和马铃薯》,《自然界》, 第 1 卷第 5 期, 署名周乔峰。

《关于几种化石人类的话》,《自然界》, 第 1 卷第 5 期, 署名周建人。

《狐祟和自然》,《自然界》, 第 1 卷第 5 期, 署名乔峰。

《关于中国树木植物的书籍》,《自然界》, 第 1 卷第 5 期, 署名周建人。

《自然研究在实用上的利益》,《励志》,第 2 期,署名乔峰。

《关于鸡的几种生活现象和它的性的倒转》,《自然界》,第 1 卷第 6 期,署名周建人。

《鸤鹉》,《自然界》,第 1 卷第 6 期,署名开时。

《鹰和隼及猎用时的训练》,《自然界》,第 1 卷第 6 期,署名周乔峰。

《拉马克的习得性遗传问题》,《东方杂志》,第 23 卷第 16 期,署名周建人。

《白蜡的说明》,《自然界》,第 1 卷第 7 期,署名乔峰。

《内分泌和鸟类的移徙》,《自然界》,第 1 卷第 7 期,署名周乔峰。

《关于性史的几句话》,《一般》,第 1 卷第 1 期,署名周建人。

《人体构造和生活状况的适应》,《自然界》,第 1 卷第 8 期,署名乔峰。

《遗传和人种改良》,《自然界》,第 1 卷第 9 期,署名乔峰。

《上海常见的几种洋花》,《自然界》,第 1 卷第 9 期,署名乔峰。

《答张竞生先生》,《一般》,第 1 卷第 3 期,署名周建人。

《进化论的历史和应用》,《东方杂志》,第 23 卷第 21 期,〔美〕戈德著,署名周建人译。

《"婚姻指导"和"性欲与性爱"》,《新女性》,第 1 卷第 12 期,署名周建人。

《性的第二官能》,《新女性》,第 1 卷第 12 期,署名周建人。

《生物学与公民教育》,《自然界》,第 1 卷第 10 期,〔英〕F. Graham Kerr 讲演,署名周乔峰译。

《中国北部的熊》,《自然界》,第 1 卷第 10 期,署名周乔峰。

1927 年

《读〈新淫义与真科学〉并答张竞生先生》,《一般》,第 2 卷第 1 期,署名周建人。

《几种普通的工业植物》,《自然界》,第 2 卷第 1 期,署名周建人。

《性教育运动的危机》,《新女性》,第 2 卷第 2 期,署名周建人。

《张竞生博士最近的工作》,《一般》,第 2 卷第 3 期,署名周建人。

《动物陆栖后的适应方法》,《东方杂志》,第 24 卷第 5 期,[英]开尔著,署名周建人著。

《中国医学上及畜养上重要的吸血的节足动物》,《自然界》,第 2 卷第 4 期,W. S. Patton 著,署名乔峰译。

《清帝打猎地方的自然史》,《东方杂志》,第 24 卷第 9 期,[英]梭厄比尔著,署名周建人译。

《昆虫和人的关系》,《自然界》,第 2 卷第 5 期,署名建人。

《中国医学上及畜养上重要的吸血的节足动物(续),》《自然界》,第 2 卷第 5 期,W. S. Patton 著,署名乔峰译。

《植物的营养》,《自然界》,第 2 卷第 5 期,署名周乔峰。

《性与遗传》,《新女性》,第 2 卷第 6 期,[英]鲍惠尔著,署名开时译。

《爱之本质》,《新女性》,第 2 卷第 7 期,署名建人。

《中国北部及中部的疟蚊的主要繁殖场所》,《自然界》,第 2 卷第 6 期,Henry E. Meleney, M. D. 著,署名乔峰译。

《植物的性别》,《自然界》,第 2 卷第 6 期,署名周乔峰。

《俗名与学名》,《自然界》,第 2 卷第 6 期,署名建人。

《植物因地位固定使性别上所发生的效果》,《新女性》,第 2 卷第 9 期,[英]鲍惠尔著,署名建人译。

《动物的生殖过程——几条普通原则》,《新女性》,第 2 卷第 10 期,[英]开尔著,署名建人译。

《欲望与职业及婚姻》,《新女性》,第 2 卷第 11 期,署名建人。

《恋爱的灵的方面和肉的方面》,《新女性》,第 2 卷第 11 期,署名高山。

《人类果起源于中亚么》,《自然界》,第 2 卷第 9 期,[美] W. K. Gregory 著,署名乔峰译。

《离婚问题的两方面》,《新女性》,第 2 卷第 12 期,署名建人。

《养成"科学的心"》,《贡献》,第 1 期,署名周建人。

《给人服役的动物》,《贡献》,第 3 期,署名周建人。

《什么主义能祸中国呢?》,《语丝》,第 4 卷第 3 期,署名建人。

《中国海滨杂记》《自然界》,第 2 卷第 10 期,A. de C. Sowerby 著,署名乔峰译。

《花的生态》,《自然界》,第 2 卷第 10 期,署名周建人。

《性与人生》,上海:开明书店发行,署名周建人译著。

1928 年

《论求婚》,《语丝》,第 4 卷第 6 期,署名周建人。

《麻痹和刺激》,《语丝》,第 4 卷第 7 期,署名周建人。

《我们的食品》,《北新》,第 2 卷第 6 期,署名周建人。

《助猎的动作》,《贡献》,第 6 期,署名周建人。

《民族的衰颓》,《语丝》,第 4 卷第 11 期,署名周建人。

《自然研究和人生》,《自然界》,第 3 卷第 1 期,署名周建人。

《害虫的防御》,《自然界》,第 3 卷第 1 期,Savios. J. 著,署名周建人译。

《满洲的自然学者》,《自然界》,第 3 卷第 1 期,A. de C. Sowerby 著,署名乔峰译。

《阻滞进步的旧习惯堆积之为害》,《语丝》,第 4 卷第 13 期,署名周建人。

《文明和生存竞争》,《自然界》,第 3 卷第 2 期,署名周建人。

《金鱼的遗传》,《自然界》,第 3 卷第 2 期,Hans 著,署名乔峰译。

《中国的天然染料》,《自然界》,第 3 卷第 2 期,署名嵩山。

《关于本草中的几种昆虫》,《自然界》,第 3 卷第 2 期,署名乔峰。

《自然和自由》,《自然界》,第 3 卷第 3 期,署名周建人。

《适应杂谈》,《自然界》,第 3 卷第 3 期,署名乔峰。

《关于本草中的几种昆虫》(续),《自然界》,第 3 卷第 3 期,署名乔峰。

《中国的木本植物和北美的比较》,《自然界》,第 3 卷第 3 期,[美]沙坚脱著,署名乔峰译。

《我们为什么要出昆虫专号?》,《自然界》,第 3 卷第 4 期,署名建人。

《昆虫的寄生》,《自然界》,第 3 卷第 4 期,[美] F. M. Root 博士著,署名乔峰译。

《昆虫的变态》,《自然界》,第 3 卷第 4 期,署名乔峰。

《环境和民族性》,《自然界》,第 3 卷第 5 期,Ellsworth

Huntington 著,署名乔峰译。

《中国普通的鱼类》,《自然界》,第 3 卷第 5 期,署名乔峰。

《贝类生活杂谈》,《自然界》,第 3 卷第 5 期,署名乔峰。

《中国的木本植物和北美的比较》(续一),《自然界》,第 3 卷第 5 期,[美]沙坚脱著,署名乔峰译。

《扬子江下游常见的鸟类》,《自然界》,第 3 卷第 6 期,[美]祁天锡、慕维德著,署名开时译。

《中国的木本植物和北美的比较》(续二),《自然界》,第 3 卷第 6 期,[美]沙坚脱著,署名乔峰译。

《关于人的起源及古人的近代发现》,《自然界》,第 3 卷第 7 期,[美]H. F. Osborn 著,署名乔峰译。

《扬子江下游常见的鸟类》(续一),《自然界》,第 3 卷第 7 期,[美]祁天锡、慕维德著,署名开时译。

《中国普通的软体动物》,《自然界》,第 3 卷第 7 期,A. de C. Sowerby 著,署名乔峰译。

《神经系统的起源和发达》,《自然界》,第 3 卷第 8 期,G. H. Parker 著,署名周建人译。

《扬子江下游常见的鸟类》(续二),《自然界》,第 3 卷第 8 期,[美]祁天锡、慕维德著,署名开时译。

《中国普通的软体动物》(续一),《自然界》,第 3 卷第 8 期,A. de C. Sowerby 著,署名乔峰译。

《中国普通的软体动物》(续二),《自然界》,第 3 卷第 9 期,署名乔峰译。

《什么主义能祸中国呢?》,《语丝》,第 4 卷第 4 期,署名建人。

《达尔文的人种由来的学说在今日的地位》,《自然界》,第 3 卷第 10 期，[英] Arthur Keith 著，署名周建人译。

《扬于江下游常见的鸟类》（续三），《自然界》，第 3 卷第 10 期，[美] 祁天锡、慕维德著，署名开时译。

《性与遗传》，上海：开明书店，署名英国凯尔著，周建人译。

1929 年

《卷头言》，《自然界》，第 4 卷第 1 期，署名编者（周建人）。

《扬子江下游常见的鸟类》（续四），《自然界》，第 4 卷第 1 期，[美] 祁天锡、慕维德著，署名开时译。

《人体的自卫》，《自然界》，第 4 卷第 1 期，署名乔峰。

《人种的进化》，《自然界》，第 4 卷第 1 期，Robert Briffault 著，署名建人译。

《帝国主义者的偏见和中国人的恭顺》，《语丝》，第 5 卷第 1 期，署名建人。

《我们今日所需要的是什么》，《语丝》，第 5 卷第 2 期，署名建人。

《随便讲讲卖为娼妓及死刑之类》，《语丝》，第 5 卷第 3 期，署名建人。

《园中常见的甲虫》，《自然界》，第 4 卷第 2 期，A. de C. Sowerby 著，署名乔峰译。

《编辑后记》(《自然界》4 卷 2 期)，《自然界》，第 4 卷第 2 期，署名编者（周建人）。

《遗传和环境——关于优生学的一个讨论》，《东方杂志》，第 26 卷第 19 期，署名周建人。

《谋生存是颇不容易的工作》，《语丝》，第 5 卷第 10 期，署名建人。

《反日会的改组》,《大夏月刊》,第 1 期,署名建人。

《宋美龄来去匆匆》,《上海画报》,第 476 期,署名高山。

《英兵殴毙张学良事件》,《大夏月刊》,第 2 期,署名建人。

《扬子江下游常见的鸟类》(续五),《自然界》,第 4 卷第 4 期,[美]祁天锡、慕维德著,署名开时译。

《编辑后记》(《自然界》4 卷 4 期),《自然界》,第 4 卷第 4 期,署名编者(周建人)。

《扬子江下游常见的鸟类》(续六),《自然界》,第 4 卷第 5 期,[美]祁天锡、慕维德著,署名开时译。

《性的问题》,《新女性》,第 4 卷第 8 期,署名周建人、胡鸿均。

《扬子江下游常见的鸟类》(续七),《自然界》,第 4 卷第 6 期,[美]祁天锡、慕维德著,署名开时译。

《动物的进化》,《自然界》,第 4 卷第 7 期,[英]E. W. MacBride 著,署名建人译。

《扬子江下游常见的鸟类》(续八),《自然界》,第 4 卷第 7 期,[美]祁天锡、慕维德著,署名开时译。

《小学自然科学教学法研究:水族器及水族的培养和观察》,《自然界》,第 4 卷第 7 期,署名克士。

《海参和豆蟹》,《自然界》,第 4 卷第 8 期,署名乔峰。

《小学自然科教学法研究:Ⅰ植物标本的制作》,《自然界》,第 4 卷第 8 期,署名克士。

《动物的进化》(续),《自然界》,第 4 卷第 8 期,[英]E. W. MacBride 著,署名建人译。

《编辑后记》(《自然界》4 卷 8 期),《自然界》,第 4 卷第 8 期,署名编者（周建人）。

《动物的进化》(续二)，《自然界》，第4卷第9期，[英]E. W. MacBride著，署名建人译。

《小学自然科教学法研究：种子的旅行》，《自然界》，第4卷第10期，署名克士。

《生物进化论》，上海：大江书铺，署名古特立区著，周建人译。

《性教育》，上海：商务印书馆，署名周建人著。

1930年

《生物进化的事实和理论》，《学生杂志》，第17卷第1期，署名周建人。

《中国人的荣养问题》，《自然界》，第5卷第1期，署名克士。

《编辑后记》(《自然界》5卷1期)，《自然界》，第5卷第1期，署名编者（周建人）。

《供人役使的动物》，《自然界》，第5卷第2期，署名克士。

《扬子江下游常见的鸟类》(续九)，《自然界》，第5卷第2期，[美]祁天锡、慕维德著，署名开时译。

《中国绅士们意见的一斑》，《萌芽月刊》，第1卷第3期，署名开时。

《近代显微镜及其用法》，《学生杂志》，第17卷第3期，[英]尼耳（R. M. Neill）著，署名周乔峰译。

《昆虫和我们》，《自然界》，第5卷第3期，署名克士。

《普通的香港羊齿》，《自然界》，第5卷第3期，[英]吉勃司著，署名克士译。

《普通的香港羊齿》(续),《自然界》,第5卷第4期,[英]吉勃司著,署名克士译。

《蜜蜂的生活》,《自然界》,第5卷第4期,署名克士。

《我所看到的社会的一幕》,《萌芽月刊》,第1卷第5期,署名开时。

《什么是西方文明》,《东方杂志》,第27卷第9期,B. Russell著,署名周建人译。

《田野植物学大要》,《自然界》,第5卷第5期,署名克士。

《宜昌的植物》,《自然界》,第5卷第5期,E. H. Wilson著,署名周建人译。

《普通的香港羊齿》(续),《自然界》,第5卷第6期,[英]吉勃司著,署名克士译。

《植物的适应和进化》,《学生杂志》,第17卷第6期,署名周建人。

《习得性果能遗传么》,《东方杂志》,第27卷第12期,署名周建人。

《亚细亚和人类的进化》,《自然界》,第5卷第7期,[美]A. W. Grabau著,署名乔峰译。

《湖北植物采访记》,《自然界》,第5卷第7期,[美]威尔逊著,署名克士译。

《普通的香港羊齿》(续),《自然界》,第5卷第7期,[英]吉勃司著,署名克士译。

《昆虫的社会生活》,《自然界》,第5卷第8期,乔治、加本德著,署名克士译。

《华商之火柴事业》,《时事新报》,国庆图画增刊,署名建人。

《关于性的几个问题》,《自然界》,第 5 卷第 9 期,署名乔峰。
《食物与牙齿》,《自然界》,第 5 卷第 9 期,署名克士。
《进化和退化》,上海:光华书局,署名周建人译。

1931 年

《妇女问题的复杂性》,《妇女杂志》,第 17 卷第 1 期,署名建人。
《植物的内分泌》,《自然界》,第 6 卷第 1 期,署名乔峰。
《常见的显花植物》,《自然界》,第 6 卷第 1 期,署名乔峰。
《近代的生物科学及其研究者》,《自然界》,第 6 卷第 1 期,署名克士。
《何谓自然科》,《自然界》,第 6 卷第 1 期,署名克士。
《昆虫和别种生物的关系》,《自然界》,第 6 卷第 2 期,署名克士。
《新近去世的二植物学家》,《自然界》,第 6 卷第 2 期,署名乔峰。
《兰花和菌类》,《自然界》,第 6 卷第 2 期,署名克士。
《常见的显花植物(双子叶类(续))》,《自然界》,第 6 卷第 3 期,署名乔峰。
《中国的野猪》,《自然界》,第 6 卷第 4 期,署名克士。
《法布尔及其工作》,《自然界》,第 6 卷第 4 期,署名克士。
《抗结核病凡克兴的发现》,《自然界》,第 6 卷第 4 期,署名克士。
《普通的笼鸟》,《自然界》,第 6 卷第 4 期,署名克士。
《生物学和我们》,《中学生》,第 14 期,署名周建人。
《近代科学对于寿命的研究》,《东方杂志》,第 28 卷第 9 期,署名建人。

《蝗虫习性的新观察》,《自然界》,第 6 卷第 5 期,署名乔峰。

《中国的食肉鸟类》,《自然界》,第 6 卷第 5 期,署名克士。

《幼年感兴味的几种植物》,《自然界》,第 6 卷第 5 期,署名乔峰。

《常见的显花植物(双子叶类(续))》,《自然界》,第 6 卷第 5 期,署名乔峰。

《哺乳动物的生育季候》,《自然界》,第 6 卷第 5 期,署名克士。

《上海的蚊子》,《自然界》,第 6 卷第 5 期,署名克士。

《陆地植物的起源》,《自然界》,第 6 卷第 6 期,[美] Douglas H. Campbell 著,署名乔峰译。

《关于人的由来及其产地》,《自然界》,第 6 卷第 6 期,署名克士。

《蝗虫灾害谈》,《自然界》,第 6 卷第 6 期,署名克士。

《天然的食物制造厂》,《学生杂志》,第 18 卷第 8 期,署名周建人。

《关于集居独立的可能性》,《东方杂志》,第 28 卷第 17 期,署名周建人。

《新细胞学》,《自然界》,第 6 卷第 8 期,[美] 凯莱尔著,署名克士译。

《"蒙古人斑"是什么》,《自然界》,第 6 卷第 8 期,署名建人。

《金鱼的由来和兰花的奇种》,《东方杂志》,第 28 卷第 20 期,署名周建人。

《本草中的昆虫》,《自然界》,第 6 卷第 9 期,署名克士。

《麻黄的种类》,《自然界》,第 6 卷第 9 期,署名克士。

《动物进化说》，《学生杂志》，第 18 卷第 11 期，署名周建人。

《关于鸡生蛋蛋生鸡的问题》，《自然界》，第 6 卷第 10 期，署名克士。

1932 年

《道德的生物学观察》，《东方杂志》，第 29 卷第 1 期，署名周建人。

《中国的农产物》，《自然界》，第 7 卷第 1 期，署名克士。

《茶油的调查》，《自然界》，第 7 卷第 1 期，署名克士。

《从卵讲到蛋生鸡还是鸡生蛋》，《中学生》，第 22 期，署名周建人。

《蝉和几种它的近族》，《中学生》，第 26 期，署名周建人。

《科学的由来和它在中国不发达的原因》，《中学生》，第 28 期，署名乔峰。

《质的道德与量的道德》，《东方杂志》，第 29 卷第 6 期，署名周建人。

《性教育》，师范教育小丛书，上海：商务印书馆，署名周建人。

1933 年

《航空机》，《儿童世界》，第 30 卷第 1 期，署名周建人。

《来来的道德》，《东方杂志》，第 30 卷第 1 期，署名周建人。

《从男女的争斗说到生育节制》，《东方杂志》，第 30 卷第 5 期，署名建人。

《关于植物的生活》，《申报月刊》，第 2 卷第 3 期，署名周建人。

《关于战争》,《生活》,第 8 卷第 14 期,署名克士。

《恋爱和贞操》,《生活》,第 8 卷第 15 期,署名克士。

《种族的变迁》,《新中华》,第 1 卷第 8 期,署名乔峰。

《我的几句说明》,《生活》,第 8 卷第 17 期,署名克士。

《黑暗的今昔》,《生活》,第 8 卷第 18 期,署名克士。

《再画几只蛇足》,《生活》,第 8 卷第 19 期,署名克士。

《答丁先生和钱女士》,《生活》,第 8 卷第 20 期,署名克士。

《危局中的反省》,《人民周报》,第 72 期,署名建人。

《附加在〈我也谈谈恋爱和贞操〉之后》,《生活》,第 8 卷第 22 期,署名克士。

《论天才》,《生活》,第 8 卷第 23 期,署名克士。

《附在〈展开恋爱与贞操的本质〉之后》,《生活》,第 8 卷第 23 期,署名克士。

《昆虫是什么》,《儿童世界》,第 30 卷第 12 期,署名周建人。

《答蔡黄两女士》,《生活》,第 8 卷第 24 期,署名克士。

《附在杨芷庭先生的信后》,《生活》,第 8 卷第 25 期,署名克士。

《附在冯觉非先生的信后》,《生活》,第 8 卷第 26 期,署名克士。

《附在冯觉非先生的第二信后》,《生活》,第 8 卷第 26 期,署名克士。

《答詹詹女士和蔡女士》,《生活》,第 8 卷第 27 期,署名克士。

《中东路问题的面面观》,《人民周报》,第 78 期,署名建人。

《答胡实声先生》,《生活》,第 8 卷第 28 期,署名克士。

《附在恒容先生的信后》,《生活》,第 8 卷第 28 期,署名克士。

《附在潘育三先生的信后面》,《生活》,第 8 卷第 28 期,署名克士。

《我先有几个质问》,《生活》,第 8 卷第 29 期,署名克士。

《附在吴卓杰先生的信后》,《生活》,第 8 卷第 29 期,署名克士。

《附在丁先生的信后》,《生活》,第 8 卷第 30 期,署名克士。

《还有疑问》,《生活》,第 8 卷第 31 期,署名克士。

《附在景超先生的信后》,《生活》,第 8 卷第 31 期,署名克士。

《"如是我"见》,《生活》,第 8 卷第 33 期,署名克士。

《论恋爱的本质和持续——答泽民先生》,《生活》,第 8 卷第 34 期,署名克士。

《附在心病女士的信后》,《生活》,第 8 卷第 35 期,署名克士。

《答"看客"》,《生活》,第 8 卷第 35 期,署名克士。

《关于基督教》,《生活》,第 8 卷第 38 期,署名克士。

《附加在赵季芬先生的信后》,《恋爱与贞操》,上海:生活书店,署名克士。

《恋爱与贞操》,上海:生活书店编译社,收入周建人发表在《生活》上的相关文章。

《微生物》,《小学生文库[第一集(生物类)]》,上海:商务印书馆,周建人著。

《生物的繁殖》,《小学生文库[第一集(生物类)]》,上海:商务印书馆,周建人著。

《人类的祖先》,《小学生文库[第一集(生物类)]》,上海:商务印书馆,周建人著。

《农作物害虫驱除法》,《小学生文库[第一集(农业类)]》,上海:商务印书馆,周建人著。

《漆树与桐油树》,《小学生文库[第一集(植物类)]》,上海:商务印书馆,周建人著。

《吸血节足动物》,《万有文库[第一集(一千种)]》,北京:商务印书馆,署名周建人,尤其伟编译。

《复兴初级中学教科书:动物学》,上海:商务印书馆,周建人编著。

1934 年

《说竹》,《儿童世界》,第 32 卷第 1 期,署名周建人。

《关于生育节制》,《东方杂志》,第 32 卷第 5 期,署名克士。

《鸡脚子》,《人间世》,第 5 期,署名克士。

《从花纸讲到妇女的地位》,《东方杂志》,第 31 卷第 15 期,署名克士。

《特权者的哲学和科学》,《新语林》,第 3 期,署名克士。

《鸟的生活》,《儿童世界》,第 33 卷第 5 期,署名周建人。

《兽类生活》,《儿童世界》,第 33 卷第 6 期,署名周建人。

《白果树》,《太白》,第 1 卷第 1 期,署名克士。

《关于妇女的装束》,《东方杂志》,第 31 卷第 19 期,署名克士。

《科学的新生》,《新生周刊》,第 1 卷第 36 期,署名克士。

《记湖州人卖蛟》,《太白》,第 1 卷第 3 期,署名克士。

《生育节制打胎和儿童公育》,《东方杂志》,第 31 卷第 21 期,署名克士。

《讲狗》,《太白》,第 1 卷第 4 期,署名克士。

《乌米饭》,《太白》,第 1 卷第 5 期,署名克士。

《母鸡化雄的问题》,《新生周刊》,第 1 卷第 42 期,署名克士。

《桂花树和树上的生物》,《太白》,第 1 卷第 6 期,署名克士。

《关于蜈蚣》,《太白》,第 1 卷第 7 期,署名克士。

《颜料》,《小学生文库［第一集（工业类）］》,上海：商务印书馆,周建人编。

《燃烧》,《小学生文库［第一集（物理类）］》,上海：商务印书馆,周建人编。

《新标准初中教本：动物学（上册）》,上海：开明书店,周建人编。

1935 年

《生物的过冬》,《中学生》,第 51 期,署名克士。

《谈谈头发》,《太白》,第 1 卷第 8 期,署名克士。

《从发生学观点说儿童发育》,《教育杂志》,第 25 卷第 1 期,署名周建人。

《达尔文的〈种的起源〉》,《太白》,第 1 卷第 9 期,署名克士。

《评梁实秋的〈偏见集〉》,《读书顾问》,第 4 期,署名高山。

《妇女生理》,《东方杂志》,第 32 卷第 3 期,署名克士。

《头发论》,《新生周刊》,第 2 卷第 4 期,署名克士。

《蚤的生活》,《太白》,第 1 卷第 11 期,署名克士。

《兰花》,《中学生》,第 53 期,署名克士。

《研究自然不用书》,《太白》,第 1 卷第 12 期,署名克士。

《水螅的故事》,《太白》,第 2 卷第 1 期,署名克士。

《醒的卧着》,《太白》,第 2 卷第 2 期,署名克士。

《食物中的生活素问题》,《新生周刊》,第 2 卷第 12 期,署名克士。

《蜘蛛》,《中学生》,第 55 期,署名克士。

《关于羞耻心》,《东方杂志》,第 32 卷第 9 期,署名克士。

《睡》,《太白》,第2卷第4期,署名克士。

《花和虫》,《读书生活》,第2卷第1期,署名克士。

《论自然的平衡》,《太白》,第2卷第5期,署名克士。

《一产五胎四胎三胎双胎》,《教育杂志》,第25卷第6期,署名周建人。

《燕子》,《太白》,第2卷第7期,署名克士。

《金鱼》,《太白》,第2卷第9期,署名克士。

《遗传和变异》,《太白》,第2卷第10期,署名克士。

《延藤的植物三种》,《太白》,第2卷第11期,署名克士。

《屋子里的小虫》,《太白》,第2卷第12期,署名克士。

《关于优生学》,《中学生》,第58期,署名克士。

《植物的天然状态和颜色保存法》,《教育杂志》,第25卷第11期,署名周建人。

《植物标本的采集和制作》,《小学生文库〔第一集(劳作类)〕》,上海:商务印书馆,周建人著。

《简易师范学校教科书:植物学(二册)》,上海:商务印书馆,周建人编纂。

1936年

《徘徊在歧路上的动物:眼虫和变形虫的生活史》,《新少年》,第1卷第1期,署名克士。

《科学和伪科学》,《申报每周增刊》,第1卷第5期,署名克士。

《眼睛看不见的植物:细菌》,《新少年》,第1卷第3期,署名克士。

《礼教与妇女》,《妇女生活》,第2卷第2期,署名克士。

《生育节制的理论和实施》,《永生》,创刊号,署名克士。

《科学和民众生活》,《永生》,第 1 卷第 3 期,署名克士。

《节育与堕胎杀婴》,《永生》,第 1 卷第 3 期,署名克士。

《国难危机不在人口问题》,《永生》,第 1 卷第 7 期,署名克士。

《哺乳动物图谱》,中学生自然研究丛书,上海:商务印书馆出版,1936 年初版,署名周建人、王云五主编。

1937 年

《为了建筑崭新的文化》,《语文》,第 1 卷第 1 期,署名克士。

《真科学和伪科学》,《自修大学》,第 1 卷第 4 期,署名克士。

《生命的话》,《国民》,第 1 卷第 2 期,署名乔峰。

《路旁的野花》,《科学大众》,第 1 卷第 1 期,署名克士。

《复兴初级中学教科书:动物学》,上海:商务印书馆出版,1937 年改编本第一版,周建人编著。

1938 年

《谈民族自信力》,《译报周刊》,第 1 卷第 1 期,署名李正。

《人类怎样进化来的》,《译报周刊》,第 1 卷第 3 期,署名克士。

《谈法西斯蒂》,《译报周刊》,第 1 卷第 5 期,署名李正。

《论富翁出钱救国》,《译报周刊》,第 1 卷第 6 期,署名李正。

《关于民族性》,《译报周刊》,第 1 卷第 7 期,署名李正。

《为什么应该赞成新文字》,《译报周刊》,第 1 卷第 8 期,署名李正。

《关于排犹》,《译报周刊》,第 1 卷第 9 期,署名李正。

《生物和它的起源》,《译报周刊》,第 1 卷第 10 期,署名克士。

《论烟馆赌场的毒害》,《译报周刊》,第 1 卷第 11 期,署名李正。

1939 年

《列宁和民族革命》,《译报周刊》,第 1 卷第 15 期,署名克士。
《谈没我的个人主义》,《译报周刊》,第 1 卷第 15 期,署名李正。
《"一二八"断片的回忆》,《译报周刊》,第 1 卷第 16 期,署名李正。
《先有鸡呢还是先有蛋?》,《译报周刊》,第 1 卷第 19 期,署名克士。
《科学漫谈》,《每日译报》,春季增刊第 1 期,署名克士。
《闲话"功臣"》,《译报周刊》,第 1 卷第 22 期,署名李正。
《什么叫做"进化"》,《译报周刊》,第 1 卷第 23 期,署名克士。
《什么叫做习得性?》,《译报周刊》,第 1 卷第 25 期,署名克士。
《论中华人民的神圣职务》,《译报周刊》,第 2 卷第 1 期,署名李正。
《和不正确论调斗争的重要》,《译报周刊》,第 2 卷第 2 期,署名李正。

1940 年

《动物界一览》,《文心》,第 2 卷第 3 期,署名克士。
《写作问题语录》,《新青年》,第 3 卷第 4 期,署名克士。
《书籍是良友》,《新青年》,第 3 卷第 5、6 期合刊,署名克士。
《达尔文学说的由来——为达尔文〈种的起源〉出版八十周年纪念而作》,《哲学杂志》,创刊号,署名克士。
《从生物学上来看进步与退步》,《哲学杂志》,第 2 期,署名克士。

《达尔文和马克斯》,《哲学杂志》,第 2 期,K. 替米里亚崔夫著,署名克士译。

《略讲关于鲁迅的事情》,《学习》,第 2 卷第 9 期,署名克士。

1941 年

《性爱的起源和进步》,《健康家庭》,第 2 卷第 10 期,署名克士。

《谈恋爱》,《健康家庭》,第 2 卷第 11 期,署名克士。

《略谈婚姻》,《文心》,第 3 卷第 3 期,署名克士。

《论社会进步的方向》,《学习》,第 4 卷第 4 期,署名孙鳏。

《性教育与性道德》,《健康家庭》,第 3 卷第 2 期,署名克士。

1942 年

《速成白塔油》,《每月科学》,第 2 卷第 11 期,署名嵩山。

1944 年

《冻不死的鱼》,《常识》,第 4 期,署名高山。

1945 年

《热冰》,《常识》,第 7、8 期合刊,署名高山。

《"我们要生活得好"论》,《周报》,第 2 期,署名周建人。

《战争·科学与民主》,《周报》,第 4 期,署名周建人。

《论民族气节》,《周报》,第 5 期,署名周建人。

《略谈这回大战的性质与法西斯的歪曲事实》,《民主》,创刊号,署名周建人。

《昆虫记》,《新文化》,第1卷第1期,法布尔著,署名克士译。

《关于鲁迅先生的有些性格》,《民主》,第2期,署名克士。

《鲁迅先生口中的抗日英雄》,《周报》,第7期,署名克士。

《论人民应该多说话》,《民主》,第3期,署名周建人。

《论感情》,《新文化》,第1卷第2期,署名周建人。

《穷有罪》,《新文化》,第1卷第2期,署名孙鲠。

《中国的实用主义害》,《民主》,第4期,署名周建人。

《享受自由的条件》,《民主》,第5期,署名周建人。

《论管制日本》,《新文化》,第1卷第3期,署名孙鲠。

《人民需要和平反对内战》《民主》,第6期,署名周建人。

《论中国的澈底个人主义》,《民主》,第7期,署名周建人。

《谈谈美国妇女》,《中央周刊》,第7卷第46、47期合刊,署名建人。

《怎样能停止内战》,《新文化》,第1卷第4期,署名孙鲠。

《论历史行进的方向》,《民主》,第8期,署名克士。

《从残废兵士说起》,《民主》,第9期,署名克士。

《试问小薪水阶级如何生活?》,《民主》,第10期,署名周建人。

《人力车赛跑记》,《新文化》,第1卷第5期,署名孙鲠。

《关于自然科学》,《时代学生》,第1卷第4、5期合刊,署名周建人。

《关于新年的希望》,《民主》,第12期,署名周建人。

《漫谈一党专政》,《民主》,第12期,署名克士。

《欢迎新年声中的几句话》,《周报》,第17期,署名周建人。

1946 年

《我们需要科学与民主》,《中国建设》,第 4 号,署名乔峰。

《中国急需一种新文字》,《新文化》,第 1 卷第 6 期,署名周建人。

《检查制度析疑》,《周报》,第 19 期,署名克士。

《关于民主与统一》,《民主》,第 14 期,署名周建人。

《兵士不应当看戏吗》,《新文化》,第 1 卷第 7 期,署名孙鲠。

《结束一党专政与改选代表》,《民主》,第 16 期,署名周建人。

《假中杂写》,《民主》,第 16 期,署名克士。

《民主与生活》,《新文化》,第 1 卷第 8 期,署名周建人。

《从"无法无天"说起》,《民主》,第 17 期,署名克士。

《惩办暴徒与防止日本法西斯"卷土重来"》,《民主》,第 18 期,署名周建人。

《论反民主派的蜚语之类》,《新文化》,第 1 卷第 9 期,署名周建人。

《从袁项城说起》,《民主》,第 19 期,署名克士。

《迂回曲折的民主之路》,《新文化》,第 1 卷第 10 期,署名周建人。

《论争主权之类》,《民主》,第 20 期,署名周建人。

《假民主必然失败》,《民主》,第 21、22 期合刊,署名周建人。

《关于要求主权》,《新文化》,第 1 卷第 11 期,署名周建人。

《人民好像仍然生活在侵略者的铁蹄下》,《民主》,第 23 期,署名周建人。

《发表谈话》,《风光》,第 3 期,署名嵩山。

《不要包办的市参议会》,《民主》,第 24 期,署名周建人。

《脱离了大众的人们》,《民主》,第 25 期,署名周建人。

《"户口编完了,又挂姓名牌"》,《民主》,第 26 期,署名周建人。

《几句关于南通惨案的话》,《民主》,第 27 期,署名周建人。

《言论的力量》,《消息》,第 5 期,署名孙鲠。

《论内战应即停止》,《民主》,第 30 期,署名乔峰。

《论反民主逆流急须遏止》,《民主》,第 31 期,署名周建人。

《中国须力学民主》,《新文化》,第 2 卷第 2、3 期合刊,署名孙鲠。

《反民主作风有助于民主势力的作用》,《民主》,第 32 期,署名克士。

《反内战救中国》,《民主》,第 33 期,署名乔峰。

《无根萍》,《昌言》,第 6 月号,署名乔峰。

《饥荒与内战》,《民主》,第 34 期,署名周建人。

《十五天后能和平吗?》,《周报》,第 41 期,署名周建人。

《一个浅近的道理》,《民主》,第 35 期,署名周建人。

《抗议暴徒殴打我们的代表》,《民主》,第 37 期,署名周建人。

《论半殖民地法西斯的特质》,《民主》,第 38 期,署名周建人。

《论法西斯分子罪行》,《民主》,第 40 期,署名周建人。

《关于抗战夫人》,《书报精华》,第 19 期,署名周建人。

《纪念韬奋先生》,《民主》,第 41 期,署名周建人。

《论中美"传统睦谊"》,《民主》,第 42 期,署名周建人。

《两种判罪的比较》,《新文化》,第 2 卷第 4 期,署名孙鲠。

《熊猫是怎样一种动物?》,《新文化》,第 2 卷第 4 期,署名乔风。

《胜利周年以后人们获得了些甚么》,《民主》,第 44 期,署名周建人。

《再论内战必须立即停止》,《民主》,第 47 期,署名周建人。

《论美国干涉中国内政》,《新文化》,第 2 卷第 6 期,署名周建人。

《关于科学方法》,《新文化》,第 2 卷第 6 期,署名周建人。

《路旁的短剧》,《新文化》,第 2 卷第 6 期,署名孙鲠。

《看羊鹰记》,《新文化》,第 2 卷第 6 期,署名开时。

《中国须急谋进步才得安全》,《民主》,第 50 期,署名建人。

《双十节感言》,《新文化》,第 2 卷第 7 期,署名周建人。

《生物界里的联系》,《新文化》,第 2 卷第 7 期,署名周建人。

《秋叶》,《新文化》,第 2 卷第 7 期,署名乔风。

《〈民主〉也停刊了》,《民主》,第 53、54 期合刊,署名周建人。

《略论是非》,《新文化》,第 2 卷第 8 期,署名嵩山。

《生物的发展:自然科学讲话》,《新文化》,第 2 卷第 8 期,署名周建人。

《略谈自由》,《新文化》,第 2 卷第 9 期,署名嵩山。

《生物的变化:自然科学讲话》,《新文化》,第 2 卷第 9 期,署名周建人。

《生物变化的原因:自然科学讲话》,《新文化》,第 2 卷第 10 期,署名周建人。

1947 年

《学习科学同时也学习思想》,《新文化》,第 3 卷第 1、2 期合刊,署名周建人。

《科学与自由》,《书报精华》,第 25 期,署名周建人。

《论官僚资本》,《原声》,第 1 期,署名高山。

《谈灵芝草》,《新文化》,第 3 卷第 4 期,署名乔峰。

《论生物进化——附论民族进化》,《中国建设》,第 4 卷第 2 期,署名乔峰。

《与张东荪先生论"示人以不广"问题》,《时与文》,第 17 期,署名周建人。

《谈谈宇宙》,《读书与出版》,复 2 第 7 期,署名建人。

《学习科学就是练习思想》,《读书与出版》,复 2 第 8 期,署名建人。

《妇女地位的低落》,《读书与出版》,复 2 第 8 期,署名建人。

《答傅雷先生的"关于亲帝反苏"》,《时与文》,第 24 期,署名周建人。

《谣言何多》,《读书与出版》,复 2 第 9 期,署名建人。

《谈保障人权》,《文汇丛刊》,第 2 期,署名周建人。

《关于忍受的限度》,《文汇丛刊》,第 2 期,署名周建人。

《住在乾坤袋里还是当文化小兵?》,《读书与出版》,复 2 第 10 期,署名建人。

《大众科学丛书介绍》,《读书与出版》,复 2 第 10 期,署名建人。

《科学上怎样考查事实真相》,《读书与出版》,复 2 第 12 期,署名建人。

《鱼类生活(五年级自然科)》,北京:商务印书馆,署名周建人编。

《种的起源》,世界学术著名译丛,上海:生活书店发行,署名达尔文著、周建人译。

《有趣的天象问题》,上海:商务印书馆,署名周建人编译。

1948 年

《愚昧主义必须反对》,《时与文》,第 2 卷第 22 期,署名周建人。

《论科学的政治性和现行优生学的荒谬》,《读书与出版》,复 3 第 6 期,署名建人。

《回忆"七七"》,《时与文》,第 3 卷第 13 期,署名周建人。

《论人口论中的欺骗作用》,《读书与出版》,复 3 第 8 期,署名建人。

《新哲学手册》,上海:大用图书公司,署名 [英]E. 朋司著,周建人译。

1949 年

《谈谈种树造林的重要》,《中国青年》,第 2 期,署名周建人。

《达尔文与生物进化论》,《中国青年》,第 5 期,署名周建人。

《米邱林的遗传学说》,《中国青年》,第 9 期,署名周建人。

《关于自然科学与迷信的几个问题》,周建人讲演记录,中共北平市委干部训练班印。

《鲁迅为青年服务一斑》,《中国青年》,第 23 期,署名周建人。

《李森科对于生物科学贡献的一斑》,《新华月报》,第 1 卷第 1 期,署名周建人。

《忆杨贤江》,《光明日报》,1949-8-9,署名周建人。

《田野的杂草》,北京:生活·读书·新知三联书店,周建人著。

1950 年

《自然科学与马列主义、毛泽东思想》,《中国青年》,第 31 期,署名周建人。

《再批判几种生物学中的错误论点》,《中国青年》,第 39 期,署名周建人。

《略谈生物科学的教材及教法》,《人民教育》,第 3 期,署名周建人。

《纪念"七七"》,《世界知识》,第 1 期,署名周建人。

《一年来自然科学的进步》,《中国青年》,第 48 期,署名周建人。

《关于生物学中的目的论等》,《中国青年》,第 49 期,署名周建人。

《论优生学与种族歧视》,北京:生活·读书·新知三联书店,周建人著。

《无脊椎动物图说(1950 年版)》,上海:商务印书馆,周建人著。

1951 年

《生物科学与爱国主义》,《人民日报》,1951-2-18,署名周建人。

《漫谈观察植物》,《进步青年》,第 232 期,署名周建人。

《初级中学动物学课本》,北京:人民教育出版社,周建人编。

1953 年

《读了张宗炳教授的评"达尔文主义基本原理上册"后的一点

意见》,《生物学通报》,第 10 期,署名周建人。

《谈谈"学以致用"、"学习兴趣"的问题》,《中国青年》,第 20 期,署名周建人。

1954 年

《达尔文主义》,《中国青年》,第 7 期,署名周建人。

《略谈鲁迅的观察力和读书方法》,《文艺学习》,第 7 期,署名周建人。

《纪念鲁迅逝世十八周年的讲话》,《北京日报》,1954-11-25,署名周建人。

《略讲关于鲁迅的事情》,北京:人民文学出版社,署名乔峰著。

1956 年

《"百家争鸣"笔谈一则》,《哲学研究》,第 3 期,署名周建人。

《关于熊猫》,《人民日报》,1956-7-6,署名周建人。

《谈谈龙和蛟》,《人民日报》,1956-8-8,署名周建人。

《果赢俗叫螟蛉虫》,《人民日报》,1956-9-13,署名周建人。

《鲁迅也爱自然科学》,《人民日报》,1956-10-19,署名周建人。

1957 年

《略讲思想里的科学性》,《中国青年》,第 1 期,署名周建人。

《略谈自由》,《中国青年》,第 4 期,署名周建人。

《汉字改革是丝毫没有疑问的》,《语文建设》,第 8 期,署名周建人。

1958 年

《从兰花谈到食虫植物》,《人民日报》,1958-5-5,署名周建人。

1959 年

《泛论科学专家与群众的关系》,《求是》,第 3 期,署名周建人。

《漫谈译名》,《文字改革》,第 8 期,署名周建人。

《学习上的"窍门"和"跃进"》,《中国青年》,第 12 期,署名周建人。

《略谈师生关系》,《求是》,第 7 期,署名周建人。

《老子思想真的是唯物主义的么》,《哲学研究》,第 Z2 期,署名周建人。

1961 年

《按照我国拼音字母的念法念》,《文字改革》,第 2 期,署名周建人。

《泛谈"实事求是"》,《求是》,第 1 期,署名周建人。

《扩大知识面》,《中国青年》,第 10 期,署名周建人。

《绍兴光复前鲁迅的一小段事情》,《人民文学》,第 22 期,署名周建人。

《读书与红专问题》,《中国青年》,第 13、14 期合刊,署名周建人。

《略谈专和广》,《中国青年》,第 16 期,署名周建人。

《闲话〈昭君出塞〉》，《东海》第 11 期，著名周建人。

《关于阿 Q 这一人物的来源》，《东海》，第 12 期，署名周建人。

1962 年

《扩大知识面与思想改造》，《中国青年》，第 3、4 期合刊，署名周建人。

《科学杂谈》，杭州：浙江人民出版社，周建人著。

1963 年

《漫谈同一性原理》，《浙江学刊》，第 1 期，署名周建人。

1977 年

《怀念敬爱的周总理》，《中国新闻》，1977-1-18，署名周建人。

《关于鲁迅的若干史实》，《天津师院学报》，第 5 期，署名周建人。

1979 年

《思想科学初探》，《光明日报》，1979-6-13，署名周建人。

《回忆鲁迅片断》，《北京师范大学学报（社会科学版）》，第 3 期，署名周建人。

1980 年

《学习科技杂谈》，《八小时之外》，第 2 期，署名周建人。

《我所知道的瞿秋白和鲁迅》，《解放军报》，1980-3-16，署名周建人。

《漫谈智育》,《北方论丛》,第 4 期,署名周建人。

1981 年

《从小培养学生的求知欲、事业心、责任心》,《光明日报》,1981-1-30,署名周建人。

《悼雁冰》,《解放军报》,1981-4-7,署名周建人。

《回忆鲁迅的学习和教育活动》,《人民教育》,第 5 期,署名周建人。

《鲁迅没有走通科学救国的路》,《社会科学战线》,第 3 期,署名周建人。

《还是生在中国好——纪念鲁迅诞辰一百周年》,《文艺研究》,第 4 期,署名周建人。

《进一步学习和研究鲁迅著作》,《北方论丛》,第 5 期,署名周建人。

《鲁迅与思想革命——纪念鲁迅诞生一百周年》,《北京日报》,1981-9-23,署名周建人。

1982 年

《计划生育与传宗接代》,《北京晚报》,1982-5-11,署名周建人。

1983 年

《普及科学 厉行节育》,《人民日报》,1983-6-9,署名周建人。

《〈周建人同志小传〉补记》,《绍兴师专学报(社会科学版)》,第 3 期,署名周建人。

《敬悼李公朴先生》，选自方仲伯编：《李公朴纪念文集》，昆明：云南人民出版社。

1984 年

《旧社会的世道人情》，选自《北京晚报》编辑部编：《百家言》，西安：陕西人民出版社。

《译文琐记》，选自《北京晚报》编辑部编：《百家言》，西安：陕西人民出版社。

《鲁迅故家的败落》，长沙：湖南教育出版社，周建人口述，周晔编写。

后　记

这本书的念起，颇有几分故事色彩。数年赴绍兴鲁迅纪念馆收集资料时，接待我们的馆员老师再三热切询问："做完文集后是否会写周建人传记？"我很肯定给出否定回答。原因很简单，周氏三兄弟名气太大，向有好多人言说，我不喜欢凑热闹，再者写传记不可避免地要评骘人物，对于不熟悉的研究领域，我亦没有这个胆量。彼时，尽快整理好文集出版是全部意义，我从未想过要走进周建人的其人其事。

2018年初步整理出来数百万字的初稿后，顾明远先生问我是否能就这些资料做一点学术探索，一向不善于说"不"的我答应试试，挑选印象最为深刻的周建人"帮同编辑"《妇女杂志》、主编《自然界》、参与陈望道主编的《太白》"科学小品文"以及联袂邹韬奋在《生活》上开设"读者擂台赛"引发笔战等史料，连缀成文，先后发表，除去责编"之前未听说过，还挺有意思"的积极反馈外，似乎没有人说好，也没有人说不好，无边寂寞中，起了几分用文字言说的兴致。

2022年3月花了数星期为《周建人文存》写了两万多字"编后语"，第一时间分享给浙江大学田正平老师审读，田老师对周建人评价视角的选择和整个论证的展开给予肯定，认为"老先生终

热风之外：周建人的生平与志业

于在中国现代学术界有了一席之地和一个正式的头衔"。田老师的鼓励让我突发奇想，若是以已发表的相关文章为主干，补上周建人的绍兴岁月以及新中国成立后的片段，是否就能构成了一本"不一样"的周建人传记？或许有助于学界去了解《周建人文存》？这个"放飞自我"的念想得到顾明远先生大力支持，在谭徐锋博士助力下，数小时便敲定了书名、体例。兴趣相投、笑语盈声中，这本从未想到的"传记"一锤定音。

对历史人物的研究，学界通常的做法多是既关注个体，也深入他所处的时代，强调回到"历史现场"。本着多年前对唐德刚的《胡适口述自传》的追羡，从未写过人物传记的我，采用熟悉的学术路径，允执厥中，不臆断不猎奇不迎合，探幽析微，将重点放在了周建人的出生和成长的生活空间。他在绍兴生活了 31 年之久，培养鲁迅、周作人的大家族文化氛围和浙东的风土人情，同样浸润涵养了周建人，作为三弟，上有两位兄长护持，因幼年体弱多病更得父母祖辈的疼爱，他拥有一个与"花鸟虫鱼"亲密接触的无忧无虑童年，积累了大量细致观察日常生活的素材，并培养了对动植物的浓厚兴趣。虽因少时身体羸弱而遭母亲反对离家求学，失去了像兄长们那样留洋开拓视野的机缘而长困乡间，但他比兄长们浸淫深谙日渐败落的高门大户之间的人情世故，更因陪同出狱后的翰林祖父度过最后岁月，涵咏深味其多年宦海沉浮积累的官场智慧。日渐衰落台门的三少爷，与博学多才、人情练达、言辞冷峻的祖父朝夕相伴 4 年之久，造就了他锋芒内敛、善于藏拙的温和性格，使得他耳顺之年从政后，在纷乱频繁的社会运动中全身而退，得享 96 岁高寿，基本保持了读书人的本色。

拥有翰林祖父和两位才华横溢、留洋海外的兄长，注定了"阿

后 记

松"与那些寄食乡间旧家族的台门少爷不一样的生活。他的生活改变,在祖父出狱后悄然发生,并随着两位兄长相继回国而加速。与大哥相伴采集标本,对植物学的兴趣向专业方向拓展;与性格温和的二哥"卧治绍兴"相伴7年,不仅与二哥亲上加亲手足变连襟,得娶东洋少女为妻完成终身大事,更因二哥主持绍兴县教育会契机,频频在《绍兴教育会月刊》《绍兴教育杂志》等发表文章,在公共舆论平台初露头角。这些准备,均为周建人"走出绍兴"打下了一定积淀。

从绍兴到北京,周建人告别了"台门少爷"的生活,以"三弟"身份出现在大哥二哥的社交圈中,两位兄长全力为三弟谋求出路,大哥屡次写信给蔡元培寻求帮助,二哥更是借助胡适"试掌"商务印书馆编译所,为三弟争取到进入商务印书馆的机会。在两位兄长的保驾护航下,办杂志、打笔战、出专著、编教科书……绍兴乔峰迅速成长为"妇女问题专家""植物学家"周建人。

从北京到上海,是周建人告别"三弟"身份,以商务印书馆的"编辑""记者"的新定位展示自我,完成了"走出绍兴"的关键一步。1921年9月入职,到1944年11月辞职,从满头浓墨到斑驳华发,周建人在商务印书馆工作了23年之久。"帮同编辑"《妇女杂志》、主编《自然界》、编辑"复兴教科书"、《生活周刊》开专栏、《太白》"科学小品"特约撰稿人……高产的周建人留下了数以百万字的文字。血缘、地缘以及业缘联结的私谊网络,使得周建人迅猛进入大众视野,更展现出他不同于两位兄长的独特存在。而与浙东乡党章锡琛、沈雁冰、顾均正、贾祖璋,同事郑振铎、叶圣陶等的交往,更为新中国成立后周建人"书生从政"搭建了人脉资源。

或许目睹大哥一把火焚了祖父几十年积累下来的两大叠日记的

· 309 ·

场景，不同于两位兄长的手写笔录，三弟身后没有日记留下，对于新中国成立后的从政生涯亦无多少工作记录，他留给世界的，是一个"沉默的、少言寡语"的木讷形象。幸运的是，其亲人故旧日记、书信以及回忆录中，有不少乔峰身影的浮现，我从《鲁迅日记》《周作人日记》《知堂回想录》《鲁迅的故家》以及《鲁迅书信选》《胡适往来书信选》《王云五口述史》《张元济日记》《叶圣陶日记》等中隐藏的蛛丝马迹，一一抽离出来拼接，家乡绍兴的三少爷，大都会上海的报人编辑，1949年重回北京后从政书生，三个不同时空的周建人融成一个鲜活的整体，推云拨雾，从历史深处施施然走来。

实际上，三周抑或二周，对于已作古的周氏兄弟三人，早已没有了实质意义，绍兴新台门"兴房"的温馨与惨淡，以祖父介孚公丁忧期间科举舞弊案为分际线，沉郁早逝的父亲、通透豁达的祖母，乐观持家的母亲以及三兄弟成亲后的各自体味，都随着祖宅卖掉而隐入尘烟；出绍兴入京师，兄弟三人侍母扶幼共居八道湾，两位兄长为三弟出路极力奔走，哪怕失和亦同心协力声援远在上海处于舆论旋涡中的三弟，三弟得以数次在逼仄困顿中从容转身，并因商务印书馆的加持而留下大量的著译作品；至于后来道路不同而荣辱各异，亦随着生死而消散于历史深处。正如费正清所讲，"书比人长寿"，虽斯人已去，但留存下来的大量文字辑编汇总为《周建人文存》（十卷本），为世人了解三弟提供第一手资料，意义即在于此。而这本因兴致所催生的小书，算是为文存做一个注脚吧。尽管笔者作了最大可能的辨析，因水平有限，文存中收录的文章肯定会有混淆之作，特在附录中列出目录，以备学界先进检阅批评。

在两位"赫赫大名"兄长提携下，周建人在妇女问题、科学中

后 记

国化、科普教育方面做了诸多尝试和坚持,虽未能像兄长们那样"登车揽辔,澄清天下",但也算一步一步走出了自己的独特天地,居高位时在政治旋涡中难能可贵地基本保持了书生本色,人生步伐没有大的变形。2022年3月份和徐锋博士讨论该书立意时,他给出了《热风之外:周建人的生平与志业》这个书名,借用大哥鲁迅的《热风》,一语双关,既赞扬周建人甘于寂寞,不参与兄长们之间的恩怨,又表明他是独立于兄长们之外的存在。我立刻被这个"通达心意"的书名打动,时常遐思书稿完成时的样子。初稿于2022年8月27日杀青,沉淀数月,在除夕日安静的英东楼定稿,但愿能不负徐锋立意高远的书名。

书中所用老照片,多来自周建人幺女周蕖老师的珍藏(现已全部捐献给绍兴鲁迅纪念馆),感谢周、顾两位老师授权使用。编辑文存及写作这本不大像传记的小书期间,顾明远先生给予了极大的信任,让我有足够底气放手去做。感谢绍兴鲁迅纪念馆的资料援助;感谢北京明远教育书院的出版资助,更感谢研究出版社安玉霞编辑精心编校,使得这本小书有面世的机会,期待以文会友,就教于同道同好。

是为后记。

周慧梅

初稿于2022年8月27日

癸卯年冬月补记